Walter De Paoli

H'ems Wasenstrasse 1 Top 12

Vorwort

Irgendwann um das Jahr 2006 sagte Fleischermeistersgattin Gerti Rongits aus dem 20. Wiener Bezirk, eine gute Freundin aus der Branche, folgendes zu mir: „Du kennst doch als Chef der ‚Fleischer-Zeitung' vom Neusiedler- bis zum Bodensee so viele Kollegen. Wieso machst Du nicht ein Kochbuch mit Fleischern?" Von da ließ mich diese Idee nicht mehr los. Ein Kochbuch, in dem nicht Fleisch, sondern fertige, handwerklich veredelte Produkte in Rezepte für Vor- und Hauptspeisen sowie Desserts und Fingerfood eingebaut werden. Ein Buch, in dem die Fleischer und je ein Koch aus jedem Bundesland die Hauptrolle spielen sollten. Ergänzt durch eine Art Wurstkunde mit einer Beschreibung der verschiedenen Fertigungsmethoden und der wichtigsten Sorten und eine kurze, überblicksartige Fleisch-Teilkunde. Doch es sollten weitere vier Jahre vergehen, ehe ich mit der Umsetzung beginnen konnte. Die beruflichen Rahmenbedingungen passten damals einfach nicht.
Erst nach einer gravierenden Veränderung, das berufliche Umfeld hatte sich mittlerweile vorteilhaft entwickelt und ich arbeitete bereits als Chefredakteur von GENUSS.fleisch.pur, tat sich wieder etwas in der Angelegenheit. Es muss Ende 2009 gewesen sein, meine Kollegin und liebe Freundin Andrea Knura hatte gerade gemeinsam mit Jürgen Schmücking ihr Kochbuch „Brand am Herd – Kochen mit Likör und Edelbränden" – erschienen bei avBUCH – fertiggestellt, da schlug sie mir vor, doch etwas mit gewerblichen Fleischern zu versuchen. Welch' glückliche Fügung, das Konzept dafür hatte ich schon, wie gesagt, seit Jahren mit mir herumgetragen.
Sehr schnell konnte ich Andrea mit diesem Konzept begeistern. Eine Begeisterung, die auch auf den Gruppenleiter des GENUSS. teams im Österreichischen Agrarverlag, Oliver Krainz, übersprang, sodass wir ab dem Frühjahr 2010 damit beginnen konnten, Fleischer und Gastronomen für dieses Projekt zu gewinnen.
Das Ziel war es, mindestens 60 Fleischer und neun Köche – pro Bundesland einen – zu finden. Für die Auswahl der gastronomischen Partner kontaktierten wir die BÖG (Beste Österreichische Gastlichkeit)-Zentrale. Geschäftsführer Harald E. Meyer ließ sich ebenfalls für die Grundidee dieses Kochbuchs erwärmen und baute unser Konzept in die nächste Mitglieder-Aussendung ein. Sehr rasch trudelten rund 30 Anmeldungen ein, sodass wir unsere Köche besetzen konnten. Lediglich in Kärnten, Vorarlberg und dem Burgenland gestaltete sich die Suche etwas schwieriger. Doch schließlich fanden wir auch hier die geeigneten Partner: Den Bärenwirt in Hermagor, das Hotel Schönblick in Eichenberg über dem Bodensee und das Restaurant „Pauli's Stuben" der Familie Braunstein im Burgenland.
Für die hervorragende Zusammenarbeit herzlichen Dank an BÖG-Geschäftsführer Harald E. Meyer, an die drei Gastronomen, die uns kurzfristig aus der Patsche geholfen haben und an die sechs anderen, die von Anfang an dabei waren.

Großer Zuspruch bei den Fleischern

Bei den Fleischern wurden alle unsere Erwartungen übertroffen. 91 Betriebe aus ganz Österreich – zwischen acht und zwölf pro Bundesland – haben sich zur Teilnahme entschlossen und präsentieren ihre Unternehmen und Produkte. Zwei davon entschieden sich für die opulentere Variante mit vier Seiten, deshalb dürfen wir Ihnen stolz 93 Rezepte mit Fleischerspezialitäten aus dem gesamten Bundesgebiet präsentieren. Sie werden sehr viele gängige Produkte finden wie Leberkäse, Frankfurter, Schinkenspeck, Blutwurst oder Knacker, aber auch regionale Schmankerl wie die Breinwurst, den Innviertler Kübelspeck, die Mettenwürstel oder das Mostbröckle. Dieses Buch enthält dadurch Rezepte mit Schmankerln aus allen in Österreich hergestellten Produktgruppen. Den Fleischern gilt ebenso mein Dank für die Bereitschaft, sich auf das Buch einzulassen.
Damit sind wir auch bei einem Kapitel gelandet, das wir unter dem Titel „Wurstkunde" eingebaut haben. Experten mögen mir die Verallgemeinerung „Wurstkunde" verzeihen. Genaugenommen dürfte man Schinken, Geselchtes und Speck nicht als Wurst, sondern als Fleischwaren bezeichnen. Dafür konnte ich mit dem Lebensmitteltechnologen Wolfgang Wernert nicht nur einen der profiliertesten Wurstexperten Österreichs, sondern auch einen sehr geschätzten Freund ins Boot holen.
Ergänzt wird dieses Werk durch das Kapitel „Fleischkunde" mit den Teilebezeichnungen samt idealer Garmethode der hierzulande gängigsten Fleischsorten: Schwein, Rind, Kalb, Geflügel (Huhn und Pute) sowie Lamm.
Bleibt noch der Titel des Buches, „Wurschtkuchl". Kein anderes Wort charakterisiert den Inhalt so trefflich – die Experten verzeihen mir bitte noch einmal die Verallgemeinerung mit der „Wurscht". Die „Wurscht" kommt vom Fleischer, die „Kuchl" vom Gastronomen. Schließlich nennt der Fleischer in Österreich ja den Produktionsbereich in seinem Betrieb liebevoll „Wurschtkuchl".
Mein Dank gilt Andrea Knura, die tausende Kilometer im Auto verbrachte, um so zu ihren Fotos und Informationen zu kommen. Mein Dank gilt ebenso unserer Artdirektorin Evelyn Falkner, die für das gelungene Layout dieses Buchs verantwortlich zeichnet und bei all den Korrekturwünschen ebenso die Ruhe bewahrte.

In diesem Sinn viel Vergnügen mit der „Wurschtkuchl" und gutes Gelingen beim Zubereiten der Rezeptvorschläge.
Hannes Rottensteiner

Inhalt

Wurschtkuchl

Historische Wurzeln.
Die Bearbeitung von Fleisch ist wahrscheinlich so alt wie die Menschheit. Erste überlieferte Schilderungen über die Herstellung von Wurst- und Fleischwaren reichen bis in die Zeit der Trojanischen Kriege zurück.

Wurst, seit wann gibt es denn die?

Wie kaum ein anderer Lebensmittelrohstoff hat Fleisch, der essbare Anteil der Jagdbeute oder von schlachtbaren Haustieren gewonnen, die Menschheit beflügelt und herausgefordert. Die Sorge um die ausreichende Verfügbarkeit über das Jahr hat große Leistungen bewirkt und dazu angespornt, Haltbarkeit, Hygiene, Erscheinungsbild und Verwendbarkeit tierischer Lebensmittel und insbesondere von Fleischerzeugnissen zu verändern, anzupassen.

Die Notwendigkeit, das Ergebnis aus Jagd oder Zucht von Haustieren länger haltbar und auch bekömmlicher zu machen, spornte in Urzeit und Altertum an.

Es ist müßig, darüber befinden zu wollen, wann genau denn die erste Wurst entstanden sein mag. Es liegen uns aber sehr wohl Zeugnisse vor, die für den europäischen Kulturraum den Bezug zum klassischen Altertum herstellen. Im 18. Buch der Ilias Homers, etwa 700 Jahre vor unserer Zeitrechnung, findet „mit Fett und Blut gefüllter Ziegenmagen, über glühenden Kohlen gebraten" Erwähnung als Preis nach einem Zweikampf. Hier „ging es also schon um die Wurst". Und Aristophanes erwähnt eine Wurst in einer seiner Komödien (im Jahre 425 vor Christus).

Rituelle Opfer und Gelage

Die Suche nach Schmackhaftem, Einfachem – für das Volk in Garküchen – aber auch nach Ausgefallenem, ließ die Römer eine Verschiedenheit von Farcimina (=Würsten) entwickeln, die ursprünglich sogar bei kultischen Opferhandlungen ihren Platz gefunden hatten, in späteren Zeiten aber wohl in üppigen Gelagen serviert wurden. Auch damals schon hatte man je nach Art und Kaliber des Darmes unterschiedliche Arten von Wurstmassen im Gebrauch, zum Kochen oder auch zum Braten oder Rösten (farcimina, farcicula, hillae, apexabones). Botuli waren Blutwürste, tomacula zum Rösten bestimmt. Aus einer Erwähnung im Edikt des Diokletian wird zwischen gröberen, also einfacheren Rindsbrat- und feineren Schweinsbratwürsten unterschieden. Zu den beliebtesten Würsten dürften grobe Schweinsbratwürste gezählt haben, die „lucanicae", welche Bezeichnung auch heute noch als „linguica" in Südamerika oder in der Levante weiter lebt.

Ein Bestseller, wenn man das so sagen darf, stellte das Kochbuch „de re coquinaria" (Über die Kochkunst) des Marcus Gavius Apicius (erstes Jahrhundert nach Christus) dar, dem man auch Hinweise über Würste entnehmen darf. Diese Rezeptsammlung wurde vermutlich zwischen dem dritten und vierten Jahrhundert in der bis heute überlieferten Form zusammengestellt, mehrfach abgeschrieben und war das einzige, wirkliche Kochbuch bis ins auslaufende 13. Jahrhundert hinein.

Doch findet sich das Lob der Wurst auch schon in der mittelalterlichen Dichtung immer wieder. Vom Minnesänger Johannes Hadlaub (um 1300) stammen die Worte: … „Der herbst git hamman bî der gluot und brâten veiz und würste heiz, swie vil man gert". Der Herbst gibt Schinken bei der Glut und Braten feist und Würste heiß, so viel man begehrt.

Was bedeutet nun das Wort Wurst eigentlich?

Die Sprachforscher liefern uns keine eindeutige Etymologie. Es könnte mit dem Althochdeutschen „wirr" zusammenhängen und dann so viel wie „Gemengtes" aussagen, aber auch aus der Wortwurzel „-vert" (wenden, drehen) hervor gegangen sein und dann soviel wie „Gebilde" bedeuten. Einfacher tut man sich beim Gebrauch der Ableitungen aus dem Gesalzenen lat. „-sal…", das über salsiccia, salame, in verschiedenen modernen Begriffen (Salami, sausage, saucisse, …) weiterlebt. Interessant auch die Deutung der Herkunft des Begriffes Wurst in slawischen oder osteuropäischen Sprachen. Kolbasa beispielsweise wird dem Türkischen zugeschrieben: külbasti, „Rostbraten", wörtlich etwa wie „auf die Asche/Glut gelegt".

Es geht aber aus der Geschichte hervor, dass Wurst ihrem Artgenossen und Wegbegleiter über die Zeiten, dem gesalzenen, gepökelten Fleisch – wie Schinken – an Vielgestaltigkeit jedenfalls überlegen ist. Alle Varianten zusammengenommen, mag die Wurstlandschaft Deutschlands, der Schweiz und Österreichs zusammen geschätzte 1.700 Würste oder mehr aufweisen, das stellt jedenfalls eine Kulturleistung erster Ordnung dar.

Plattitüden wie „Das Herz einer Frau, der Magen einer Sau und der Inhalt einer Wurscht bleiben ewig unerforscht" mögen zwar immer noch bei manchen Zeitgenossen ein müdes Lächeln hervorrufen, aber fest steht, dass gerade die gute Herstellungspraxis in niedergeschriebener Form in dem Codex Alimentarius Austriacus mündete. Bereits in dessen Ausgabe des kaiserlichen Österreichs von 1913 findet man sehr viele der auch noch heute bekannten Würste, wenn sich auch die Zusammensetzung oder das Erscheinungsbild in den Jahrzehnten im Detail geändert haben mag.

Handarbeit.
Vieles in der modernen Fleischverarbeitung ist gute, alte Handarbeit, wie hier das Einsalzen von Schinkenspeck.

Der Stoff, aus dem Gourmetträume bestehen

Hier gilt es, einmal kurz auf den Rohstoff Fleisch einzugehen

Zunächst – man kann aus allem zum Verzehr geeignetem Fleisch Wurst herstellen. Der typische Geschmack von einzelnen Fleischsorten, der sich dann natürlich auch auf die Produkte überträgt, wird in erster Linie ganz wesentlich durch die Fettkomponente geprägt und transportiert. Fleisch total ohne Fett kann hinsichtlich seiner Art kaum eindeutig identifiziert werden. Das ist in aufwändigen Versuchen untermauert worden.

Beschränkungen für die Verwendung von Fleischarten gibt es weniger aus technologischen Gründen, sondern in der Regel nur dort, wo es Festlegungen aus dem berechtigten Verständnis einer Herstellungstradition gibt. Beispielsweise enthält die Ungarische Salami der Spitzensorte nur Schweinefleisch und Speck.

Mit den Augen der traditionellen Vorgehensweisen betrachtet – man macht es so und nicht anders, man nimmt den Rohstoff von hier oder dort und sonst keinen anderen – spiegelt sich auch die Bodenständigkeit eines Produkts wider, ein Umstand, der berechtigterweise heute wieder mehr in die Aufmerksamkeit der Konsumenten gerückt wird.

Es gilt als akkordiert, dass Fleisch und somit Würste wesentlich zur Versorgung durch hochwertige Nahrungsbestandteile wie Eiweiß, Fettsäuren, Salze und Vitamine beitragen. Bedenken, sich zu einseitig zu ernähren, werden allerdings im Zusammenhang mit Wurst immer wieder geäußert, es muss dem allerdings für mündige Genießer eine richtige Information über Fleischerzeugnisse entgegen gestellt werden, genauso, wie anderweitig ja auch die Kunst eines Weinsommeliers der höheren Freude am Kulturgut Wein zu dienen und nicht über Alkoholismus zu befinden hat.

Die Eignung eines Rohmaterials für ein Produkt wird heutzutage wohl mehr und mehr durch objektiv messbare Kriterien beschrieben. Es ist die zeitgemäße Produktion nicht denkbar ohne Wissen hinsichtlich der Zusammensetzung von Rohstoffen und deren Eigenschaften, aber die Kenntnis einzelner Daten kann nicht – und wird auch hoffentlich nie – auf die Zusammenschau, das fachliche Urteil und die Kreativität des Fachmannes verzichten. Ein Gemälde von Michelangelo kann man hinsichtlich der Wellenlängen der verwendeten Farben oder ihrer chemischen Zusammensetzung beschreiben: Was aber das Einzigartige des Kunstwerkes ausmacht, wird sich ewig in einer anderen Dimension abspielen. So möge es auch für das Kunstwerk einer Wurstkreation bleiben.

Die Gewinnung von Fleisch – mit Kenntnis und Sorgfalt

Fleisch ist mit Fug und Recht eines der sensibelsten Lebensmittel an sich und gleichzeitig einer der variantenreichsten Rohstoffe für die weitere Verarbeitung zu neuen Kreationen, die es gibt. Die Eignung für die weitere Verarbeitung setzt sich aus mehreren Mosaiksteinen zusammen wie Gesundheitszustand (beziehungsweise hygienischer Zustand) genetisches Erbe, Geschlecht, Aufzucht, Fütterung/Mastzustand, Alter, Schlachtmethode, Reifung (Bedingungen derselben und Zeit). Die in der Öffentlichkeit über die Ethik- und Nachhaltigkeitsschiene geführte Diskussion hinsichtlich tierartgerechter Haltung und Behandlung von Tieren zeigt ein Veränderungspotenzial für die Zukunft auf, das Auswirkungen auf Qualität des Fleisches einerseits und im Bewusstsein der Fleischliebhaber hinsichtlich der Wertschätzung für das Produkt und seine Wertigkeit an sich haben wird.

Fleisch für die Verarbeitung zu Wurst oder Pökelwaren ist, im Gegensatz zu Ausgangsmaterial für Fleisch für die Küche, nur wenig bis gar nicht gereift. Frisch Geschlachtetes (aus gesundem und ausgeruhtem Tier vorausgesetzt) durchläuft bekanntlich sofort einen natürlichen Vorgang der Bildung von Milchsäure. Dieser Vorgang sollte, je nach Tierart, individueller Eignung und Ablauf der angewandten Kühllagerung, zwischen einem und zwei Tagen abgeschlossen sein.

Lediglich das heute nur noch in seltenen Fällen geübte „Warmverrichten" verwendet schlachtwarmes Fleisch, das eine sehr gute Eigenschaft für die Herstellung von Brühwurst und eine gute Wasserbindekapazität aufweist („offene" Struktur der noch nicht verhärteten Muskelstruktureiweiße, ohne Kutterhilfsmittel Phosphat verarbeitbar).

Natürliche Milchsäure und Haltbarkeit

Hier ist einmal die natürliche Milchsäure des gereiften Fleisches zu nennen. Aus dem Traubenzucker (oder: Dextrose, als im Muskel oder der Leber gespeicherter Form auch Glykogen genannt) jedes richtig gefütterten und gehaltenen Tieres entsteht im Zuge der Fleischreifung, wie schon weiter oben erwähnt, die Milchsäure, die ein Garant für die Haltbarkeit, hilfreich für die gute Farbausbildung ist, und vor allem bei roh Gereiftem wie manchen Pökelwaren oder bei Rohwürsten zum erwünschten Aroma beiträgt.

Die Messung der Säuerung durch Milchsäurebildung im Zusammenhang mit der Zeit gilt heute als wichtiges und nicht mehr diskutiertes Kriterium zur Erkennung der Eignung für die Qualität (zum

Beispiel Erkennen des Säuerungsverlaufes durch pH-Wertmessung 45 Minuten nach der Schlachtung, nach 24 oder 36 Stunden, gleichzeitig Absenken der Kerntemperatur/Temperatur im wärmsten Punkt des Schlachttierkörpers auf unter sieben Grad). Gleichwohl muss man aber auch sagen, dass diese Messung noch nicht flächendeckend durchgeführt wird, obwohl gerade auch in diesem Bereich – beispielsweise für die Speckproduktion – durch die Kenntnis der Eignung eines Teilstückes Qualität gewonnen werden kann.

Hintergründiges

Der österreichische Lebensmittelkodex definiert in seinem Kapitel B14 in mehreren Details, was die Zusammensetzung von Verarbeitungsfleisch normiert. Die klassische Denkweise, die Wurschtkuchl nach der Schlachtung zu füllen, war doch „die Sau vom Schwaferl bis zum Schnauzerl" zu nutzen. Allerdings war es immer schon ein Anliegen der redlichen Herstellungsweise, Spielregeln nicht nur für den fairen Wettbewerb, sondern auch als Garantie für die Wurstgenießer zu haben, die ja wohl kaum bei der Entstehung dabei sein können. Somit ist die Grundidee hierbei, eine Richtschnur der guten Handwerkspraxis zu geben, aber dabei gerade mit einem Maß an Transparenz die schöpferische Kreativität nicht einzuschnüren. Deswegen wurden da auch in den Kodex keine detaillierten Rezepturen mit aufgenommen. Durch handwerksmäßige Zerlegung (= geeignete Schnittführung und Einteilung des Fleisches nach Fleischteilen) und geeignetem Zuputz erfolgte eine Sortierung – das heißt, teilweises Entfetten (von Auflagefett, Körperhöhlenfett) und zum Teil auch von intermuskulärem Fett sowie Entfernen von Bindegewebe – wobei das Sammeln von gleichen Teilen zu einer Sorte eine gewisse Standardisierung bewirkt. Diese Standardisierung bewirkt im Endprodukt dann eine begrenzte Bandbreite an Fett und Eiweiß.
Hinsichtlich des Fettgehalts gibt es laut Kodex drei Fleisch-Qualitätsstufen:

- Rindfleisch I – 8 Prozent Fett,
- Rindfleisch II – 17 Prozent Fett und
- Rindfleisch III – 25 Prozent Fett,

wobei die Sorte II als mittlere Sortierung dem Durchschnitt eines ausgebeinten ganzen Tieres ohne Ortsschwanzel (Schale; gut geeignet für Schnitzel), oder ganze Vorderviertel, jeweils von den groben Sehnen befreit, entspricht.

Analog gibt es auch für Schweinefleisch eine Einteilung:

- Schweinefleisch I – 10 Prozent Fett,
- Schweinefleisch II – 20 Prozent Fett und
- Schweinefleisch III – 30 Prozent Fett.

Speck I gibt es als sortierten Rückenspeck mit 90 Prozent Fettgehalt oder, wenn nicht vom Rücken, dann mit 80 Prozent Fettgehalt als Speck II.
Schweinefleisch samt Schwarte oder Schwarte allein sowie Blut wird – lege artis – nur für Kochwürste verwendet. Bindegewebsreiche Sehnen und Muskelhäute werden als so genannter Salzstoß bezeichnet. Dieses vorgesalzene Material kann dann einfacheren Würsten (Sorte III nach Kodex) in vorgegebenem Maß zugesetzt werden. Der guten Ordnung halber sei gesagt, dass die Kunst der Wursterzeugung heute auch noch weitere und noch feiner abgestufte Sortierungsmöglichkeiten kennt, als sie hier geschildert wurden.

Haltbar machen

Am Anfang der Technologie stand (und steht) die Kraft der Sonne. Die Wärme trocknet, konzentriert, macht dauerhaft und hilft, verderbende oder bedrohliche Mikroorganismen an die Wand zu spielen. Diese erste Kulturleistung, die Wärme zur Haltbarmachung des Fleisches gezielt einzusetzen, ist uns im Biltong aus Afrika, dem Cherky oder dem Pemikan aus Amerika bis heute überliefert.
Dort wo die Sonne allein nicht ausreicht, vor allem in den vom Klima nicht so verwöhnten Regionen, nahm der Mensch das Feuer zu Hilfe: Die Hitze trocknete, machte bekömmlich; der Rauch würzte und verlieh dem Stück Widerstandskraft gegen Verderb.

Salzen

Das Salz würzt und macht länger haltbar. Salz kann als Geschmacksträger mit Fug und Recht als eine der wichtigsten Säulen der Kochkunst bezeichnet werden. Aus der Tradition der individuellen Speisenzubereitung und -bevorratung hervortretend und aufgrund der Notwendigkeit, gewisse Tätigkeiten – nicht zuletzt durch das sich weiter entwickelnde Bewusstsein einer Gesundheitsvorsorge – in die Hände von Fachleuten zu legen, entstanden in unseren Breiten neben dem Stand der Köche auch die Zünfte der Fleischer. Das Handwerk war geboren und dem Trend der Spezialisierung und Rationalisierung folgend schließlich auch als Industrie zur Blüte gekommen.
Letztlich war es freilich die Elektrizität und die Erfindung der Kältemaschine im 19. Jahrhundert gewesen, die dem Lebensmittelhandwerk – und im Speziellen dem sensiblen Fleisch und den Erzeugnissen daraus – zu bis dahin ungeahnter Vielfalt und allzeit möglicher Verfügbarkeit verhalf.
Versorgungskrisen sowie Krieg und Not machen erfinderisch – so heißt es. Der heute so oft strapazierte Begriff der Globalisierung wäre wohl ohne moderne Kühl- und Transporttechnik nicht zu Stande gekommen, was als Gegenreaktion wohl auch wieder das Schätzen der Regionalität und des Altbewährten forciert. Somit schließt sich der Kreis.
Das Einkonzentrieren durch Trocknen oder durch Binden des Wassers mittels Salz oder das Bremsen von Lebensvorgängen durch Kälte gilt zu Recht als eine der ursprünglichsten Technologien. Aber es sind auch andere Wirkstoffe, die hier helfend eingreifen.

Pökeln

Die Ausdrücke Salzen und Pökeln wurden und werden gerne – nach heutigem Verständnis etwas unpräzise – als Synonyme verwendet. Ursprünglich standen nur das Salz aus dem Meerwasser und erst später dann auch das Steinsalz zur Verfügung.
Mageres Fleisch besteht, ganz grob gesprochen, aus 72 bis 75 Prozent Wasser, 22 Prozent Eiweiß, einigen Prozenten Fett und aus Salzen. Salz löst sich in Wasser und somit auch im Wasseranteil des Fleisches und durchdringt es daher leicht.

Salz und Gewürze.
Salz ist in der Fleischbearbeitung das universellste Hilfsmittel: Zur Haltbarmachung genauso wie als Geschmacksgeber. Gemeinsam mit Gewürzen unterstützt es das sortentypische Fleischaroma.

Rauchzeichen.
Rauch begegnet uns bei der Herstellung von Fleischwaren in kalter (max. 24° Celsius) sowie heißer Form (max. 90° Celsius) und als Schwitzrauch (max. 50° Celsius). Er beeinflußt das Aroma und steigert die Haltbarkeit.

Wenn man den Quellen trauen darf, dann geht der Ausdruck Pökeln auf einen 1397 verstorbenen Holländer namens Gillis Beukel zurück. Heutzutage verwendet man den Ausdruck Pökeln nur für die gleichzeitige Anwendung von Salz und Pökelstoffen. Historisch war es zunächst das Nitrat (der Salpeter), das einem ersten schriftlichen Zeugnis aus dem Jahr 1787 zufolge mehr und mehr dann dem Salz beim Pökelvorgang zugesetzt wurde. Da Nitrat erst durch die Tätigkeit von gleichzeitig aromatisierenden Mikroorganismen (der Reifeflora) zu Nitrit abgebaut (reduziert) wird, braucht das Zeit und einen Temperaturbereich von etwa acht Grad Celsius. Dann steht Nitrit zur Verfügung und das kann dann mit dem Muskelfarbstoff zum kräftigen Pökelrot weiterreagieren. Dieses Pökelrot wird dann in einem weiteren Schritt erst zur stabilen Dauerpökelfarbe, in Rohwurst und Rohpökelware durch einen niedrigen pH-Wert (pH 5,6 und niedriger) und Zeit, in erhitzten Erzeugnissen rascher durch den Erwärmungsvorgang. Anfang des vorigen Jahrhunderts hatte man verstanden, dass eine direkte Zugabe von Nitrit den Vorgang beschleunigt. Da aber im Gegensatz zu Nitrat die Aufnahme von Nitrit akut toxisch ist, regelte man in Deutschland bald die Verwendung von Nitrit durch exakte Dosierung in einem Mischungsverhältnis von 99,5 Teilen Speisesalz (NaCl) zu 0,5 Teilen Nitrit (NaNO2) als Nitritpökelsalz (NPS) gesetzlich (1934). Österreich übernahm dann diese Regelung ebenfalls (heute ist der Gehalt von Salpeter und von Nitrit in gepökelten Erzeugnissen durch die Zusatzstoffverordnung geregelt BGBl. II Nr. 383/1998 i.d.g.F.).

Das Pökeln bewirkt aber nicht nur eine schöne, typisch rote Farbe, sondern bremst allfälliges Ranzigwerden der Fettkomponenten, macht einen typischen und erwünschten Pökelgeschmack und hemmt unerwünschte, allfällig auftretende, krankmachende bakterielle Begleiter der Wursterzeugung (beispielsweise Clostridium botulinum, erzeugt ein höchstwirksames Toxin).

Aus Nitrat kann im Körper Nitrit werden, was bei Babys zu Blausucht führen kann. Skeptikern des Verzehrs von gepökelten Spezialitäten sei aber ins Stammbuch geschrieben, dass zum Beispiel nach einem Bericht der Deutschen Gesellschaft für Ernährung nur etwa 20 Prozent der täglichen Nitrataufnahme aus Gepökeltem stammt, der überwiegende Anteil stammt aus Gemüse und Trinkwasser.

Wozu Pökelhilfsstoffe?

Um das Umröten, das Ausbilden der erwünschten roten Pökelfarbe möglichst schnell und sicher zu erhalten, wird dem Vorgang heutzutage Ascorbinsäure (bei Würsten) oder, wenn man eine etwas langsamere Reaktion wie bei Pökelwaren benötigt, dessen Natriumsalz zugefügt. Das hat auch noch eine weitere, durchaus positive Nebenwirkung. Durch seine Reaktionsfreudigkeit kam Nitrit in den Verruf, mit Eiweißabbauprodukten (sekundären und tertiären Aminen) unter gewissen Bedingungen zu kanzerogenen Nitrosaminen zu reagieren. Dies kann beim Rösten oder Grillen der Fall sein. Nun zeigte sich aber, dass der Einsatz von Ascorbinsäure gerade diese unerwünschte Reaktion bremst.

Trockensalzen versus Spritzpökeln

Am Anfang stand das Einreiben mit Salz. Diese Technologie ist auch heute noch häufig bei der Herstellung von traditionell gefertigten Rohpökelwaren das Mittel der Wahl. Das Auffangen der dabei abtropfenden Lake, das Einlegen der Fleischstücke in Gefäße, ursprünglich Holzgebinde, und schließlich das Überschichten mit Lake (Aufgusslake, auch Sur genannt) führte zum Nasspökeln, dem Einsuren. Um den Pökelstoffen das Ein- und Durchdringen sowie ihre Verteilung insbesondere in großen Stücken weiter zu erleichtern, erfand man schließlich das Einspritzen von Salzlake ins Fleisch. Eine handwerkliche Besonderheit stellt dabei das Spritzen in das Arteriennetz dar („Adernspritzen"), eine Herstellungsart, die bei traditionell hergestellten, mild gepökelten und besonders zart und saftig hergestellten Beinschinken mit Bein unumgänglich ist. Ansonsten überwiegt die Anwendung der Spritzpökeltechnologie in Kombination mit einer mechanischen Massage zum Aufschluss des Fleischgewebes und zur guten Verteilung der Pökelprodukte, unter Vakuum und guter Kühlung, zur Herstellung von besonders milden Kochpökelwaren.

Räuchern

In einer Zeit, in der die Energie auch für die Raumheizung direkt aus der Steckdose zu kommen scheint, beginnt man den direkten Zusammenhang zwischen dem Erzeugen von wärmender und trocknender Luft und dem Feuer im Bewusstsein zu entkoppeln. Fleisch über dem Feuer trocknen – dieser Vorgang wurde im Althochdeutschen mit „arselkhan" oder „arselchen" bezeichnet, was im bayrisch-österreichischen Sprachgebrauch weiterlebt. So wird ein hagerer (vertrockneter) Mensch mancherorts etwas scherzhaft als „G'söchta" bezeichnet.

Historisch gesehen, findet man auch schon aus römischer Zeit Hinweise auf die Räucherung von Fleisch sowie Relikte einer Räucherkammer. In österreichischen Bauernhäusern wurde das Fleisch zum Selchen in den „Kamin gehängt" und so meist einem kalten oder mäßig warmen Rauch ausgesetzt.

Mildes Klima, insbesondere mediterraner Regionen, aber auch die spezielle Luft hoher alpiner Gegenden (über 1.800 Meter, Schweiz, traditionell für Bündnerfleisch) ließen die Anwendung von Rauch dort nicht so zwingend erscheinen wie im heutigen Österreich und seinen historisch und kulinarisch wichtigen Nachbarregionen wie Böhmen, Südschlesien oder den Karpaten.

Während man rund um die Adria und das Mittelmeer auch heute noch von Spanien bis nach Kroatien (Serrano Schinken, prosciutto, prsut) traditionell Luftgetrocknetes reifen lässt, so überwiegen klassischerweise bei uns einerseits die Rohpökelwaren vom Schwein („Speck"), anderseits die aus dem Raum Böhmens bis zur Tatra bei uns stark vertretenen Kochpökelwaren (Heißgeräuchertes), das Selchfleisch oder Geselchte, das in verschiedensten Ausformungen geschätzt wird, auch sehr elegant wie beispielsweise als Prager Schinken, dem Ahnherrn des klassischen Wiener Beinschinkens. Die moderne Verfahrenstechnik macht es selbstverständlich möglich, dem heutigen Trend der Zeit folgend auch aus österreichischem Fleisch und weitgehend unabhängig von Jahreszeit und herrschendem Klima jederzeit veredeltes Luftgetrocknetes oder aromatisch Geselchtes herzustellen.

Blond (hell beige) – oder schwarz g'selcht?

War es früher allenthalben insbesondere bei ländlichen Produkten üblich – eingedenk des alten Fleischerspruches „Viel hilft viel" – dem Räucherfleisch eine kräftige Schwärze zu verleihen, so ist das durch die Erkenntnisse der Lebensmittelhygiene heute weitgehend ausgemerzt, weil es durch einen Grenzwert (für die krebserregende Leitsubstanz Benzpyren mit ein Mikrogramm pro Kilogramm Erzeugnis) limitiert wurde. Es gelingt aber auch mit kaltem Rauch und aromatischen Gehölzen (Buche vor allem, eventuell auch Obstgehölze, hingegen etwas Nadelholz und Wacholder nur zur Aromatisierung, als Beiwerk) oder Heißrauch, ebenfalls vorwiegend aus Buche, eine schöne Farbe und eine geeignete Geschmacksnote zu erreichen. Es muss erwähnt werden, dass man wohl die Schritte des Räucherns, und was dichten Rauch oder das Haften des Rauches an der Oberfläche der Wurst ausmacht, mittels einer gemauerten Naturselch gut sehen – und lernen (oder praktizieren) kann, aber heute sind Anlagen mit sparsamer Raucherzeugung und Rauchführung das Um und Auf, vor allem aus Gründen der Energieersparnis und der Umwelt (und Nachbarschaft) zuliebe. Die Entwicklung des als Sprühnebel anzuwendenden Flüssigrauches hat trotz gewisser technischer Vorteile in Österreich bis dato nur wenig Verbreitung gefunden.

Dass der Rauch auch bakteriostatische Komponenten enthält und trocknen kann, tritt heutzutage mehr in den Hintergrund, was durch die Tatsache erkennbar ist, dass mehr und mehr einst geräucherte Wurstsorten nun ungeräuchert und in wasserdampf- und rauchundurchlässigen, schön gefärbten künstlichen Hüllen erzeugt werden. Diese sind hygienisch, unproblematisch und gleichmäßig maschinell zu füllen und zu verschließen. Das hat durchaus seine Berechtigung, aber es entwickelt sich hier eine zweite Schiene, vom klassischen Erscheinungsbild weg. Man vergleiche nur einmal das aromatische Profil einer Extrawurst, im Zellulosedarm geräuchert, mit jenem einer Standardware im undurchlässigen „Top"-Darm, oder einer Tiroler, statt im schwarzen, undurchlässigen Kunstdarm durch Rauch harmonisch gewürzt.

Es soll erwähnt werden, dass Selchfleisch heiß und hell-beige (also „blond") geräuchert wird. Die Rauchtemperatur sollte sich dabei zwischen 60 und 80 Grad bewegen, die innere Temperatur des Fleischstücks geht dabei auf 50 bis 55 Grad und das gute Stück ist jedenfalls vor dem Verzehr noch zu kochen (daher also die Bezeichnung Kochpökelware). Im Allgemeinen hat man den Eindruck, dass es in Österreich zwischen West und Ost ein Gefälle von dunkler zu heller gibt, was die Räucherfarbe betrifft – zumindest im traditionellen Segment. An dieser Stelle soll auf die klassische Machart des Selchbratens hingewiesen werden. Fleischwürste kann man nach dem ersten Räucherschritt im Heißrauch statt mit Dampf (oder im Kessel) auch mit trockenem Heißrauch bis zur erforderlichen oder gewünschten Endtemperatur (zum Beispiel 75 Grad Celsius) fertigbraten, das ergibt einen besonderen Geschmack und bedingt auch eine gewisse Abtrocknung.

Die Entstehungstemperatur des Rauches sollte beim Verschwelen niedrig sein, schon bei niedriger Temperatur (200 bis 350 Grad) entstehen für die Farbbildung wichtige Substanzen, zwischen 300 und 400 Grad überwiegen die für den Geschmack und die Konservierung wichtigen Anteile. Bei noch höheren Temperaturen können vermehrt unerwünschte Räucherstoffe wie Benzo-a-pyren entstehen. Die Räuchertemperatur selbst soll bei Kalträuchern 24 Grad nicht übersteigen, Schwitzrauch gibt es bis 50 und Heißrauch bis etwa 90 Grad.

Kochen & Erhitzen

Früher gab es außer dem oben erwähnten Selchbraten ausschließlich das Erhitzen im Kessel. Thermometer waren ein Luxusgut und so hielt man sich an die Erfahrung, was der Wurst oder dem Schinken denn „gut tat" beziehungsweise ein haltbares Produkt versprach. Für Schinken beispielsweise galt folgende Faustregel: Bei siedendem Wasser zustellen und dann langsam herunter kühlen lassen, im moderat nachgeheizten Kessel ziehen lassen, pro Kilogramm Schinken eine Stunde, dann war er fertig. Heute, mit den Erkenntnissen der Mikrobiologie im Hintergrund, gilt als kodexgemäßer Minimalkonsens 68 Grad an der kältesten Stelle im Kern gemessen, mindestens 20 Minuten gehalten. Die Kochtemperaturen werden heute bei modernen Anlagen, egal, ob im Wasserkessel oder in der Dampfkammer, elektronisch gesteuert, oder zumindest die Temperatur im Kern geeignet geprüft. Daraus entwickelten sich weitere Varianten (das Stufenkochen und das Delta-t-Kochen), deren Ziel es ist, die notwendige Kerntemperatur bei langsamem Anstieg zu erreichen, um nicht die äußeren Schichten einer Wurststange oder eines Schinkens unnötigem Hitzestress auszusetzen. Zu hohe Kochtemperatur um das Kochgut herum bewirkt nämlich, durch die träge Wärmeleitung von Fleisch keinen schnelleren Anstieg im Inneren, wohl aber eine massive Kochschädigung der äußeren Schichten. So vermindert man unerwünschte Trocknungs- bzw. Saftverluste ganz wesentlich.

Tiroler Speck.
Tiroler Schinkenspeck ist eine klassische Rohpökelware und wird in mehreren Phasen bei circa 18 bis 20 Grad Celsius kalt geräuchert.

Die Vielfalt der österreichischen Wurstlandschaft

Wie schon angedeutet, gibt das Österreichische Lebensmittelbuch (der Codex Alimentarius Austriacus, i.d.g.F.) in seinem Kapitel B14 das an, was Fleisch lege artis, nach österreichischem Verständnis, ausmacht und was innerhalb welcher Grenzen daraus herzustellen wäre, ohne aber nicht auch Spielraum für Neues und Kreatives oder (noch) nicht Kodifiziertes zu lassen. Es sei gestattet, in diesen Bogen der Wurstlandschaft auch die reiche Palette der Pökelwaren mit einzubeziehen.

Würste werden nun im Wesentlichen aus zerkleinertem Skelettmuskelfleisch und Fettgewebe (in der Regel Speck) unter Zusatz von Kochsalz und Gewürzen, bei bestimmten Wurstsorten auch unter Mitverwendung von Innereien, Blut, Salzstoß, Schwarten sowie mit Trinkwasser und Gewürzen und eventuell Einlagematerial (Käsewürfel, Gemüsestückchen) sowie Zusatzstoffen (lt. Zusatzstoffverordnung – wie beispielsweise Emulgatoren) hergestellt.

Der Kodex kennt – als Hauptgruppen und grob eingeteilt – die Brühwürste, Rohwürste, Kochwürste, und natürlich als eigene Gruppe die Koch- und die Rohpökelwaren.

Favorit bei Jung und Alt.
Die beliebteste Brühwurst in Österreich ist die Extrawurst. Sie gehört der Untergruppe der Brätwürste an und hat je nach Rohmaterial einen Fettgehalt zwischen 17 und 25 Prozent.

Brühwürste

Brühwürste gliedern sich in Brät- und Fleischwürste.
Brätwürste bestehen nach der klassischen Herstellungsweise aus fein zerkleinertem Fleischgewebe, das heute mit den schnell laufenden Kuttern (Schüsselkutter, Rundschneider) unter Salzzugabe und etwas Wasserzusatz (sowie in der Regel mit Umrötehilfsstoff auf Ascorbinsäurebasis und meist Kutterhilfsmitteln – etwa Phosphat) und Gewürzen hergestellt wird. Das Ziel ist es, die etwas klebrige (rohe) Matrix aus freigesetztem Muskeleiweiß zu erhalten (unter Salzzusatz), die in der Lage ist, in weiterer Folge untergemischtes, zerkleinertes Fett aus Fettbindegewebe (Speck) zu binden und selbst dann noch zu halten, wenn die Bewährungsprobe „Erhitzung" die Stabilität der Masse auf die Probe stellt.
Es ist heute kaum mehr vorstellbar, dass in alten Kochbüchern das Herstellen einer feinen Fleischmasse („Farsch", „Farce"), ähnlich unserem mageren Grundbrät, in einem Mörser propagiert wurde. Vor der Verfügbarkeit elektrisch betriebener und immer schneller laufender Maschinen gab es nur das Messer, das Wiegemesser, dann den Block aus mehreren derartigen Messern (den Wiegeblock) und schließlich den Wolf, ja, und die Quetsche, einer Walzenmühle nicht unähnlich. Dann erst den Schüsselkutter oder „Blitz" und Mischmaschinen, die, wie bis nach dem zweiten Weltkrieg noch mancherorts üblich, in einem Maschinenraum angeordnet, mit einer Transmissionswelle mit Flachriemen angetrieben worden waren.
Mit gutem Beispiel voran: ein Auszug aus der Familienchronik der Würste.

Brätwürste

- Pariser, Extrawurst in Stangen, Knacker/Runde (Extra), Leberkäse, Würstel.
- **Zuag'rast:** Die Münchner Weißwurst.
- **Unersetzlich:** Das gemeine Fußvolk mit dem Hang zum Besseren: über Dürre im Kranz, Burenwurst und Co.
- **Allgemeine Bemerkung:** Unter „Brühen" wird eine feuchte Erhitzung auf eine Kerntemperatur von 72 bis 75 Grad Celsius verstanden (eine Art von Pasteurisation). Verschiedene Brätwürste dürfen etwas Stärkemehl als Quellmittel enthalten, ist nachfolgend nicht detailliert erwähnt – Details siehe Kodexkapitel B14.

Pariser und Stangenextra

- **Die Masse:** Allen Brätwürsten ist – wie schon ausgeführt – der Körper eines möglichst homogenen Bräts gemeinsam. Etwas mehr mageres Eiweiß und richtige Kuttertechnologie verleiht dem Ganzen einen leicht festeren Biss, was sich bei dünnem Aufschnitt sehr positiv auswirkt. Allerdings führt das extreme Auskuttern des Rohmaterials sowie das Füllen unter Vakuum manchmal auch zu einem Zuviel des Guten: Dann kann es gummiartig fest werden.
- **Das Füllen:** Pariser wird traditionell in den Pimmerling (Rinderbutte, Rinderblinddarm) gefüllt – die Naturdarmverwendung ist auch die Vorbedingung zum Braten (mit Darm) von Wurstschüsserlscheiben.
- **Stangenextra:** Traditionell in räucherbaren Zelluloseviskose-Därmen, heute überwiegend jedoch in wasserdampf- und rauchundurchlässiger Hülle.
- **Das Räuchern / Garen:** Hell-beige, zart, im Heißrauch (Buche) / gebrüht.
- **Sensorische Charakteristika, Würznote:** Zart im Biss, glattes Mundgefühl, zart duftende Note nach (gepökeltem, gegartem) Fleisch mit einer Ankündigung von weißem Pfeffer, untermalt von Muskat, Piment und Kardamom, manchmal auch unterstützt durch eine Frischenote von Ingwer oder Zitronenschale und – je nach Machart – auch begleitet durch eine leichte Rauchnote.

Knacker / Runde (Extra)

- **Die Masse:** Unterscheidet sich von der Stangenwurst in der Rohmaterialkomposition lediglich durch eine etwas einfachere Variation.
- **Das Füllen:** Traditionell in Rinderkranzdärme, auch mehr und mehr in Kunstdärme.
- **Das Räuchern / Garen:** Hell-beige heiß geräuchert / gebrüht.
- **Sensorische Charakteristika, Würznote:** entsprechend der Stangenextra, eventuell etwas deftiger, unterstützt durch entölte Senfsaat und wieder mit Delikatesspaprika und etwas Knoblauch.

Würstel

- **Die Masse:** Homogen, zartpökelrosa; das Würstel schlechthin – in Österreich Synonym für Frankfurter oder Wiener Würstchen, erstmals 1805 erzeugt, von dem aus Frankfurt zugereisten Johann Georg Lahner in Wien, aus Rind und Schweinefleisch – im Gegensatz zum Vorläufer aus Frankfurt (vom Schwein).
- **Das Füllen:** Im Schafsaitling, aber mehr und mehr auch im essbaren (Kunst-)Kollagensaitling; mit eleganterer Note – auch als besonders lange Variante – das Sacherwürstel.
- **Das Räuchern / Garen:** Hell-beige; dickwandiger („fleischiger") Saitling und zu intensives Räuchern kann eine unerwünschte Tendenz zur Härte bewirken / gebrüht.
- **Sensorische Charakteristika, Würznote:** Knackig im Biss, leicht saftig am Gaumen, elegante Geruchsnote aus weißem Pfeffer, Muskatnuss und Macis, leichte Frischekomponente durch Ingwer, manchmal und auch regional unterschiedlich – mit einer leichten Abrundung durch Delikatesspaprika und einer Anmutung von Knoblauch.

Würstel-Evergreen.
Die Frankfurter haben mittlerweile mehr als 200 Jahre seit ihrer Erfindung auf dem Buckel und sind in ihrer Beliebtheit ungebrochen. Mit Senf und einem reschen Semmerl immer heiß.

Leberkäse

- **Die Masse:** Hell-beige-pökelrosa, entweder homogen oder klassisch mit kleinen Speckwürfeln als Einlage; Varianten mit Käse, mit pikanten Paprikaflocken; als „bayrischer" Leberkäse auch ohne Pökelung zu sehen, als besonderes Marktsegment auch aus Pferdefleisch („Gigererleberkas").
- **Das Füllen:** In Formen zum – vorwiegend – Braten (oder Brühen), entweder maschinell – aber besonders flaumig vorzugsweise händisch gefüllt.
- **Das Räuchern / Garen:** In Formen, bei 140 bis 170 Grad Celsius anbraten, bei 90 bis 100 Grad Celsius auf 72 Grad Celsius Kerntemperatur fertigbraten.
- **Sensorische Charakteristika, Würznote:** Flaumig, etwas saftig / leicht fettig einschmeichelnd, kräftige Fleischnote mit aufsteigender Pfefferdominanz, mit Muskat-Pimentkomplementärnote und Zwiebel-Knoblauchhintergrund, mit röstigem Kontrapunkt aus der Kruste.

Münchner Weißwurst

- **Die Masse:** Homogen, weiß, mit leichtem Grauton – weil nur mit Kochsalz hergestellt, mit erkennbaren Stückchen von Suppenkräutern (Petersilie, Schnittlauch, Zwiebel), darf Schwarten und / oder Kalbskopffleisch enthalten.
- **Das Füllen:** In dünne Schweinssaitlinge, zu Paaren.
- **Das Garen:** Heutzutage meist (vor-)gebrüht, früher, bei frischer und roher Abgabe galt: „Soll das zwölf Uhr-Läuten nicht hören".
- **Sensorische Charakteristika, Würznote:** Feinwürziges, mildes Fleischaroma, mit deutlichem Lauch und etwas Petersilie im Abgang, unterstützt durch markanten weißen Pfeffer, Macis und Muskatnuss, auch mit einer leichten, frischen Ingwer-Zitronenschalennote sehr gefällig; flaumig zart am Gaumen, (leicht klebriger) Hinweis auf Schwartenbeigabe ist hier akzeptiert – verbreitete Tischsitte, den Darm nicht unbedingt mitzukauen, sondern das Würstel „herauszuzeln", absolute Harmonie nur erreichbar mit süßem Senf (nach bayrischer Machart).

Dürre im Kranz

- **Die Masse:** Pökelrosa Brät mit Fleisch- und Speckstückchen, aus Fleisch mittleren Fettanteils (Sorte II) hergestellt, unter Beigabe von kollagenreichem Salzstoß.
- **Das Füllen:** In rauch- und wasserdampfdurchlässige Hautfaserdärme, im Kranz.
- Das Räuchern / Garen: Heißgeräuchert / gebrüht.
- **Sensorische Charakteristika, Würznote:** Je nach Machart – Fleischaroma, mit deutlicher Rauchnote, deftige Anmutung von Knoblauch, im Hintergrund Macis, Kümmel.

Burenwurst

Untrennbar mit dem Wiener Würstelstand verbunden („Hasse", „Burenhäutl").

- **Die Masse:** Pökelrosa, manchmal auch mit einem merkbaren, leichten Orange-Rotton (Paprika) mit dezent sichtbarer Einlage aus Fleisch- und Speckstückchen; Unterschiede in Erscheinungsbild und Würzung zur Klobasse (mehr Paprika beziehungsweise Knoblauch; Osteuropa) sowie zur Oderberger (Oderberg in Brandenburg; vermutlich ursprünglich einem etwas fetteren Hauswürst'l vergleichbar) verschwinden langsam.
- **Das Füllen:** Traditionell in Schweinssaitlinge, entweder als portioniertes Würstel oder als Meterwurst; auch in essbare Kollagendärme.
- **Das Räuchern / Garen:** Heißräuchern / brühen.
- **Sensorische Charakteristika, Würznote:** Saftig einschmeichelnde Speckteilchen (bis maximal acht Millimeter, je nach Vorliebe) sowie ganz fein gewolftes Bindegewebe (= Salzstoß) in der Grundfarce bewirken einen vollmundigen Körper. Der Geschmack orientiert sich an einer Pfeffer-, Kümmel- und Knoblauchnote sowie, je nach regionalem Einschlag – auch unterstützt durch süßen Paprika, wobei die Räuchernote nur aus dem Hintergrund wirkt.

Einfach zum Braten. Kein Grillfest, bei dem sie nicht fröhliche Urständ' feiern. Bratwürstel gehören zum Rost wie das Bier zum Gulasch. Im Winter lassen sie sich gerne in die Pfanne hauen.

Fleischwürste

Fleischwürste sind charakterisiert durch ihre das Schnittbild prägende und somit wertbestimmende Einlage, Fleischeinlage unterschiedlicher Größe oder Körnung und mit mehr oder weniger sichtbarem Fettgewebe. Sie sind ursprünglich ohne das heute übliche Grundbrät hergestellt worden, nur durch Kleinschneiden („Hacken") oder durch Wolfen. Sie sollen aber ein charakteristisches, branchentypisches Schnittbild aufweisen. Ihre Bandbreite reicht, nach Kodexkapitel B14 ebenfalls in drei Kategorien (je nach Fettanteil des Fleisches) aufgelistet, von Stangenwurst in grobstückiger Einlage (Schinkenwurst, Krakauer) über die klassische Wiener, Tiroler und Polnische bis zur Braunschweiger und der Dürren in Stangenform. Dazu kommen verschiedene Würsteln vom Krainer bis zum Bratwürstel. Es ist bei den Fleischwürsten in Vergessenheit geraten, dass historisch gesehen einmal alle größerkalibrigen Würste in natürlichen Därmen wie Rindermitteldarm, Blasen, Butten oder Hammelkappen abgefüllt waren, lediglich der Rinderblinddarm, der Pimmerling (Blinddarm) und die Pferdedärme (Polnische, gebraten) führen noch ein Rückzugsgefecht und haben sich für manche Produkte ganz vereinzelt erhalten. BSE-Krise und Versorgungsengpässe von Naturdärmen taten ein Übriges, sodass sich die Rationalisierung generell gegen die Tatsache durchgesetzt hat und noch weiter durchsetzt, dass Naturdärme einfach interessanter aussehen und ein anderes Geschmacks- (und Textur-) profil garantieren.

- Krakauer, Beskiden, Polnische, Wiener, Bratwürstel, Krainer, Burgenländische Hauswürstel (und Varianten).

Krakauer, Beskiden

Sie sind verwandt, die Krakauer hat sich zu einer milderen Note, fast nur noch gebrüht

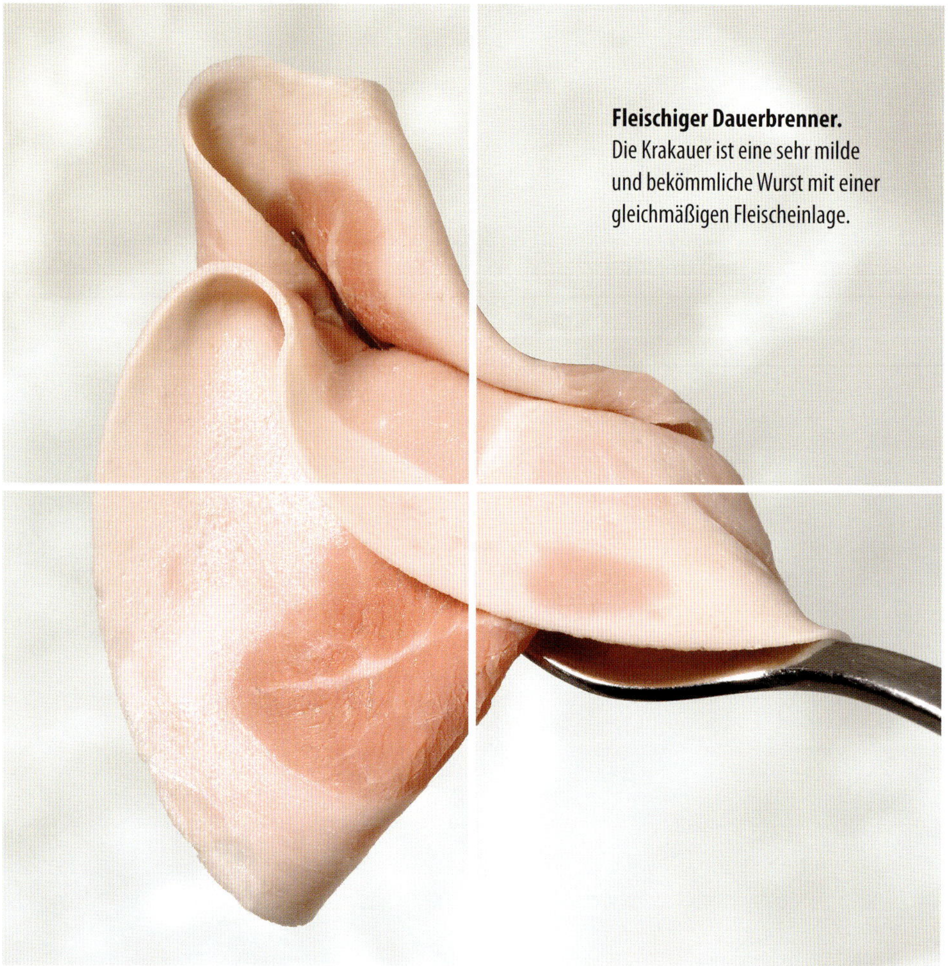

Fleischiger Dauerbrenner. Die Krakauer ist eine sehr milde und bekömmliche Wurst mit einer gleichmäßigen Fleischeinlage.

und ähnlich einer Schinkenwurst weiterentwickelt, die Beskiden ist kräftig in ihrer Aussage und rauchwürzig geblieben.

- **Die Masse:** Fleischstücke mager (Sorte I), gewürfelt, im Tumbler gepökelt, dazu wenig Grundbrät.
- **Das Füllen:** In Kunstdärme; Stangen, je nach Herstellungsweise rauchdurchlässig oder undurchlässig.
- **Das Räuchern / Garen:** Früher selchgebraten bzw. kräftig geräuchert, oder nach dem Heißräuchern noch gebrüht. Der schwarze, undurchlässige Kunstdarm der Krakauer erinnert noch an das früher gebräuchliche Räuchern, die Beskiden wird immer geräuchert.
- **Sensorische Charakteristika, Würznote:** Die Herstellungsweise „mit" oder „ohne Rauch" zieht eine unterschiedliche Weise zu würzen nach sich: Ungeräuchert würde man Pfeffer weiß, Muskatblüte, Piment, Muskatnuss, Knoblauch und etwas Zitronenschale bevorzugen, die Räucherung harmoniert mit der kräftigeren Würzrichtung wie Pfeffer weiß, Koriander, Kümmel, Wacholderbeeren, Knoblauch und Senfsaat.

Polnische

- **Das Material:** 20 Prozent Grundbrät, 80 Prozent grob (13 und 20 Millimeter) geschrotete Einlage (aus Rind- und Schweinefleisch I, Speck, Kopffleisch, Stelzenfleisch).
- **Das Füllen:** Traditionell in Hammelkappen, in Pferde-Därme, in künstliche, rauchdurchlässige Faserdärme.
- **Das Verfahren:** Heißrauch, dampfgaren / oder rauchbraten, nachtrocknen im Klimalager; Dauerwurstcharakter.
- **Sensorische Charakteristika, Würznote:** Kräftiger Biss, gemildert durch einschmeichelnde Speckstückchen; Rauch mit pfeffrigem Anstieg (weißer und schwarzer Pfeffer), kümmelbetont, mit einer Abrundung aus Kardamom und Koriander, dezenter Knoblauch im Abgang.

Wiener

- **Die Masse:** 30 Prozent Grundbrät, 70 Prozent Einlage (Schweinefleisch und / oder Rindfleisch I, etwas Stelzenfleisch, Speck, auf drei bis vier Millimeter wolfen / kuttern).
- **Das Füllen:** In rauchdurchlässige Zellulosefaserdärme (Stangen).
- **Das Räuchern / Garen:** Klassischerweise blond heißgeräuchert, rauchgebraten, alternativ: geräuchert und gebrüht.
- **Sensorische Charakteristika, Würznote:** Die Würzrichtung ist pfefferbetont, mit Senfsaat, Macis, Piment; für Dauerwurst auf Basis einer Wiener (Touristenwurst) wird das Aromaprofil auf Koriander aufgebaut.

Bratwürstel

Konzipiert als typisch frisches Produkt, analog wie Weißwurst auch ungebrüht abgegeben, typisches Produkt der Schlachtplatte, heute jedoch fast ausschließlich gebrüht im Handel.

- **Die Masse:** Kodifiziert als Fleischwurst entsprechend aber mit unterschiedlich grobem Schnittbild gefertigt – 80 Prozent Fleischeinlage (Schweinefleisch I, etwas Speck; drei bis acht Millimeter geschrotet), bis 20 Prozent der Masse etwa sind Grundbrät (alternative Variante: Es gibt auch Bratwürstel mit feinem, also emulgiertem Brät), meist weiß nur mit Kochsalz gesalzen.
- **Das Füllen:** In Schafsaitlinge, rustikal in Schweinssaitlinge, in essbare Kollagensaitlinge.
- **Das Räuchern / Garen:** Ungeräuchert, meist gebrüht abgegeben (zum Braten oder Grillen vor Verzehr vorgesehen).
- **Sensorische Charakteristika, Würznote:** Fein bis derb im Biss – je nach Einlage; rustikale Noten enthalten weißen Pfeffer, Senfsaat entölt, Ingwer, Muskat, Knoblauch, alternativ auch Majoran, das klassische Wiener Kalbsbratwürstel enthält weißen Pfeffer, Muskat und

Zitronenschale, das Nürnberger Rostbratwürstchen kann auf Petersilie nicht verzichten.

Krainer, Burgenländische Hauswürstel, Selchwürstel, Schweinswürstel, …

- **Die Masse:** Grundbrät 30 Prozent, Einlagefleisch 70 Prozent fünf bis acht Millimeter gewolft (Schweinefleisch I/ Rindfleisch I, Speck – auch Varianten ohne Brät sind machbar).
- **Das Füllen:** In Schweinssaitlinge.
- Das Räuchern/Garen: Heißräuchern, brühen.
- **Sensorische Charakteristika, Würznote:** Majoran, Koriander, Kümmel, schwarzer Pfeffer, Wacholder, Knoblauch.

Kult im Blut.
Rund um die Blutwurst hat sich in den letzten Jahren ein richtiger Kult und ein permanenter Wettstreit um den Titel des besten „Blunzenstrickers" entwickelt.

Kochwürste

Kochwürste haben traditionell eine große Affinität zum Geschehen rund um den Sautanz, um die Hausschlachtung. Tatsächlich sind sie aber so unterschiedlich von einander, dass das Gemeinsame laut Definition, nämlich die Verarbeitung von einer oder mehreren Komponenten, die schon einmal erhitzt worden waren, das Wesentliche der Gruppe nur mühsam umfasst, beschreibt.
Wichtige Vertreter sind die Pasteten, die klassisch als Fleisch- oder Leberpastete aus einer Farce im Teig- oder Speckmantel, in einer Kasten- oder auch Tunnelform oder in kleinen Schüsseln, Bechern oder Steingutterrinen fabriziert werden. Die in Terrinen hergestellten Pasteten werden nach dem Erkalten eventuell noch dekoriert, mit Schmalz oder Gelatine ausgegossen oder überzogen. Nahe verwandt sind auch die Rouladen. Unterschiedlich (zum Beispiel mit Blut) gefärbte Lagen von Brät, Streifen, in Formen, vorgekochte Einlagen wie Herzen oder Figuren werden bei händischer Machart auf einem flach aufgebreiteten Tuch („Hangerl") übereinander gelegt zu einem Zylinder gerollt, mit Spagat fest geschnürt und dann gebrüht. Bei der maschinellen Variante fördern Pumpen unterschiedlich gefärbte und dichte Bräte gleichzeitig in von einander abgegrenzte Bereiche eines Zylinders und drücken sie weiter laminar, ohne Vermischung, nach vorne in eine Hülle hinein (Koextrusion). So entstehen auch hier begehrte Motive.

Es gibt ferner schnittfeste Kochwürste, das sind die Gruppe der Sulzwürste – von elegant als Schinkenpresskopf bis zu rustikal als Presswurst und Haussulz und die ebenfalls schnittfesten Blut-, Zungen- und Leberwürste, ferner die Aspik- und Geleeprodukte. Seit jeher von großer Bedeutung ist auch die Vielzahl der Streich- und Leberstreichwürste. Es gibt sehr viele Varianten der Leberstreichwürste, so genannte emulgierte (unter Beigabe von Glycerid emulgiert, meist im Kunstdarm) und nicht emulgierte, gekocht und nachgeräuchert, im Rinderkranzdarm, im Rindermitteldarm, im Fettende des Schweines und feine, mit Kalbsleber oder mit Einlage hergestellte. Manche Rezepturvariante muss keine Leber enthalten (Zwiebelstreichwurst), aber die Leberstreichwurst kann einerseits ihre Verwandtschaft mit einer Spielart von Pasteten nicht ganz verleugnen, genauso wenig wie die zur Bratleberwurst. Apropos: Wer Bratleberwürste schon selbst gebraten hat, weiß auch, warum auf diese das Wort „wie eine beleidigte Leberwurst" passt: „einmal schief anschauen"– und schon platzt sie! Was wären die Bratleberwurst und die Schlachtplatte ohne die Bratblutwurst, gemeinhin als Blunze bekannt?

Blutwurst

- **Die Masse:** Vorgekochtes Schweinefleisch und Kopffleisch, gewürfelter, überbrühter Speck und je nach regionaler Variante auch unter Zusatz von Innereien, gekochte Schweineschwarten; Schweineblut; etwas Brühe (auch Milch, je nach Vorliebe), maximal fünf Anteile an Zerealien (zum Beispiel Graupen) oder Semmelwürfel.
- **Das Füllen:** Traditionell in Schweinekrausen, zum Selchen auch in Rinderkranzdärme, vereinzelt auch im Kunstdarm.
- **Das Räuchern/Garen:** In der Regel gekocht; falls im Rinderdarm, dann nach dem Kochen noch kalt geräuchert.
- **Sensorische Charakteristika, Würznote:** Vollmundig, etwas fettig- schmelzend und mit zum Teil auch gelatinösen und gröberen Anteilen; die Würzung orientiert sich an Zwiebel, schwarzem Pfeffer, Majoran, und/oder Thymian, Piment, Zimt, Nelken.

Streichfähig.
Streichwürste sind vor allem bei Kindern ein beliebter Brotbelag. Sie gehören der Gruppe der Kochwürste an und begegnen uns in einer unglaublichen Vielfalt.

Streichwürste

Streichwürste existieren nicht nur in drei Qualitätsstufen (zum Beispiel auch je nach Leberanteil, deren Art und Auslobung), sondern werden auch dadurch unterschieden, ob sie von ihrer Struktur her emulgiert oder nicht und mit gewolltem Fettabsatz, im Kunstdarm, grob oder fein, oder im Naturdarm und gekocht und nachgeräuchert wurden.

Zwiebelstreichleberwurst

- **Die Masse:** Angebrühte Schweinsleber (30 Teile) mit durchgebrühten Schweinebauchabschnitten (70 Teile) auf acht Millimeter gewolft, mit Röstzwiebeln mischen.
- **Das Füllen:** Traditionell in Rinderkranzdärme.
- **Das Räuchern / Garen:** Kochen, erwünschter Fettabsatz; nach dem Erkalten kalt goldgelb räuchern.
- **Sensorische Charakteristika, Würznote:** Durch den Schmalzabsatz getragene, merkbare Leber- und Fleischanteile; rauchbestimmte, aromatische Röstnote (Zwiebel) mit erdig-metallischer Komponente und einer angedeuteten milden Süße, aus einem Körper von Zimt, Ingwer, Pfeffer, Majoran.

Leberpastete
(Feine Leberpastete im Speckmantel)

- **Die Masse:** Leber-, Gallengänge entfernen; rohe gekutterte Leber mit Aufschnittbrät (aus Schweinefleisch I, Göderl, wenig geschüttet, das heißt: 50 Teile Fett und Fleisch zu 10 Teilen Wasser und 40 Teilen Leber) vermengen.
- **Das Füllen:** In Tunnel- oder Kastenformen füllen, die vorher mit dünnen Speckplatten ausgelegt wurden.
- **Das Garen:** Kochen.
- **Sensorische Charakteristika, Würznote:** Zarter Biss – soll streichfähig und schnittfest sein; Grundwürzung von Pastetenbrät: Weißer Pfeffer, Ingwer, Muskatblüte und Gewürznelken. Ergänzend: Kardamom und zur Abrundung Vanillezucker, das allfällige, im Hintergrund wartende, leichte Bittere konterkariert.

Rohwürste

Rohwürste werden ebenfalls nach drei Kategorien gefertigt. Die Qualitätsunterschiede ergeben sich durch die Wahl des Fleisches (mit mehr oder weniger Bindegewebe), die Art der Reifung und den Grad der Abtrocknung. Die Bezeichnung Salami war früher in Österreich ausschließlich einer langsam gereiften, beschimmelten Qualität vorbehalten. Heute ist sie auch als nur kalt geräucherte Variante ohne weißem Belag möglich (zum Beispiel Kärntner Salami). Langsam gereifte Rohwurst – Spitzenqualität weist je nach Sorte einen Abtrocknungsgrad von 30 bis 35 Prozent auf, frische Rohwurst von 20 Prozent.

Ganz wichtig sind die in verschiedenen Varianten existierenden Hauswürstel, Pusztawürstel, Kaminwurzen, Landjäger uvm. deren regionale Besonderheiten auch im unterschiedlichen Abtrocknungsgrad berücksichtigt werden.

Ein Wort zur Reifung: Die Qualität des Rohmaterials ist bei der Rohwurst von eminenter Bedeutung, selbst wenn man heute mehr einer zugekauften Reifungsedelkultur als einer Hausflora vertraut, um ein gesundes Reifungsresultat zu bekommen. Wichtig für die Rohwurst ist das klare Schnittbild aus angefrorenem Material und durch scharfen Schnitt sowie ein kaltes Füllen ohne „Schmieren", um die Poren nicht zu verkleben und eine gleichmäßige Feuchtigkeitsabgabe zu ermöglichen (Solbildung zu Beginn – Eiweiß tritt durch Salz aus den mageren Partikeln aus, Säuerung, Quellung und beginnende Abtrocknung führen über die Phase der Gelbildung zur Festigkeit, ungleichmäßige bzw. zu rasche Abtrocknung lässt eine äußerliche Verfestigung =

Trockenrand entstehen, das ruiniert das Produkt durch Fehlreifung / Fehlgeschmack: sauer käsig). Die richtige Säuerung wird also in der Regel durch Reifeorganismen bewirkt, sie kann aber auch hinsichtlich Intensität durch säuernde Hilfsmittel, Zucker (wird zu Milchsäure) und Temperaturwahl gesteuert werden. Schnell gereifte Produkte haben eine eher säurebetonte, weniger aromatische Geschmacksnote und eine geringere Abtrocknung. In der Zeit vor der Klimatechnik war die Salamizeit in der kühlen Jahreshälfte angesetzt, man stellte eine so genannte Sommer- und eine Wintersalami – die langsamere Variante – her.

Haussalami

- **Die Masse:** Aus 30 Teilen Rindfleisch II, 20 Teilen Schweinefleisch mager, 30 Teilen Speck, alles angefroren; 20 Teilen Rindfleisch I nicht gefroren, auf fünf Millimeter Endkörnung kuttern.
- **Das Füllen:** Bei Temperaturen unter null Grad Celsius in Zellulosefaserdärme.
- **Das Reifen:** Anfangs erwärmt auf 23 bis 24 Grad Celsius, sodann eine schrittweise Absenkung der Temperatur innerhalb einer Woche von 22 Grad auf etwa 14 Grad Celsius, nach erster Abtrocknung dann auf eine relative Luftfeuchte von 72 bis 86 Prozent etwa, unter Anwendung beziehungsweise Zusatz von Reifekulturen und Kulturschimmel. Von ungarischer Machart inspiriert, kann man am Anfang der ersten Reifungsphase auch leicht kalt anräuchern, im Klimalager bei zwölf bis 14 Grad Celsius bei langsamer Luftbewegung und maximal 75 Prozent relativer Feuchte. Bis 32 Prozent Abtrocknung.
- **Sensorische Charakteristika, Würznote:** Bei dünnem Aufschnitt zart im Biss; mild-säuerlicher Grundton, leichte Edelpilznote harmonisierend mit Pfeffer (weiß, gemahlen und geschrotet), Rosmarin, leicht flüchtiges Aromaprofil unterstützt durch etwas Rotwein, mit etwas Knoblauch im Hintergrund.

Kaminwurzen

Heimisch in Tirol und Vorarlberg.

- **Die Masse:** 70 Teile Rindfleisch II und/oder Schweinefleisch I, 30 Teile Speck I (angefroren auf sechs Millimeter zerkleinern, in lokalen Rezepturvarianten wird auch ein klein wenig staubfein gekuttertes Rindernierenfett hinzugefügt).
- **Das Füllen:** In Schweinssaitlinge, Kollagensaitlinge.
- **Die Reifung:** Vorreifung bei 20 Grad Celsius, zwei bis drei Tage, anschließend Kalträucherung, in Intervallen über drei Tage, 32 Prozent Abtrocknung.
- **Sensorische Charakteristika, Würznote:** Kerniger Biss; deutliche Rauchnote, mit charakteristischem Pfeffer, Kümmel, etwas mildem Paprika und Senfsaat, eventuell etwas Rosmarin und Koriander, leichte pikante Abrundung durch etwas Knoblauch.

Kantwurst

- **Die Masse:** Circa 2/3 Rindfleisch II und/oder Schweinefleisch I und II, circa 1/3 Speck I, angefroren, auf zwei bis drei Millimeter kuttern.
- **Das Füllen:** Noch angefroren füllen, Zellulose oder Hautfaserdärme.
- **Das Reifen:** Fünf Tage in der Kantwurstpresse, danach im Kaltrauch drei bis vier Tage, von 24 auf 20 Grad Celsius fallend, bei etwa 80 Prozent relativer Feuchte; im Reifelager ohne Rauch bei 15 bis 17 Grad langsam weiter abtrocknen, bis 30 Prozent Flüssigkeitsverlust.
- **Sensorische Charakteristika, Würznote:** Feine bis mittelfeste Textur; Würzrichtung mit Pfeffer weiß, Kümmel, etwas süßem Paprika, und Senfsaat, spezielle Note durch etwas Anis, Fenchel und eine Idee von Rumaroma, zur Abrundung des Kaltrauches und der leichten Milchsäure im Hintergrund.

Mettwurst

- **Die Masse:** 60 Teile Rindfleisch II und/oder Schweinefleisch I 40 Teile Speck II, feincremig kuttern.
- **Das Füllen:** Zellulosedärme.
- **Das Räuchern:** Kurze Umrötephase (ein Tag 24 Grad Celsius), Kaltrauchphase, kurze Nachreife; Gesamtproduktionsdauer maximal fünf Tage mit nur geringer Abtrocknung.
- **Sensorische Charakteristika, Würznote:** Cremig am Gaumen, Rauchnote mit zarter Andeutung der Reife, Bouquet aus Pfeffer, Paprika, Macis und Piment, mit einem Schuss Rum.

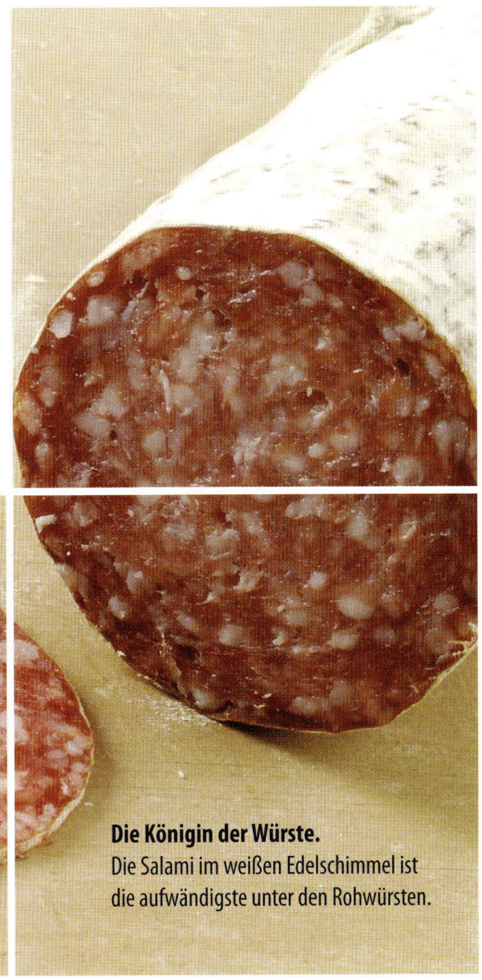

Die Königin der Würste.
Die Salami im weißen Edelschimmel ist die aufwändigste unter den Rohwürsten.

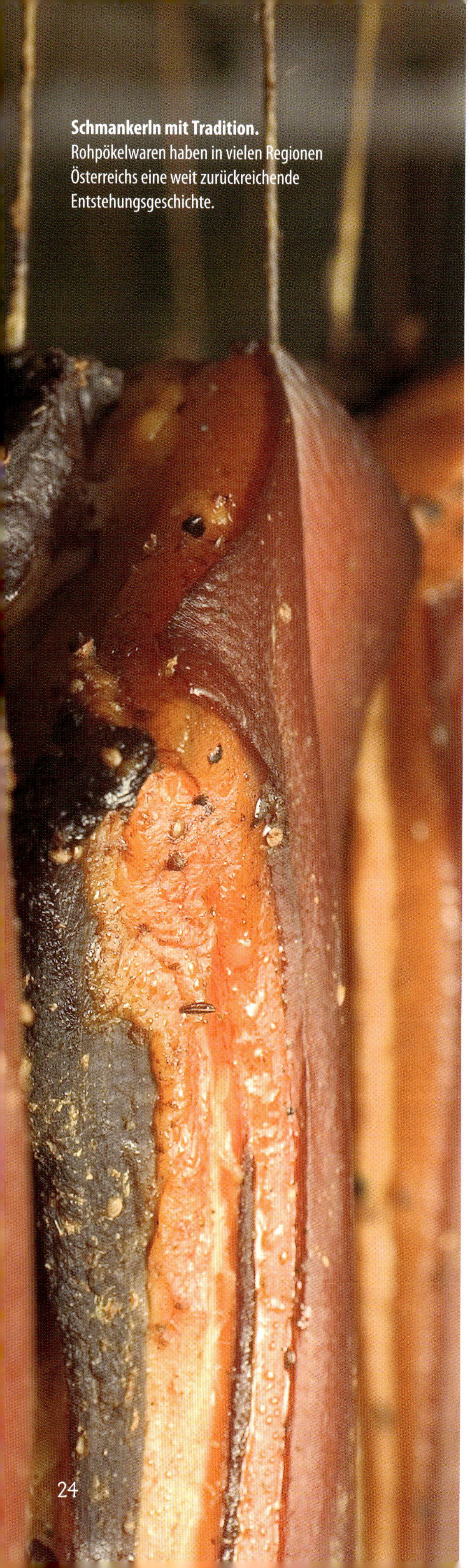

Schmankerln mit Tradition. Rohpökelwaren haben in vielen Regionen Österreichs eine weit zurückreichende Entstehungsgeschichte.

Pökelwaren

Kochpökelwaren

Diese werden in der Regel durch ein Nass- oder Spritzpökelverfahren hergestellt, oft in Formen, Därmen, Netzen eingezogen und erhitzt. Der Zusatz von Phosphat wird manchmal kritisiert, verhilft jedoch als technologischer Hilfsstoff zu einem schönen Zusammenhalt, einer milderen Salznote und saftigerem Biss der geformten (und meist ausgebeinten) Erzeugnisse.

Klassische und wichtige Vertreter unter dem Oberbegriff Geselchtes sind das Teilsame (dicke Schulter, Schlegelstücke), der Selchroller, der Rollschinken, Selchkarree und Schopf sowie der Bauch, das Kaiserfleisch und die Selchstelze.

Rohpökelwaren

Eine alte Tradition steht hier Pate – geeignetes Rohmaterial mit guter hygienischer Ausgangslage (Säuerung), Zuschnitt, Wahl der Pökelmethode und Nachreifung, ausschließlich in Luft oder mit aromatischer Räucherung und ein dem Produkt entsprechender Abtrocknungsgrad sind hier gefragt. Es ist Stand des Wissens, die Farbausbildung und Reifung durch die Tätigkeit der mikrobiellen Edelflora durch geeignete Zusatzstoffe zu unterstützen.

Selchroller

- **Das Material:** Karree, Schopf, dicke Schulter oder Schlögelstücke (ohne Knochen und in der Regel auch ohne Schwarte zugeputzt, händisch gerollt oder ins Netz eingezogen; vom Schwein).
- **Das Pökeln:** In Lake nass gepökelt, oder mit einer Spritzlake (zehn- bis zwölfprozentige Salzkonzentration in der Lake, zum Beispiel mit 15 Prozent Einspritzmenge, je nach Art der weiteren Behandlung) gepökelt und getumbelt (eine Art mechanische Massage), kurze Rast in der Lake; in der Regel verwendet man zur Lakeherstellung Nitritpökelsalz, Umrötehilfsstoffe (Glucose / Ascorbat) und Phosphate.
- **Das Räuchern / Garen:** Im Heißrauch hell-beige geselcht, vor dem Verzehr zu kochen.
- **Sensorische Charakteristika, Würznote:** Saftig, vollfleischig; Pökelaroma, zart geräuchert, je nach Vorliebe unter Mitverwendung der klassischen Selchfleischgewürze beziehungsweise deren Extrakte: Wacholder, Kümmel, Koriander, Pfeffer, Knoblauch, Lorbeer, Senfsaat.

Beinschinken

Das Flaggschiff der Kochschinkenkunst: Bringt Milde bei schöner, zarter Pökelfarbe und gleichmäßiger Saftigkeit ohne „Lakenester" und ebenso gleichmäßige Durchgarung, Struktur aber ohne Faserigkeit, typischer Pökelgeschmack mit nussiger Speckkomponente, zarte Gewürznoten, die höchstens aus dem Hintergrund wirken; perfekt mit gekonntem Aufschnitt aus dem Schinkenspanner; „Beinschinken ohne Bein" = populär weil praktisch (aber eigentlich kein Beinschinken mehr, in Kochform erzeugt und mit dem Pressschinken mehr verwandt).

- **Das Material:** Sorgfältig ausgewähltes Schlögelmaterial, mit Knochen, mittelschwer (zehn bis 13 Kilogramm).
- **Das Pökeln:** Klassisches Adernspritzen, mit milder Lake; neben der verbreiteten Technologie mit Pökelsalz und mit Phosphaten (vereinzelt alternative Herstellungsweisen ohne Phosphat, sogar ohne Pökelsalz, ohne Geschmacksverstärker wie Glutamat).
- **Das Räuchern / Garen:** Dominierende Verfahrensweise für den Wiener Beinschinken, nur gekocht und ungeräuchert (oder nach dem Kochen nur schwach angeräuchert). Geräucherte Varianten, zum Beispiel im Steirischen.
- **Sensorische Charakteristika, Würznote:** Salz – mild, zart im Biss und saftig am Gaumen; angenehmes, typisches Pökelaroma (Gewürze nur selten eingesetzt).

Schinkenspeck

Der Klassiker, auf jeder Brettljause zu Hause.

- **Das Material:** Vorwiegend aus heimischer Fleischzucht, sorgfältige Auswahl (Hygiene, pH-Wert-kontrolliertes gut durchgekühltes Fleisch), geeignete Zurichtung, aber mit Speck und Schwarte, wie gewachsen.
- **Das Pökeln:** Entweder trockengesalzen, oder lakegepökelt beziehungsweise vakuumgepökelt, im Kühlraum. Ziel: Gleichmäßige Versorgung des Fleischstücks mit Pökelstoffen – ohne zu viel zu salzen (Basis ist zum Beispiel 40 Gramm Salz / Kilogramm rohes Fleisch), und bei gutem mikrobiologischem Status – mittels zugesetzten Reifekulturen; vier bis sechs Wochen (heute entweder nur mit Pökelsalz, oder mit Salpeter und Kochsalz gemischt, oder alternativ nur mit Meersalz) Rastzeit = Durchbrennen zur Verteilung des Salzes drei bis vier Tage; Pressen der Schinken in der hydraulischen Schinkenpresse = gleichmäßigere Verteilung des Salzes; langsame Senkung des Wassergehaltes im Produkt bei gleichzeitiger Zunahme des Salzgehaltes (aW-Wertsenkung) und Verteilung der Pökelstoffe.
- **Das Verfahren / Räuchern:** Anfangs abtrocknen, Prozess ist dann nach dem aktuellen aW-Wert im Produkt zu steuern – zur Vermeidung eines Trockenrandes, bei maximal 22 Grad Celsius und 74 Prozent relativer Luftfeuchte, Räuchern im Intervall mit Ruhephasen, dieser Vorgang dauert etwa sechs bis sieben Tage, dann erfolgt die Nachreifung bei 14 Grad Celsius und bis zu 75 Prozent relativer Feuchte, das Ziel ist eine Abtrocknung von mindestens 30 Prozent bis zum Bauernschinkenspeck mit 40 Prozent.
- **Sensorische Charakteristika, Würznote:** Rotbraune Räucherfarbe mit gleichmäßiger Oberfläche, ohne Zerklüftung und ohne Schimmelnester; gleichmäßige, im Anschnitt rote Pökelfarbe, möglichst weißer Speck, ohne Trocken- und Räucherrand; schnittfeste Konsistenz; kräftig doch gleichzeitig mürb im Biss; Je nach Vorliebe werden folgende Gewürze gemahlen oder auch in grob gebrochener oder in stückiger Variante verwendet: Pfeffer weiß, Knoblauchgranulat, Pfeffer schwarz, Ingwer, Koriander, Nelken, Wacholderbeeren, Rosmarin, Lorbeerblatt, Salbei, Piment, Sellerie, Zimtrinde, Fenchel, Kümmel, Anis, Macisblüte.

Lachsschinken

- **Das Material:** Karreerosen vom Schwein, entvliest („Lachs" gennant).
- **Das Salzen:** Entweder im Trockensalzverfahren über zwölf Tage, oder rascher, im Nasspökelverfahren in Lake (eine Woche).
- **Das Räuchern:** Für das Räuchern werden die „Lachse" in vorgesalzene Speckplatten (drei Millimeter) gewickelt, diese dann in Zellofolien dicht eingeschlagen, in Netze eingezogen, verclippt und zum Kalträuchern verbracht. Kaltrauch 18 bis 20 Grad Celsius, laut Kodex muss der Lachsschinken keinen Trockenverlust aufweisen.
- **Sensorische Charakteristika, Würznote:** Äußerlich zarter honig-gelber Farbton glasig-rosa Anschnitt; zarter Biss; fleischige aber nur wenig reifegeprägte Note, leicht salzig, wenig geräuchert (in der Regel auch sonst ungewürzt).

Vielfältiger Speck.
Speck begegnet uns hierzulande in verschiedensten Sorten und Verarbeitungsweisen.

Kleine Würzkunde

Mit MOGUNTIA

vorgestellt von Gewürz-Fachberater
Sven Tholius

MOGUNTIA ist der renommierte Gewürzhersteller für das Fleisch-Fachgeschäft. Deshalb gibt es die Gewürze in Profi-Qualität auch nur dort. Richtig würzen kann ganz einfach sein. Mit nur ein paar Basiswürzungen kann man die ganze Grillpalette abdecken. Den individuellen Geschmack gestalten Sie über die Meister Gewürze.

Gewürz-Fachberater Sven Tholius

Würzen mit Grill- und Braten Gewürzsalz

Mit Grill- und Braten Gewürzsalz würzen Sie immer richtig. Hier vereint sich milder Paprika mit Pfeffer, Ingwer und einem Hauch Kümmel zu einer fruchtig-würzigen Geschmacksnote.

Grill- und Braten Gewürzsalz passt am besten zu:

- **Steaks und Spieße**
- **alle Fleischarten**
- **Gemüse für Antipasti**
- **Fischsteaks**
- **Roastbeef**
- **Spießbraten**

Spare Ribs spezial

2 Schälrippchen
2 EL Ketchup
1 EL Honig
1 TL Grill- und Braten Gewürzsalz

Die Rippchen in Salzwasser mit einer Zwiebel 45 Min. vorkochen. Ketchup mit Honig und dem Gewürzsalz verrühren und die noch heißen Rippen damit einpinseln. Vor dem Grillen über Nacht im Kühlschtank durchziehen lassen. Die Rippchen brauchen dann auf dem Grill nur noch ca. 10 Minuten.

Würzen für Individualisten

Mit den Meister-Gewürzen sind sie für alle Anforderungen gerüstet.

In die praktische Meister Streudose kommen nur feinste Gewüze aus den besten Anbaugebieten der Welt.

Diese Profigewürze erhalten Sie nur in Ihrem Fleisch-Fachgeschäft.

Würzen mit Knoblauchpfeffer Gewürzsalz

Milder grüner Pfeffer und würziger Knoblauch sind der Hit bei gegrilltem Fleisch, Fisch und Gemüse. Mit dem Knoblauchpfeffer dosieren Sie diese Zutaten immer genau richtig. Pur oder als Basis für viele mediterrane Gerichte.

Knoblauchpfeffer Gewürzsalz passt am besten zu:

- **Lamm, Schwein & Rindfleisch**
- **Gemüse**
- **Butter für Knoblauchbutter**
- **Steaks & Braten**
- **leckere Spieße**

Knobi - Lammkoteletts

8 Lammkoteletts
4 EL Olivenöl
1 Zweig Rosmarin
Knoblauchpfeffer Gewürzsalz

Die Koteletts mit Knoblauchpfeffer einreiben (durch das Einreiben zieht das Fleisch keinen Saft und wird zart) und zusammen mit dem Rosmarin im Olivenöl über Nacht einlegen. Die Koteletts bei starker Hitze angrillen und ca 2 Minuten am Rand des Rostes ziehen lassen.

Würzen mit Brathendl Gewürzsalz

Mit dem Brathendl Gewürzsalz wird Geflügel lecker und kross. Die leicht paprikabetonte Würzung gibt genau die richtige Grillfarbe ohne zu verbrennen. Damit fliegen Sie auf Geflügel.

Brathendl Gewürzsalz passt am besten zu:

- **Hähnchen ganz**
- **Hähnchenkeulen**
- **Hähnchenbrust**
- **Putensteak**
- **Putenbraten**
- **Ente und Gans**

Chicken - Wings

8 Hähnchenflügel
2 EL Salatöl
3 EL Dunkelbier
1 TL Brathendl Gewürzsalz

Die Hähnchenflügel in der Mitte teilen. Das Bier mit dem Gewürzsalz und dem Öl verühren und in die Hähnchenflügel einmassieren. Im Kühlschrank mindesten 1 Stunde durchmarinieren lassen. Auf dem Grill bei indirekter Hitze ca 15 Minuten ganz durch grillen.

Abschmecken mit Marias Küchenhilfe

Marias Küchenhilfe ist das unverzichtbare Universalwürzmittel, das in keinem Haushalt fehlen darf. Die Kombination aus natürlichen Gewürzen und Würzen gibt allen würzigen Speisen den letzten Schliff. Machen Sie's rund.

Marias Küchenhilfe ist die perfekte Abrundung für:

- **Fleischgerichte**
- **Fischgerichte**
- **Eierspeisen**
- **Suppen & Saucen**
- **Dipps & Dressing**
- **Salate**
- **Gemüse**

Woran erkennt man eine gute Wurst?
Nicht nur eine Frage der Haltung, pardon, der Haltbarkeit.

Die Frage, was denn eine gute Wurst ausmacht, ist berechtigt – aber hat für einen Wurstgourmet vielleicht dieselbe Brisanz, wie etwa für einen Philosophen die Frage: „Woran, bitte, erkennt man einen guten Menschen"?

Ein gutes Produkt soll alle Erwartungen von demjenigen erfüllen, der es zu genießen beabsichtigt. Gusto und Ohrfeigen sind bekanntlich verschieden.
Das Urteil setzt sich aus dem Aussehen, dem sich Anfühlen, Riechen, dem Biss und Mundgefühl zusammen, das einem gefällt. Das heißt, die Ware soll wenigstens so schmecken, wie erwartet werden darf. Dabei darf sie aber natürlich auch innovativ sein.
Die Entscheidung, etwas verkosten zu wollen, wird immer durch den Anblick beeinflusst. Nicht von ungefähr wird eine Wurst immer von außen nach innen vorgehend, beurteilt. Was hier bei einer sensorischen Evaluierung allerdings stillschweigend vorausgesetzt wird, ist die akzeptable innere Qualität, die sich nicht immer der Objektivierung durch ein sensorisches Urteil eröffnet. Mit gewissem Zynismus hat einmal ein österreichischer „Lebensmittelpapst" die Frage danach, was denn der Verbraucher berechtigterweise von der Qualität eines Lebensmittels erwarten dürfe, sinngemäß so akzentuiert: Man müsse das schützen, was der Konsument erwarten würde, wenn er wüsste, was er berechtigterweise erwarten dürfe.
Ob beispielsweise in einer Wurst vielleicht nicht doch unzulässige Stoffe enthalten sind, merkt man ohne Untersuchung meist nicht unbedingt. Der feine Gaumen hat wohl über Generationen ein Sensorium für Verdorbenheit entwickelt, aber der Übergang von „nur" verdorben zu gesundheitsschädlich ist manchmal fließend, und auch Toxine verraten sich kaum durch abwegigen Geschmack. Eine Salami, die zu lange und zu warm nachgereift beziehungsweise gelagert worden war, entwickelt oftmals genauso wie zu lange gelagerter Käse Stoffe, die aus dem Fettabbau herrühren (Ranzigkeit), oder vom Eiweiß stammen und biologisch im Körper unerwünschterweise aktiv sein können: biogene Amine. Man erkennt sie zum Beispiel am Anschwellen der Mundschleimhäute („pelziges Gefühl", nach einigen Augenblicken). Schwieriger wird es dort, wo ein gewisser Abbau zur Sache gehört (chinesisches Ei und Ammoniak), oder lang gelagerter Prosciutto. Auch das biedere Geselchte hat früher oftmals einen gewissen Hautgout aufgewiesen, bevor die Kühltechnik in den Haushalten Einzug gehalten hat (das „Blatt'ln"). Wenn schon das Geselchte hier zitiert wird, gleich noch ein Wort zum so genannten Irisieren. Das ist das manchmal auftretende leichte Schillern, ein leichtes Changieren, wenn man den Anschnitt im Licht wendet. Es handelt sich dabei um eine Lichtbrechung am Fettfilm des Anschnitts, eine absolut ungefährliche Sache.
Die Farbe – bei allen gepökelten Produkten eine Variante des Pökelrots, ist wohl – unter gewissen Umständen – auch dem Abbau unterworfen, rein chemisch / physikalisch, allein schon durch Lichteinwirkung in einer Vitrine. Wäre natürlich auch bakteriell möglich. Weniger stört es hingegen – und es schmeckt auch nicht abwegig – wenn eine Verblassung unter der Kruste (Luftblasen nach händischer Füllung in die Form) eines länger warm gehaltenen Leberkäseziegels durch Oxidation auftritt. Apropos Farbe: Die derzeit gültige Rechtslage macht es möglich, auch in der Zusatzstoffverordnung genannte Farbstoffe einzusetzen, was für manches wohl seine Berechtigung haben mag, obwohl sich über die Notwendigkeit der allgemeinen Verwendung trefflich disputieren lässt …!

Fehlererkennung
Wie schwierig das denn mit der Qualitätserkennung einer Wurst ist, möge auch anhand des Fettgehaltes verständlich gemacht werden:
Wenn beispielsweise Extrawurst oder die klassische Knackwurst (Knacker, vulgo „Beamtenforelle"), die ja Fette enthalten darf, am Gaumen fett oder fettig wirkt, dann ist das negativ besetzt. Aber ob diese Fette mehr oder weniger wertvollere Omega-3-Fettsäuren oder doch mehr Omega-6-Fettsäuren enthalten, ist nicht klar. Genauso wenig, ob das Fett vielleicht doch noch im lebensmittelrechtlich relevanten, richtigen Verhältnis zu den Hauptbestandteilen Eiweiß und Wasser steht, das lässt sich sensorisch kaum exakt herausfinden. Ein etwas fettiges Kau- und Gaumenerlebnis lässt den erfahrenen Wurstgourmet auf mehr oder weniger erst bei höherer Temperatur schmelzende Fette vom Rind schließen (stört, weil talgig). Es kann sich aber auch zusätzlich nicht nur um eine Frage des Fettgehaltes an sich, sondern schlicht um ein Bindungsproblem des Fettes in der mageren Eiweißmasse handeln, das hier zutage tritt. Also um ein rein technologisches Problem.

Das Sündenregister im Detail

Was sind die Hauptfehler, die man als Wurstkenner erkennen und bei der Auswahl von Gourmandisen vermeiden sollte (so man ehrlich zu sich ist und sie sich bewusst macht)?

Von außen

- Räucherfarbe, zu dunkel, wo sie nicht hingehört, abfärbender Ruß und zu wenig, wo sie berechtigterweise sein sollte.
- Schimmel (Reifebelag), wo er nicht zur Reifung kultiviert wurde.
- Zerklüfteter oder nicht marktkonformer Zuschnitt (Rohpökelwaren).
- Ausschwitzen von Fett, Gelatine.
- Zur erwarteten Herstellungsweise unpassender Wurstdarm.
- Verformen an Rohpökelwaren: Fleischoberfläche zieht sich zusammen, reißt trocken auf (Schimmelgefahr), wenn zu heiß geräuchert wurde.

Im Anschnitt

- Ungleichmäßige Füllung, grobe Lufteinschlüsse (bei Leberkäse-Toleranz, soll „flaumig" sein!), ungleichmäßige Verteilung einer Einlage.
- Verwaschenes, unklares Schnittbild (Rohwurst, Fleischwurst, sortenuntypische Körnung).
- Zu viel Brät, wo man gekörnte Einlage erwarten darf (zum Beispiel Wiener).
- Verfärbungen (Trocken- beziehungsweise Selchrand bei Rohpökelware).
- Farbabbau – grün, grau.
- Zu wenig durchgepökelt (Rohpökelware) – grauer oder blasser Kern.
- Fett gelblich.
- Wässrigkeit (Kochpökelware: nass; zu wenig abgetrocknet bei Rohpökelware, bei Dauerwurst).
- Strohiges Aussehen (Rohpökelware: zu trocken, Kochpökelware: Kochschädigung).
- Fett, Fetttröpfchen – oftmals an der Oberfläche durch ungeeignete Materialauswahl, zu starke Trocknung, zu lange Lagerung.
- Wurstfremde Partikel, Knorpeln, Knochensplitter, Metallteile usw.

Geruch / Geschmack

- Indiz auf Verderb (jede Abwegigkeit; sauer-käsig, faulig, ammoniakalisch; Ranzigkeit).
- Rauch: Phenolartig, brandig.
- Salz: Zu viel oder zu wenig.
- Würzung: Unharmonisch oder zu schwach.
- Reifungsaroma (Rohpökelwaren, Rohwürste) zu schwach ausgeprägt.
- Ebergeschmack (Geschlechtsgeruch; „brunzeln").
- Abbau nach zu langer Lagerung: Ranzigkeit, Kratzen im Hals, leichtes Brennen, „pelziges Gefühl" auf den Schleimhäuten.

Konsistenz

- Zu weich, zerkocht, zu wenig Biss, fehlende Knackigkeit,
- bröckelig, strohig,
- fettig,
- schmierendes Fett (Talg),
- zu hart – zu wenig gekocht, zu fest, zu trocken,
- Bindegewebsanteil unpassend.

Weisheit – zu guter Letzt

Ansonsten lasse man sich durch nichts oder niemanden beirren: Bei Nestroy heißt es: „Es ist alles Schimäre aber mich unterhalt's!" Oder frei: Es ist alles wie es ist und – Hauptsach', mir schmeckt's!

(Das Literaturverzeichnis finden Sie auf Seite 274)

Die Nummer eins.
Das Schwein ist unangefochten der beliebteste Fleischlieferant für Herrn und Frau Österreicher.

Mamas Liebling
Schweinefleisch steht in der Gunst ganz oben

Fleischeinkauf ist Vertrauenssache. An der Präsentation des Fleisches in der Kühlvitrine erkennt man beste Qualität: Ungewöhnlich viel ausgetretener Fleischsaft oder trockene Fleischränder deuten auf mangelnde Qualität oder fehlende Frische hin. Die Schnittflächen der Teilstücke sollen nicht zu wässrig erscheinen. Hat das Fleisch eine schwabbelige Konsistenz oder weist es eine ungewöhnlich helle oder dunkle Farbe auf, entspricht es offensichtlich nicht der besten Qualität und Frische.

Rohes Schweinefleisch riecht angenehm frisch, die Konsistenz ist kompakt und gibt auf Fingerdruck leicht nach. Der Muskelanteil ist kräftig rosa, das Fett kernig weiß.

Im Gegensatz zu Rindfleisch braucht Schweinefleisch nicht abzuhängen, um mürb zu werden. Idealerweise ist das Fleisch marmoriert, es ist also von feinen Fettäderchen durchzogen. Sie schmelzen bei der Zubereitung und machen das Fleisch zarter, saftiger und geschmackvoller.

Struktur

Die Struktur des Fleisches hängt von der Dicke der Muskelfasern ab, wobei das jeweilige Teilstück und das Alter der Tiere ausschlaggebend sind. Heimisches Schweinefleisch ist sehr feinfaserig, da es durchwegs von jungen Mastschweinen stammt. Damit das Gericht perfekt gelingt, wählt man für die jeweilige Zubereitungsart das passende Teilstück. Grundsätzlich kauft man zum Grillen und Kurzbraten feinfaserige Teilstücke, zum Kochen und Dünsten können es auch die grobfaserigeren sein.

Der Heimtransport

Das Fleisch – egal welches – soll beim Einkauf gut eingepackt (am besten in einer Isoliertasche) und so rasch wie möglich nach Hause gebracht werden. So wird die Kühlkette kaum unterbrochen und die Frische bleibt erhalten. Speziell in der warmen Jahreszeit sollte Fleisch, vor allem wenn es geschnitten oder faschiert ist, sehr bald nach dem Einkauf zubereitet werden.

Lagerung zu Hause

Grundsätzlich gilt: Je kürzer Fleisch im Kühlschrank zwischengelagert wird, desto besser ist es. Am besten packt man das Fleisch sofort aus, tupft es eventuell trocken (wäscht es aber auf keinen Fall) und legt es auf ein Gitter oder einen Siebeinsatz in ein verschließbares Gefäß aus Porzellan, Kunststoff oder Glas. Den möglicherweise austretenden Fleischsaft soll man nicht verwenden.

Zartes Fleisch, das leicht austrocknet, sollte man mit Öl bestreichen. Fleisch zum Grillen kann gleich nach dem Einkauf mariniert und in der Marinade aufbewahrt werden. Dermaßen gut versorgtes Schweinefleisch ist zwei bis drei Tage im kältesten Teil des Kühlschrankes lagerfähig. Vakuumverpacktes Fleisch hält entsprechend länger (siehe Haltbarkeitsdatum auf dem Etikett). Beim Kauf ist zu beachten, dass in dieser Verpackung keine Lufteinschlüsse zu finden sind. Diese Fleischpackung sollte ungefähr eine halbe Stunde vor der Verwendung geöffnet werden, damit das Fleisch „auslüften“ und somit sein wertvolles Aroma entfalten kann.

Richtig tiefkühlen

Wenn man Frischfleisch einfrieren möchte, sollte man das Fleisch vorher küchenfertig zubereiten, also so zerteilen, wie es dann benötigt wird. Dann wird es möglichst flach und luftfrei verpackt und beschriftet. Kleine Einheiten frieren rascher durch. Daher sollten die Fleischteile nicht mehr als zwei bis 2,5 Kilogramm wiegen. Legt man zwischen die Portionen beziehungsweise Fleischscheiben Alu- oder Klarsichtfolie, frieren sie nicht zusammen. Mageres Schweinefleisch kann bei minus 18 Grad Celsius höchstens acht Monate aufbewahrt werden, fetteres Fleisch sollte man nicht länger als drei Monate lagern.

Küchenfertig vorbereiten

Falls es nicht schon der Fleischer getan hat, wird das Fleisch von allfälligen Knochensplittern, dicken Sehnen, Knorpeln und Häuten befreit (pariert). Das Fleisch wird immer quer zur Faser in Scheiben geschnitten. So erhält man kurze, zarte Fleischfasern. Wichtig ist, ein scharfes Messer zu benutzen, damit man eine glatte Schnittfläche erhält. Stumpfe Messer quetschen oder zerreißen die Fleischfasern, wodurch wertvoller Fleischsaft austritt und das Fleisch beim Zubereiten trocken wird.

Plattieren (klopfen) Sie die Schnitzel möglichst vorsichtig und nur mit glatten Gegenständen wie einem Plattiereisen, Fleischklopfer oder notfalls mit einer schweren Pfanne. Durch das Klopfen mit einem profilierten Fleischklopfer oder beim „Steaken“ werden die Fleischfasern zerstört, und das Fleisch kann durch starken Saftverlust „strohig“ werden. Koteletts, Medaillons oder Steaks (Filet, Nuss) werden nicht geklopft, sondern lediglich mit dem Handballen leicht auseinander gedrückt.

Es ist empfehlenswert, den Fettrand beim Zubereiten nicht weg zu schneiden, dafür aber mehrmals leicht schräg einzukerben, damit sich das Fleischstück beim Braten nicht wölbt.

Richtig würzen

Beim Würzen gilt der Grundsatz: Weniger ist mehr! Je bescheidener man würzt, desto harmonischer ist der Geschmack. Am besten beschränkt man sich auf zwei bis drei Gewürze. Die Verwendung frischer Kräuter (Basilikum, Dille, Kerbel, Rosmarin) gibt dem Fleisch eine exzellente Geschmacksnote. Getrocknete Kräuter (Lorbeer, Thymian) haben nicht mehr so viel Aroma wie frische, daher gibt man sie beim Kochen und Dünsten gleich dazu. Knoblauch gibt man gegen Ende des Bratvorganges zu. Röstet man ihn mit, kann er anbrennen und schmeckt dann bitter.

Filet
Das überaus zarte, saftige und magere Filet liegt unter dem kurzen Karree. Der Lungenbraten – wie es auch genannt wird – besteht aus den Bereichen Filetkopf, Mittelteil und Filetspitze. Es zeichnet sich durch seine Verwendungsvielfalt aus: im Ganzen als Filetbraten, in Scheiben als Medaillons, gewürfelt für Spieße und Fondue sowie blättrig geschnitten für Geschnetzeltes.

Karree
Das so genannte „Kurze Karree" liegt in Richtung Schlögel und wird mit dem Filet angeboten.
Das „Lange Karree" schließt an den Nacken an. Karree mit Knochen, in Scheiben geschnitten, werden als Koteletts, ohne Knochen als Karreesteaks angeboten. Im Ganzen mit Knochen oder ausgelöst ist es ein erstklassiges Bratenstück. Jungschweinskarree ist die Fachbezeichnung für Karreestücke, die mit Speck und Schwarte angeboten werden.

Schopf
Der Schopf (Nacken) bildet den kopfseitigen Anschluss des Karrees und ist aufgrund seiner Marmorierung und Speckeinlagerung besonders aromatisch und saftig. Der Schopfbraten wird ebenso wie das Karree „wie gewachsen" (mit Knochen, Speck und Schwarte) angeboten, ausgelöst oder in Scheiben geschnitten. Im Stück hervorragend geeignet zum Braten, portioniert zum Kurzbraten, Grillen und Backen.

Schale (Kaiserteil)
Die magere und sehnenfreie Schale ist, bedingt durch Form und Faserung, das ideale und meistverwendete Teilstück für Schnitzel und Rouladen aller Art.

Nuss
Die Nuss ist ein besonders saftiges, feinfaseriges und mageres Stück, aus dem Schnitzel, Medaillons und Steaks geschnitten werden. Dieses Stück eignet sich ebenso bestens für feine Braten, Geschnetzeltes und Ragouts.

Fricandeau
Das Fricandeau, das auch häufig als „Schinkenstück" verwendet wird, eignet sich ausgezeichnet zum Braten und für Schnitzel. Aus dem weißen Scherzl werden Medaillons geschnitten.

Schlussbraten
Dieses Hüftteilstück, Schlussbraten genannt, ist sehr saftig und universell verwendbar. Im Ganzen zum Braten, zerteilt für Steaks, Schnitzel und Ragouts.

Hintere Stelze
Die hintere Stelze eignet sich hervorragend zum Grillen, Braten, Schmoren und Kochen.

Schulter

Die Schulter wird in dicke und dünne Schulter unterteilt. Sie bietet ein kräftiges, saftiges, Fleisch und wird mit oder ohne Knochen, Fett und Schwarte verkauft. Sie ist das klassische Teilstück für den Schweinsbraten. Ausgelöst kann man Rollbraten, Gulasch, Ragouts und Geschnetzeltes zubereiten.

Brust

Wird wie gewachsen oder ausgelöst angeboten. Das vordere Stück wird „Brüstl“ genannt, das Mittelstück stellt das klassische Bauchfleisch dar und das hintere Ende wird oft als „Wammerl“ bezeichnet.

Vordere Stelze

Die vordere Stelze eignet sich hervorragend zum Grillen, Braten, Schmoren und Kochen.

Bauch

Der Bauch ist als saftiger Braten im Ganzen, in Scheiben geschnitten zum Braten oder Grillen ebenso zu empfehlen wie gewürfelt für deftige Eintöpfe.

Edel durch Lagerung.
Rindfleisch gewinnt durch fachgemäße Lagerung an Zartheit und Aroma.

Eine Frage der Reife
Rindfleisch wird durch fachgerechte Lagerung edler

Rindfleisch erhält erst durch eine fachgerechte Reifung seine volle Qualität. Bestehen Sie, im Gegensatz zu Schweinefleisch, Kalb- oder Geflügelfleisch beim Einkauf von Rindfleisch darauf, dass es gut „abgehangen" ist. Gereiftes Rindfleisch erkennt man unter anderem daran, dass es Fingereindrücke behält. Da es beim Einkauf allerdings kaum möglich ist, das Fleisch mit den Händen zu prüfen, sollte man zumindest auf die Farbe achten. Ausreichend gereifte Teilstücke sind etwas dunkler als frische.

Zwei Arten des Reifens unterscheidet man heute:

- „Wet aging": Das Reifen der Teilstücke im Vakuumbeutel ist die am häufigsten angewendete Methode. Das Fleisch reift im eigenen Saft.
- „Dry aging" – heute in aller Munde, in Wahrheit von vielen Fleischern seit Jahrzehnten praktiziert: Die Reifung am Knochen in einer bestimmten klimatischen Umgebung.

Mit beiden Methoden lassen sich gute Ergebnisse erzielen. Grundsätzlich gilt: Je älter das Tier, desto länger die Reifedauer.

Marmorierung und leichter Fettrand

Die landläufige Meinung: „Je magerer das Fleisch, desto besser" stimmt so nicht. Tatsächlich ist es von Vorteil, wenn das Fleisch eine leichte „Marmorierung" aufweist. Darunter versteht man die dünnen Fettäderchen, die das Muskelfleisch durchziehen. Sie schmelzen beim Zubereiten und machen das Fleisch zarter, saftiger und geschmackvoller.

Ein Fettrand ist die beste Verpackung, denn es schützt das Fleisch bei der Lagerung vor dem Austrocknen und bewirkt, dass es beim Zubereiten saftig bleibt und seinen aromatischen Wohlgeschmack behält. Wenn Sie das Fleisch mit der fettreichen Seite zuerst anbraten, ersparen Sie sich außerdem die Zugabe von Fremdfett. Besonders Kalorienbewusste können den Fettrand vor dem Anrichten wegschneiden.

Feine Fasern

Die Struktur des Fleisches wird maßgeblich von der Stärke der Muskelfasern bestimmt. Hier spielen neben der Wahl des entsprechenden Teilstückes das Alter und Geschlecht des Tieres eine entscheidende Rolle. Das Fleisch von jungen, weiblichen Rindern ist feinfaseriger als das von älteren männlichen. Zum Kurzbraten und Grillen verwendet man feinfaserige Teilstücke, zum Kochen und Dünsten kann das Rindfleisch ruhig etwas grobfaseriger sein.

Achten Sie darauf, dass die Teilstücke stets quer zur Faser geschnitten werden. Denn nur so ergeben sich kurze, zarte Fleischfasern.

Lagerung

Grundsätzlich gilt: Fleisch immer nur so lange lagern wie notwendig. Je kürzer, desto besser. Besonders empfindlich ist portioniertes und zerkleinertes Rindfleisch, vor allem Faschiertes und Geschnetzeltes. Wollen Sie Rindfleisch nicht am Tag des Einkaufs zubereiten, so können Sie es bis zu drei Tage im Kühlschrank aufbewahren, ohne dass es zu Qualitätseinbußen kommt. Packen Sie das gekaufte Fleisch aus, tupfen Sie es trocken, aber waschen Sie es nicht. Da Frischfleisch sehr leicht Fremdgerüche annimmt und außerdem leicht austrocknet, empfiehlt es sich, es in einem zugedeckten Gefäß (Kunststoff, Porzellan oder Glas) im kältesten Teil des Kühlschrankes, also im unteren Teil, aufzubewahren.

Siedefleisch
Mehr als Tafelspitz & Co

Rindfleisch im gekochten Zustand ist in Österreich Bestandteil der Haute Cuisine. Wer kennt nicht die Klassiker wie Tafel-, Kavalier- oder Kruspelspitz? Das Rind hat aber jede Menge weiterer edler Teile zu bieten, die sich hervorragend für den Kochtopf eignen.
Wem rinnt beim Gedanken an einen köstlichen Tafelspitz mit Röstkartoffeln, Schnittlauchsauce und Apfelkren nicht das Wasser im Mund zusammen? Einer Mehrzahl der heimischen Feinschmecker mit Sicherheit. Das hat Tradition. Ein ganz wesentlicher Bestandteil der klassischen österreichischen Küche ist nun einmal die Zubereitung von Rindfleisch durch langsames Garen in einer Flüssigkeit – sprich Sieden. Die so genannte Siedefleisch-Küche entwickelte sich erst in der Monarchie zur absoluten Blüte und ist bis heute fixer Bestandteil der österreichischen Esskultur. Als Suppen- oder Siedefleisch bezeichnet man die verschiedenen Stücke vom Rind, die zur Zubereitung einer Suppe verwendet werden können. Es handelt sich dabei vorwiegend um langfaseriges Fleisch mit einem hohen Anteil an Bindegewebe, Fett und Sehnen, teilweise auch Knochen. Dadurch enthält Suppenfleisch einen hohen Anteil an Aromen und Gelatine.

Die besten Stücke

Die bekanntesten Stücke sind: Tafelspitz und Tafelstück, Kavaliersspitz, Kruspelspitz und Beinfleisch. Viele wissen aber nicht, dass sich weitere Teilstücke des Rindes hervorragend zum Kochen eignen, die teilweise wesentlich günstiger im Einkauf sind, ohne Abstriche bei der Qualität machen zu müssen: Weißes Scherzl, Hüferscherzl und Hüferschwanzl, Dicke Schulter, Mageres und Fettes Meisel, Hinteres Ausgelöstes, Schulterscherzl, Rieddeckel, Brustkern sowie Dünnes und Mittleres Kügerl, auch Platte genannt.
Wegen des für langfaseriges Fleisch typischen, hohen Gehalts an Bindegewebe und Sehnen muss Suppenfleisch für längere Zeit bei mäßiger Temperatur – circa 85 Grad – gekocht werden – als Faustregel gelten zwei Stunden pro Kilogramm. Dabei gerinnt zuerst das Eiweiß der Muskelfasern, die Gelatine aus dem Kollagen des Bindegewebes und der Sehnen wird langsamer gelöst. Deshalb wird das Fleisch zunächst zäh, anschließend mürbe, und beginnt bei zu langem Kochen zu zerfallen. Gleichzeitig werden Aromen und Fett an das Wasser abgegeben, wobei das Fett als Trägerstoff dient.
Wird Suppenfleisch mit kaltem, nicht gesalzenem Wasser aufgesetzt, entsteht eine besonders kräftige Brühe, während das Fleisch seinen Geschmack weitgehend verliert. Soll das Fleisch dagegen weiterverwendet werden, empfiehlt es sich, das Fleischstück in kochendes, gesalzenes Wasser zu geben, wodurch das Fleisch aromatischer bleibt, die Suppe aber weniger an Geschmack gewinnt.
Es ist deshalb üblich, zuerst eine Suppe aus einfachem Fleisch oder Knochen herzustellen und das zur Weiterverwendung bestimmte, höherwertige Fleisch anschließend in der Suppe zu garen. Gilt die volle Aufmerksamkeit jedoch der Suppe und die Qualität des Fleisches kommt erst an zweiter Stelle, dann stellt man das Fleisch in kaltem Wasser zu, um ein besseres Auslaugen zu erzielen.

Zum Kochen – Klassiker und Nichtklassiker

Kruspelspitz
Liegt unter der Schulter und ist von einem weichen Kruspel durchzogen. Das Fleisch ist grobfaserig, saftig und gut aufquellend, zum Sieden geeignet.

Kavalierspitz
Liegt an der Unterseite des Schulterblattes und ist ein besonders saftiger Fleischteil.

Beinfleisch
Das ist der vordere Teil der Platte mit Rippe. Dieses Stück vom Rind teilt man mit den Knochen quer in zehn Zentimeter breite Streifen.

Brustkern
Bietet ein wohlschmeckendes, grobfaseriges Fleisch

Dicke Schulter
Der Hauptteil der Schulter eignet sich wunderbar zum Kochen. Ein festes und saftiges, ein wenig grobfaseriges Fleisch, das im Verhältnis zu den traditionellen Gustostückerln wesentlich günstiger ist.

Schulterscherzl
Ein besonders saftiges, von einer gallertartigen Sehne durchzogenes Fleisch, die diesem Teil das besondere Aroma gibt. Es eignet sich auch zum Dünsten.

Meisel
Das magere Meisel (Schultermeisel, falsches Filet) ist ein kompaktes, mageres Schulterteilstück, das dem Lungenbraten ähnlich sieht. Hervorragend als Ragoutfleisch, aber auch als Bratenstück geeignet.
Das fette Meisel überdeckt das Magere Meisel und ist ein fettes grobfaseriges, aber sehr saftiges Suppenfleisch.

Hinteres Ausgelöstes
Das hintere Ausgelöste (Gab, Federl, Niederer Grat) ist ein saftiges, von Fett durchwachsenes Fleisch, ähnlich dem Rostbraten, jedoch preiswerter.

Tafelspitz
Das Fleisch ist sehr feinfaserig, mit aromatischer Fettabdeckung und wird am seitlichen Knorpel vom Tafelstück abgetrennt.

Tafelstück
Schließt an den Tafelspitz an, ist grobfaseriger als dieser, eignet sich hervorragend zum Sieden und zum Dünsten für Rouladen und Rindschnitzel.

Hüferschwanzl
Der längliche, dreieckige Muskel des Hüferschwanzls ist sehr saftig und im Ganzen hervorragend zum Sieden und Dünsten geeignet.

Hüferscherzl
Schließt an das Beiried und eignet sich für alle Garmethoden, gut abgelegen auch als Roastbeef.

Weißes Scherzl
Eignet sich zusätzlich hervorragend als Rinderbraten, sollte aber gespickt werden, um das Austrocknen zu vermeiden.

Fledermaus (Schalblattl)
Ein kleines, sehr saftiges und etwas fettes Stück, das vom Kreuzbein abgelöst wird. Wird häufig nach dem Kochen mit Krenkruste gratiniert – eine wahre Delikatesse.

Platte
Mit den Rippen gekocht ist sie als Beinfleisch bekannt und ein überaus stark durchwachsenes Teilstück.

Vorderer und hinterer Wadschinken
Ein saftiges, mit Sehnen durchwachsenes Fleisch – eignet sich ausgezeichnet für diverse Ragouts und für Gulasch.

Hals
Der Hals bestehend aus Tristel, vorderem Ausgelösten ist ein grobfaseriges, fast fettloses, sehnenarmes Fleisch.

Für die Pfanne und den Grill

Lungenbraten (Filet)
Das wohl edelste und teuerste Teilstück; besonders mager, feinfaserig, mürb und saftig.

Beiried (Roastbeef)
Sehr zartes, saftiges Teilstück; sollte eine schöne Fettabdeckung und Marmorierung aufweisen.

Rostbraten (Hochrippe)
Sehr aromatisches, fettdurchwachsenes, saftiges Teilstück.

Nuss (Zapfen, Kugel)
Saftiges, fast fettfreies Teilstück aus dem Knöpfel.

Hüferscherzl (Hüferl, Hieferl, Hieferscherzl)
Das Hüftteilstück; saftiger, magerer, leicht marmorierter Muskel mit lockerer Faserstruktur.

Edler Wittwentröster
Das Kälberne steht im Ruf, sehr vornehm zu sein

Kalbfleisch steht seit jeher im Ruf ein wenig vornehmer als andere Fleischsorten zu sein, der Nierenbraten soll sogar über den Verlust geliebter Menschen hinweghelfen

Schon seit Jahrhunderten schätzen die Menschen die Vorzüge von Kalbfleisch. Seit jeher von einer preisbedingten Aura der Vornehmheit umgeben, genoss und genießt das Fleisch junger Rinder den Ruf des Besonderen. Kochbücher rühmen seinen unvergleichlichen Geschmack, das Wiener Appetit-Lexikon von 1894 spricht dem Kalbsnierenbraten gar die erstaunliche Eigenschaft zu, die Hinterbliebenen von soeben Verstorbenen auf Grund seiner überragenden Formvollendetheit und seiner aromatischen Brillanz trösten zu können. Nicht zuletzt stammt auch des Österreichers liebste Fleischspeis ursprünglich vom Kalb: das Wiener Schnitzel.

Gesundes Fleisch

Kalbfleisch erfüllt wie kaum eine andere Fleischsorte die Anforderungen einer modernen, gesunden Ernährung. Unvergleichlich zart, mild und mager ist es leider vom Speiseplan vieler Menschen verschwunden. Vor allem Pute, Hendl & Co. haben dem „Köbanan", wie es der Wiener liebevoll umgangssprachlich nennt, den Rang eindeutig abgelaufen. Die Vorzüge von Kalbfleisch resultieren daraus, dass beim Kalb das Bindegewebe (beispielsweise Sehnen) noch weich ist und die Muskeln noch nicht voll entwickelt.

Kalbfleisch ist für alle Garmethoden vom Kochen, Dünsten, Backen, Braundünsten bis hin zum Braten und Kurzbraten hervorragend geeignet. Sein hoher Gehalt an biologisch hochwertigem Eiweiß, Vitaminen der B- und D-Gruppe und Eisen macht es zu einem idealen Nahrungsmittel, das auch in der diätetischen Küche unverzichtbar ist.

Seine Farbskala reicht von Weiß über Hellrosa bis zu einem zarten Rot. Die Farbe hat nichts mit der Qualität zu tun, sondern ergibt sich ausschließlich aus der Ernährung des Tieres. Vollmilchkälber werden wie der Name sagt ausschließlich mit Milch ernährt und üblicherweise in einem Alter von vier bis sechs Wochen mit einem Gewicht von 70 bis 80 Kilogramm geschlachtet. Das Fleisch ist zart, weiß bis hellrosa und wasserhältiger.

Mastkälber werden mit Milch und Eiweißfutter gemästet und mit einem Alter von zwölf bis 16 Wochen geschlachtet. Sie wiegen zwischen 120 und 150 Kilogramm und ihr Fleisch ist rosa bis hellrot, saftig, zart und fester als das Fleisch von Vollmilchkälbern. Außerdem ist es gleichmäßig mit einer weißen, kernigen Fettschicht bedeckt.

Im Gegensatz zum Rindfleisch muss Kalbfleisch nicht mehr lange reifen, ein bis drei Tage nach der Schlachtung ist es bereits zum Verzehr geeignet.

Kalbskopf

Stellt gepresst eine klassische heimische Spezialität dar, die leider sehr selten geworden ist. Meistens wird er gebacken zubereitet.

Hals (Nacken)

Er bildet den kopfseitigen Abschluss des Karrees und ist auf Grund seiner Marmorierung besonders aromatisch und saftig. Hervorragend für Gulasch, Ragout oder Eingemachtes geeignet

Schulter

Sie lässt sich in die „Dicke Schulter" und die „Dünne Schulter" unterteilen. Zum Braundünsten, für Ragouts, Gulasch und Eintöpfe bestens geeignet, von Fett und Sehnen befreit auch als Schnitzelfleisch sehr gut zu verwenden.

Brust

Wird vorwiegend im Stück als Braten glaciert oder gedünstet. Ausgelöst eignet sie sich zum Rolle und Füllen, für Ragouts und Eingemachtes.

Vordere und hintere Stelze

Beide bieten sehr mageres und trockenes Fleisch, das sich gut portionieren lässt. Bestens zum Schmoren (gespickt), für Schnitzel, Rouladen und zum Kochen geeignet. Ausgelöst versetzt sie als Kalbsvögerl uns Genießer in Verzückung.

Der Kaiserteil (Schale)

Durch Form und Faserung bedingt das wohl bekannteste Teilstück für die Herstellung von Kalbsschnitzeln. Im Ganzen ein herrliches Bratenstück, das gespickt werden sollte.

Nuss

Ein besonders zartes, saftiges Teilstück, das sowohl im Ganzen als Braten, aber auch als Schnitzel, Steaks, Medaillons, Fondues und Ragout zum Einsatz kommen kann.

Schlussbraten

Ein saftiges Hüftstück, das sich sowohl als Braten als auch für Schnitzel verwenden lässt.

Fricandeau

Es wird entweder im Ganzen gespickt und gebraten oder portioniert für Steak, Schnitzel und Ragouts eingesetzt.

Wammerl

Wird wie gewachsen oder ausgelöst angeboten. Das vordere Stück wird als „Brüstl" bezeichnet, das Mittelstück ist das klassische Bauchfleisch und das hintere Ende das eigentliche „Wammerl". Ob als saftiger Braten im Ganzen, in Scheiben geschnitten zum Braten oder Grillen oder gewürfelt für den Eintopf, die Verwendungsmöglichkeiten sind vielfältig.

Karree

Wird mit oder ohne Knochen angeboten und ist ein tolles Bratenstück. Aus dem Karree werden Koteletts ausgelöst, Steaks geschnitten, die kurz gebraten, gegrillt oder gebacken werden. Eine besondere Spezialität bietet der Nierenbraten mit Filets und eingewachsenem Nierenstock.

Filet

Die beiden Filets im Rücken bestechen durch ihre Mürbheit und werden bevorzugt für Steaks und Medaillons verwendet, aber auch für Geschnetzeltes.

Wolliger Genuss.
Lammfleisch steht bei Feinschmeckern nicht zu Unrecht hoch im Kurs.

Gar nicht lammfromm

Lammfleisch sollte unsere Küche viel öfter bereichern und ist eine überaus gesunde Alternative

Lammfleisch stammt von sehr jungen Tieren, ist sehr mager, zart und bekömmlich und zählt daher zu den delikatesten Fleischsorten. Aufgrund der naturnahen Haltung und Fütterung ist es aus ernährungsphysiologischer Sicht besonders empfehlenswert.

Lammfleisch enthält wenig Fett, dafür umso mehr wertvolle Inhaltsstoffe. Es zeichnet sich durch hochwertiges Eiweiß, essenzielle Fettsäuren, wichtige Mineralstoffe und Spurenelemente sowie wichtige Vitamine aus. So enthält mageres Junglammfleisch pro 100 Gramm nur rund 180 Kilokalorien/750 Kilojoule. Bemerkenswert ist auch die im Lammfleisch vermehrt enthaltene, das Immunsystem stärkende, Orotsäure.

Almen und Weiden sind für die Schafhaltung geradezu geschaffen, denn in einer natürlichen Umwelt finden die Tiere alles, was sie zu ihrer prächtigen Entwicklung benötigen. Deshalb gelangen Qualitäts-Junglämmer bereits mit einem Alter von vier bis sechs Monaten auf den Markt. Die Karkasse wiegt etwa 18 bis 20 Kilogramm.

Frisches Junglammfleisch weist eine appetitliche altrosa Färbung auf. Die für das Aroma und die Saftigkeit entscheidende feine Fettmaserung (Marmorierung) soll sich reinweiß vom Muskelfleisch abzeichnen. Idealerweise sollte das Fleisch einige Tage abgehangen sein. Während dieser Reifezeit wird das Fleisch besonders zart und entwickelt sein feines Aroma.

Beim Würzen von Lammfleisch sind der Fantasie kaum Grenzen gesetzt. Da das Fleisch jedoch von Natur aus einen delikaten Eigengeschmack aufweist, gilt für viele Feinschmecker beim Würzen die Regel „weniger ist mehr". Kräuter wie Rosmarin, Thymian, Salbei, Oregano, Basilikum, Majoran oder Minze geben dem Fleisch ein zusätzliches Aroma. Oftmals reichen Salz und Pfeffer.

Küchentipps

- Am besten schmeckt das Fleisch vom Junglamm, wenn es so gegart wird, dass es im Kern zart rosa bleibt. Wird das Fleisch zu lange gebraten oder gekocht, verliert es seinen delikaten Geschmack und die Saftigkeit.
- Soll die Saftigkeit der Fleischstücke bewahrt werden, dürfen sie während des Garens weder angestochen noch angeschnitten werden.
- Salzen Sie das Fleisch immer erst kurz vor der Zubereitung.

Filet
Das Filet liegt unter dem Rücken und ist besonders mager, zart und mürb. Es zeichnet sich durch seine Verwendungsvielfalt aus, zum Beispiel in Scheiben –gegrillt, kurz gebraten oder im Rohr gebacken.

Rücken
Der Rücken ist ein zartes, schmackhaftes Teilstück und eignet sich hervorragend zum Braten im Ganzen (Klassiker: Nierenbraten). Er kann portioniert zu Doppelkoteletts, halbiert (Chops) beziehungsweise ausgelöst (Rückenfilets) zu Steaks verwendet werden, die kurz gebraten, gegrillt oder gebacken werden.

Schlögel
Der Schlögel wird mit oder ohne Knochen angeboten. Bestens geeignet zum Braten im Ganzen oder für Lamb leg chops (daumendicke Scheiben mit zentralem Röhrenknochen). Aus den Teilstücken des Schlögels werden Steaks oder Schnitzel geschnitten, die gegrillt, gebacken oder braun gedünstet werden. Gewürfelt ist dieses Fleisch ideal für Spieße (Schaschliks) und Fondues sowie erstklassige Ragouts.
Der Schlussbraten ist ein saftiges, universell einsetzbares Schlögelstück.

Schale
Die Schale ist, durch Form und Faserung bedingt, das am meisten geeignete und beliebteste Teilstück für Schnitzel und Steaks.

Nuss
Die Nuss eignet sich sowohl für saftige Steaks, Medaillons als auch Ragouts bestens.

Fricandeau
Das Fricandeau ist der Lammklassiker für Bratenspezialitäten.

Stelze
Die hintere Stelze mit Knochen ist hierzulande sehr beliebt zum Grillen, Braten und Dünsten; in Scheiben geschnitten als „Osso buco“. Ausgelöst lassen sich aus diesem Fleisch herzhafte Ragouts, Gulasch und Eintöpfe zubereiten.
Die vordere Stelze mit Knochen eignet sich hervorragend zum Grillen oder Braten. Ausgelöst lassen sich aus diesem Fleisch herzhafte Ragouts, Gulasch und Eintöpfe zubereiten.

Schulter
Die Schulter ist vielseitig verwendbar und ergibt mit Knochen im Ganzen oder ausgelöst (gerollt oder gefüllt) einen saftigen Braten. Die Schulter kann auch zum Schmoren und Kochen, gewürfelt für Spieße und Ragouts sowie faschiert für Laibchen, Sugo oder Aufläufe verwendet werden.

Hals
Der Hals ist ein aromatisches, saftiges Teilstück, das sich vorzüglich zum Kochen, Braun dünsten, für Ragouts und Eintöpfe (Stews) eignet. Im Ganzen mit Knochen ist der Hals ein exzellentes und saftiges Bratenstück.

Brust
Die Lammbrust kann mit Knochen im Stück oder aufgeschnitten (Ripperl) gegrillt oder gebraten sowie ausgelöst (gefüllt oder gerollt) geschmort werden.
Gewürfelt eignet sich das Bruststück für Ragouts, Gulasch und Eintöpfe.

Witwe Boltes ganze Freud'
Geflügel hat sich zum absoluten Renner entwickelt

Federvieh im Trend.
Fleisch von Huhn und Pute liegt in der heimischen Beliebtheitsskala bereits auf Platz zwei.

Fleisch von Hühnern und Puten gilt als gesund, fett- und kalorienarm sowie leicht verdaulich. Die biologische Wertigkeit von tierischem Eiweiß ist bei Geflügel besonders hoch. Das ist besonders für Personengruppen mit erhöhtem Bedarf wie Schwangere, Stillende, Senioren, Kranke und Kinder wichtig.

Fett geht unter die Haut

Beim Geflügel befindet sich Fett meist direkt unter der Haut und kann theoretisch leicht entfernt werden. Ein großer Teil des Unterhautfettes tritt beim Braten oder Grillen aus. Zusätzlich ist die Zusammensetzung des Geflügelfettes gesundheitlich viel günstiger als bei anderen Tierarten. Der größere Anteil an so genannten mehrfach ungesättigten Fettsäuren wie etwa Linol- und Linolensäure sorgt dafür. Ungesättigte Fettsäuren sind wichtige Bausteine der Zellwände und senken den Cholesterinspiegel.
Huhn, Pute & Co. sind wichtiger Lieferant von Vitaminen, Mineralstoffen und wertvollen Spurenelementen. B-Vitamine (Vitamin B12, Vitamin B2), Niacin (optimiert Stoffwechselvorgänge), Vitamin B6 (wichtig für Eiweißstoffwechsel, Nervensystem, Immunabwehr, Bildung des roten Blutfarbstoffes), aber auch Eisen, Zink, Kalium und andere wichtige Spurenelemente stecken im Federvieh.

Huhn im Ganzen

Bei einem Gewicht von rund 850 bis 1.100 Gramm ist das Huhn im Ganzen hervorragend zum Grillen und Braten, von circa 1.100 bis 1.500 Gramm zum Frittieren und Füllen und ab 1.500 Gramm zum Schmoren, Kochen und als Eintopf geeignet.
Geeignete Gewürze: Salz, Paprika, Rosmarin, Thymian.

Brust

Das Brustfleisch vom Huhn ist sehr hell, feinfaserig, fettarm sowie mild im Geschmack. Die Hühnerbrust, ausgelöst auch als Hühnerfilet bezeichnet, eignet sich hervorragend für Diät- und Schonkost. Es kann geschnetzelt, kurz gebraten, gegrillt oder paniert, gefüllt und gerollt und als Frikassee gedünstet werden. Hühnerfilet findet auch häufig in der asiatischen Küche Verwendung.
Geeignete Gewürze: Salz, Pfeffer, Curry, Rosmarin, Zitronenminze.

Rücken

Der Rücken des Huhns besteht hauptsächlich aus dem Rückenknochen mit einem geringen Fleisch- und Hautanteil. Hühnerrücken wird vorwiegend als Suppenfleisch, selten aber auch geschmort zubereitet.
Geeignete Gewürze: Salz, Pfeffer, Curry, Rosmarin, Zitronenminze.

Vielfältige Keule

Das Fleisch der Hühnerkeule weist eine etwas dunklere Färbung sowie einen etwas höheren Fettgehalt auf. Es ist sehr saftig sowie intensiv im Eigengeschmack. Hühnerkeulen können gegrillt oder gebacken werden. Sie werden in Paprikasauce gedünstet, mit Wurzelgemüse geschmort oder als Hühnergulasch zubereitet.
Geeignete Gewürze: Salz, Paprika, Knoblauch, Basilikum, Honig.

Flügel

Hühnerflügel sind durch den höheren Hautanteil eine Spur fetter, jedoch sehr saftig und geschmackvoll. Sie eignen sich ideal als Fingerfood, gegrillt oder gebraten und paniert. Sie können aber auch als Gulasch oder in Paprikasauce gedünstet zubereitet werden.
Geeignete Gewürze: Salz, Paprika, Honig, Tomatenmark, Knoblauch, Basilikum.

Im Ganzen

Truthahnfleisch allgemein ist fettarm und eiweißreich, hat so gut wie keine Kohlehydrate und wenig Kalorien. Es ist leicht verdaulich und ideal als Schon- und Diätkost. Man unterscheidet zwischen männlichen und weiblichen Truthühnern, wobei der Unterschied in der Größe sowie in der Fleischfarbe zu sehen ist. Truthahn wird im Ganzen eher selten zubereitet. Er kann gegrillt, gebraten und gefüllt werden.

Geeignete Gewürze: Salz, Pfeffer, Rosmarin, Thymian, Orangen, Äpfel.

Flügel

Durch den höheren Hautanteil haben Truthahnflügel mehr Fettanteil, die meisten Kalorien, aber einen hohen Eiweißgehalt und sind dadurch sehr saftig und geschmackvoll. Truthahnflügel kann man im Ganzen schmoren, für Gulasch verwenden, grillen und als Ragout dünsten.

Geeignete Gewürze: Salz, Pfeffer, Paprika, Honig, Rosmarin, Thymian.

Prinzessfilet

Das Prinzessfilet ist der innen liegende Teil der Truthahnbrust. Es ist sehr zart und saftig und das wertvollste Stück der Pute. Fett- und Kalorienanteil sind gleich hoch wie beim restlichen Brustfleisch. Aufgrund seiner besonderen Eigenschaften eignet sich das Prinzessfilet sehr gut als Steakfleisch, für Spieße, Fondue sowie für die asiatische und Diätküche.

Geeignete Gewürze: Salz, Pfeffer, Curry, Thymian, Rosmarin, Basilikum, Muskatnuss.

Oberkeule

Truthahnoberkeulen haben ein etwas dunkleres Fleisch, sind sehr saftig und intensiv im Geschmack, weil sie etwas weniger Eiweiß, aber mehr Fett und Kalorien enthalten. Sie eignen sich ausgelöst als Rollbraten oder im Ganzen gebraten beziehungsweise geschmort. Sehr zu empfehlen sind auch Fleischspieße aus würfelig geschnittenem Oberkeulenfleisch oder Ragout.

Geeignete Gewürze: Salz, Pfeffer, Knoblauch, Honig, Rosmarin, Basilikum.

Brust

Die Truthahnbrust hat den geringsten Fettanteil, den höchsten Eiweißgehalt sowie am wenigsten Kalorien. Sie ist von weiblichen Tieren feinfaseriger und heller als von männlichen. Die Brust vom Truthahn ist wohl am vielseitigsten verwendbar, unter anderem als Schnitzel, Rouladen, Spieße, Geschnetzeltes, Ragout, als Braten, gerollt sowie als Steak gebraten.

Geeignete Gewürze: Salz, Pfeffer, Curry, Thymian, Rosmarin, Basilikum, Muskat.

Unterkeule

Das Fleisch der Unterkeule ist dem der Oberkeule sehr ähnlich, jedoch stärker mit Sehnen durchzogen. Truthahnunterkeulen werden im Ganzen geschmort, würfelig als Gulasch zubereitet oder bei männlichen Unterkeulen in Scheiben geschnitten als „Osso Bucco" verwendet.

Geeignete Gewürze: Salz, Pfeffer, Paprika, Rosmarin, Basilikum.

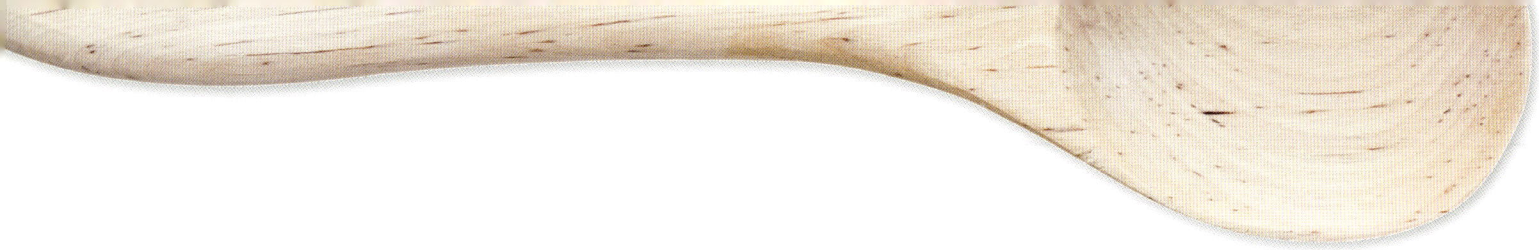

Burgenland

Hotel & Restaurant Braunstein
Pauli´s Stuben

Fellnergasse la
7083 Purbach am Neusiedler See
☎ +43 2683 55130
restaurant@braunstein.at
www.braunstein.at

Seit über 400 Jahren dem Genuss verschrieben

Das Besinnen auf die regionalen Qualitäten in Verbindung mit der Offenheit für das Neue: Dieser Philosophie hat sich die Familie Braunstein seit vielen Generationen verschrieben. Der Erfolg gibt ihnen Recht: Aus dem nebenerwerblich geführten Weinbau, der seit 400 Jahren zur Familientradition gehört, entwickelte sich ein ansehnliches, liebevoll geführtes Weingut.

Gepflegte Gastlichkeit erleben Sie im gastronomischen Teil des Gesamtkonzeptes, dem Restaurant „Pauli's Stuben". Auch hier hat der ehrliche Umgang mit der Natur und ihren Produkten oberste Priorität. Die enge Partnerschaft mit regionalen Bauern und heimischen Verarbeitungsbetrieben garantiert, dass ausschließlich natürliche, schadstofffreie Lebensmittel den Weg in die Küche finden. Küchenchef Stefan Horvath zaubert daraus traditionelle Köstlichkeiten mit der Würze des Burgenlandes, einer Prise Süden und einem Hauch weiter Welt. Sich dem anderen zu öffnen und dabei doch voll und ganz man selbst zu bleiben, das hat hier Tradition.

Neben dem Restaurant und dem Weingut führt die Familie Braunstein auch ein kleines Hotel. Die fünf ruhigen, liebevoll eingerichteten Komfortzimmer sind mit Kabel-TV, Internetzugang, Zimmersafe und individuell regulierbarer Klimaanlage ausgestattet.

Geschmack aus Leidenschaft

Den Familienbetrieb Gebhardt GmbH, der mittlerweile in vierter Generation geführt wird und später von Sohn Michael Ernst übernommen werden soll, schätzt man in der Region und darüber hinaus nicht nur wegen der hohen Qualität und der außerordentlichen Frische der angebotenen Produkte. Übrigens, Michael Ernst hat heuer beim Bundeslehrlingswettbewerb die Disziplin „Frankfurter" gewonnen. Feingefühl und Erfahrung summieren sich hier zu großem Geschmack, im Geschäft in Forchtenstein und in der Filiale in Mattersburg werden zahlreiche verführerische Köstlichkeiten präsentiert, die auch österreichweit verkauft werden.

Das frische Rindfleisch stammt aus der Region, die umfangreiche Palette an Wurstprodukten wird ausschließlich selbst hergestellt und reicht von feuriger Chili- und würziger Knoblauchwurst über Paprikawurst und die scharfen Pußtawürsteln bis zu den Debrezinern. Der Schwerpunkt in der Produktion liegt beim Schinken: Zur Auswahl stehen zarter Rindersaftschinken ebenso wie Pressschinken, feiner, geräucherter Putenschinken, oder der saftige Saunaschinken. Probieren sollte man auch den aromatischen Schinkenspeck aus eigener Produktion, der zunächst drei Wochen gepökelt, anschließend kaltgeräuchert und dann drei Monate getrocknet wird.

Mit der Entscheidung für kompromisslos hohe Qualität, mit viel persönlichem Einsatz und mit der Hinwendung zum regionalen Kunden hat es die Fleischerei Gebhardt geschafft, sich einen großen Stammkundenkreis aufzubauen, der die hochwertigen und schmackhaften Genussprodukte sehr zu schätzen weiß.

Gebhardt GmbH
Brigitte Ernst

Hauptstraße 62
7212 Forchtenstein

☎ +43 2626 63121

j.gebhardt@aon.at

Filiale:

Hauptplatz 2
7210 Mattersburg

☎ +43 2626 67270

Auf Bauchspeck gedämpftes Neusiedlersee Welsfilet mit zweierlei Pesto

Angaben für 4 Personen (Vorspeise)

Zutaten.

200 g Neusiedlersee Welsfilet
200 g Bauchspeck
Verjus oder Zitronensaft
100 ml Olivenöl
Basilikum
Getrocknete Tomaten
Pinienkerne
Grana Padano
½ l Wasser (zum Dämpfen im Topf oder Backrohr)
Rucola und Kirschtomaten zum Garnieren

Zubereitung.

Wels und Bauchspeck zu je acht Stück portionieren. Den Wels mit etwas Verjus oder Zitronensaft säuern, anschließend auf den Bauchspeck legen.
Im Dämpfer oder über Wasserdampf circa acht bis zehn Minuten vorsichtig garen.
Für die zwei Pestos: Die Hälfte des Olivenöls mit Basilikum, Pinienkernen und Grana Padano in einem Standmixer pürieren. Das restliche Olivenöl mit den getrockneten Tomaten und Grana Padano ebenso pürieren. Den mit Welsfilet belegten Bauchspeck auf einem Teller anrichten, etwas von den Pestos dazugeben und mit Rucola und Kirschtomaten garnieren.

Bauchspeck

Er ist eine der vielen Spezialitäten aus dem Hause Gebhardt: Der Bauchspeck. Durchwachsenes Bauchfleisch wird dafür mit grobem Meersalz eingesalzen, mit ausgewählten Gewürzen veredelt und bleibt anschließend zwei Tage in der Sur, bevor es – noch wie in der guten alten Zeit – über großen Buchenholzscheitern geräuchert wird. Der Bauchspeck überzeugt mit feinem Raucharoma und würzig-deftigem Geschmack.

Genuss aus Verantwortung

Die Familie Graf war sich seit jeher der Verantwortung bewusst, dass Fleischprodukte in der menschlichen Ernährung eine wesentliche, eine genussvolle Rolle spielen. Aus dieser Verantwortung heraus entwickelte man bei der Erzeugung der Fleisch- und Wurstspezialitäten eine ganz besondere Leidenschaft, die sich bis ins Jahr 1937 zurückverfolgen lässt.

Der Schwerpunkt der Produktkompetenz liegt natürlich nach wie vor beim Frischfleisch sowie bei den zahlreichen und ausschließlich in Eigenproduktion hergestellten, erlesenen Fleischspezialitäten. Für deren Produktion werden beste regionale Rohware, erlesene Gewürze, vitalisiertes Granderwasser, über Generationen vererbtes handwerkliches Wissen und vor allem viel Zeit verwendet. Genussprodukte wie die würzig pfeffrige Edelwinzer, der mürbe, original burgenländische Krustenschinken oder der geräucherte, im Kern durchgebratene Pannonia Jausenspeck beweisen mit jedem Bissen, dass hier mit viel Gefühl und Herzblut gearbeitet wird.

Thomas, Regina und Werner Graf leben die Unternehmensphilosophie „Man isst nicht nur, um satt zu werden, sondern um dem Leben mehr Qualität zu geben!" mit Liebe und Leidenschaft, die einzigartigen, unvergleichbaren Spezialitäten aus dem Hause Graf legen darüber ein mehr als geschmackvolles Zeugnis ab.

Fleisch-Wurst Graf GmbH
Hauptstraße 13
2443 Leithaprodersdorf
☎ +43 2255 6239
office@graf.or.at
www.graf.or.at

Hausblutwurst nach Winzer-Art

Die beste burgenländische Blutwurst zu produzieren, dieses Ziel verfolgt die Familie Graf mit ihrer Hausblutwurst nach Winzer-Art, die seit Generationen nach überliefertem Rezept hergestellt wird. Der rustikale, leicht pfeffrige Geschmack wird durch die Verwendung von aromatischem grünen Pfeffer erzielt, auch das Vorrösten der Semmeleinlage ist ein Qualitätsmerkmal und macht sich unter anderem im milden Abgang bemerkbar. Schmeckt kalt und heiß, passt hervorragend zu kräftigen Rot- und Weißweinen.

Blunzengugelhupf auf Linsensalat und Apfelspalten

Angaben für 4 Personen

Zutaten.

160 g Blutwurst
2 Eier
80 g Bechamel
Salz, Pfeffer, Majoran, Thymian, Knoblauch
50 g Linsen (gekocht)
10 g Schalotten (würfelig)
25 g Karotten (feine Streifen)
Walnussöl, Weißweinessig
1 Apfel
1 EL brauner Zucker
1 EL Butter
Balsamico Glace
Trennfett

Zubereitung.

Blutwurst erwärmen und mit zwei Dottern und den Gewürzen glatt rühren, Bechamel untermengen und kaltstellen. In die kalte Masse den Schnee von zwei Eiern unterheben. Dariolformen mit Trennfett aussprühen und mit der Masse zu zwei Drittel füllen. Anschließend im Rohr bei 180° Celsius indirekt im Wasserbad pochieren (bis Nadelprobe) circa 25 Minuten.
Linsen, Karotten und Schalotten mit Walnussöl und Weißweinessig marinieren und abschmecken. Apfel schälen, entkernen und in Spalten schneiden. Zucker in einer Pfanne langsam karamellisieren, die Butter dazugeben und die Apfelspalten vorsichtig anbraten. Den warmen Gugelhupf auf dem Linsensalat anrichten, mit karamellisierten Apfelspalten und Balsamico Glace dekorieren.

Hatwagner GmbH
Thomas Hatwagner

Hauptstraße 52
7434 Bernstein

☎ +43 3354 6513

office@fleischerei-hatwagner.net
www.fleischerei-hatwagner.net

Filialen:

Hauptstraße 12 7442 Lockenhaus ☎ +43 2616 3390	Hauptstraße 6 750 Oberpullendorf ☎ +43 2612 42133	Wiener Straße 19 7400 Oberwart ☎ +43 3352 32318	Herrengasse 8 7471 Rechnitz ☎ +43 3363 79291	Haus Nr. 116 7535 Rauchwart ☎ +43 3327 2764

Wildrohschinken-Sauerkrautterrine

Angaben für 4 Personen (Vorspeise)

Zutaten.

300 g Wildrohschinken
300 g Sauerkraut (gekocht)
1 EL Creme fraiche
4 Blatt Gelatine
Preiselbeeren

Zubereitung.

Terrinenform mit Klarsichtfolie auslegen. Wildrohschinken dünn aufschneiden und in der Terrine auslegen.
Gelatine einweichen und im warmen Sauerkraut auflösen, Creme fraiche einrühren und gut durchmischen.
Sauerkraut in die mit Wildrohschinken ausgelegte Terrine gießen und anschließend kalt stellen.
Portionieren und mit Preiselbeeren und etwas Salat anrichten.

Wild, wilder, Tom, Gusti, …

1992 kauften Margarete und Thomas Hatwagner die Fleischerei der Familie Kirnbauer in Bernstein, und mittlerweile assoziiert man Hatwagner nicht nur im Süd- und Mittelburgenland vor allem mit Gaumenfreude. Im Hauptbetrieb in Bernstein und in den insgesamt fünf Filialen werden zahlreiche vielfach prämierte Fleisch- und Wurstspezialitäten aus der eigenen Produktion angeboten.

Höchste Qualität aus dem Burgenland, das ist der Grundsatz, nach dem die Produkte im Hause Hatwagner hergestellt werden. Rinder, Kälber und Schweine werden ausschließlich von kontrollierten Betrieben aus der Region bezogen, die gezielte Auswahl der Herkunft, strenge Kontrollen und die saubere und sorgsame Verarbeitung garantieren unverfälschten Genuss. Die bekanntesten Spezialitäten sind die Kesseldürre (übrigens jeden Donnerstag Nachmittag heiß), die aromatischen Leberkäsevarianten wie Käsleberkäse oder Pikantleberkäse sowie die Kranzlextra. Als passionierter Jäger legt Thomas Hatwagner einen seiner Schwerpunkte aber auch auf erlesene Wildprodukte, speziell die Dauerwurst-Verführungen aus diesem Bereich sollte man gekostet haben.

Darüber hinaus versteht man es, das Wissen um die Verarbeitung von hochwertiger Rohware und um die Herstellung von Genussprodukten erfolgreich weiterzugeben: Beim Wettbewerb „Fit for Future" wurde die Fleischerei als einer der besten Lehrbetriebe Österreichs ausgezeichnet.

Wilder Gusti

Edelteile von Hirsch, Wildschwein oder Reh werden zu Rohschinken verarbeitet. Herkunft ist ausschließlich das Burgenland beziehungsweise die Region um Bernstein. Trocken gepökelt, buchenholzgeräuchert und rund zwölf Wochen luftgetrocknet, entfaltet der Schinken mit feiner Wacholdernote seinen ausgezeichneten Wildgeschmack.

Grenzgenial

Bereits seit 1948 gibt es die Fleischerei Karlo am jetzigen Standort, damals eröffnet von Johann Karlo mit seiner Frau Hedwig. Karlo betrieb neben dem Verkauf von Fleisch- und Wurstwaren auch Viehhandel mit den Bauern aus dem Dorf und der Umgebung. Seit 1994 führt Martin Karlo jun. mit seiner Frau Barbara erfolgreich den Fleischereibetrieb, der seit zwei Jahren auch über eine Filiale in Illmitz verfügt.

Der traditionelle Familienbetrieb bezieht das Fleisch hauptsächlich von inländischen Schlachtbetrieben, das frische Rindfleisch kommt meist von Bauern in Pamhagen und stammt aus eigener Schlachtung. Im Angebot finden sich neben frischem Fleisch in bester Qualität – auf Bestellung übrigens auch vom Steppenrind – über 100 verschiedene Wurst-, Selch- und Speckwaren aus eigener Produktion, darunter zum Beispiel der hervorragende, würzige Rindersaftschinken, verführerische Rohschinken nach traditioneller Art des Hauses sowie fein duftende Selchwaren, die noch nach alten Hausrezepten gepökelt und geräuchert werden.

Die Köstlichkeiten aus dem Hause Karlo verführen nicht nur auf Festen wie dem Kirtag oder dem traditionellen Sautanz in Pamhagen zum Genuss, die hohe Qualität hat auch zahlreiche Gastronomiebetriebe in der Umgebung überzeugt.

Fleischerei Martin Karlo
Martin Karlo

Rosengasse 1
7152 Pamhagen

☎ +43 2174 2126

fleischerei.karlo@aon.at
www.fleischerei-karlo.at

Filiale:

Söldnergasse 20
7142 Illmitz

☎ +43 664 9688310

Gebackene Nationalparkwürstel vom Steppenrind auf gemischtem Erdäpfel-Gurken-Rucola Salat mit Kürbiskernöl und Kren

Angaben für 4 Personen

Zutaten.

4 Nationalparkwürstel vom Steppenrind
2 Eier
Brösel, Mehl
Öl zum Backen
2 Erdäpfel (gekocht)
½ Gurke
100 g Rucola
10 g Zwiebel (klein würfelig)
Salz, Pfeffer
Zucker
Kürbiskernöl
Weißweinessig

Zubereitung.

Nationalparkwürstel vom Steppenrind in circa eineinhalb Zentimeter dicke Scheiben schneiden und panieren, anschließend in heißem Fett backen.
Erdäpfel und Gurke in Scheiben schneiden, mit Rucola und Zwiebel vermischen.
Weißweinessig, Zucker, Salz, Pfeffer und Kürbiskernöl zu einer Marinade vermischen und unter den Salat mischen.
Die gebackenen Nationalparkwürstel vom Steppenrind auf dem gemischten Erdäpfel-Gurken-Rucola-Salat anrichten und frischen Kren darüber reißen.

Nationalparkwürstel vom Steppenrind

Das graue ungarische Steppenrind gehört zu den selten gewordenen Haustierrassen des Pannonischen Raums. Im Seevorgelände des Nationalparks weidet eine Herde von rund 500 Tieren, von denen nur wenige pro Jahr direkt auf den Weiden geschlachtet werden, womit man den Tieren auch den Stress des Transports erspart. Verarbeitet wird das hochwertige, dunkle Fleisch des Steppenrindes von der Fleischerei Karlo unter anderem zum Nationalparkwürstel, das mit feinem Geschmack und bester Qualität überzeugt.

Fleischerei Sandhofer KG
Michael Sandhofer
Türkenstraße 1
7083 Purbach am Neusiedler See
☎ +43 2683 5591
sandhofer-wurst@purbach.at
www.sandhofer-wurst.at

Filiale:
Beim Alten Stadttor 6
7000 Eisenstadt
☎ +43 2682 62695

Neun auf einen Streich

Die Fleischerei Sandhofer wurde 1962 von Hermann und Anna Sandhofer in Purbach am Neusiedlersee gegründet, mittlerweile besteht das Unternehmen aus zwei Fachgeschäften – in Purbach und in Eisenstadt – und dem Produktionsbetrieb in Purbach. Die Qualitätsgrundsätze hat der heutige Chef, Michael Sandhofer, von seinen Eltern übernommen. Unter Verwendung von bester Rohware aus Österreich (frisches Schweine- und Rindfleisch kommen aus Niederösterreich) stellt er mit seinen neun Mitarbeitern mit viel handwerklichem Geschick und nach alten, traditionellen Herstellungsmethoden edle Genussprodukte her.

Im Angebot finden sich über 100 ausschließlich selbst produzierte Wurst- und Schinkenspezialitäten, wie die Purbacher Türkenpusztawürsteln, die würzigen Knoblauchwürstel oder die Fleischwurst mit Hirse und Leinsamen. Ein Highlight der Fleischerei sind die neun verschiedenen Streichwurstsorten. Bekannt geworden ist Sandhofer aber nicht zuletzt als Partner der Genussregion Leithaberger Edelkirsche mit dem vollaromatischen, leicht süßlichen Kirschschinken, den über Buchenholz kalt geräucherten Kirschbrandwürsteln oder der feinen Leberstreichwurst mit Kirschen.

Hohes Qualitätsbewusstsein und vielfach prämierte Genussprodukte mit starkem Regionalbezug zeichnen die Fleischerei Sandhofer aus.

Leberstreichwurst mit Kirschen

Eines der herausragenden Produkte der Genussregion Leithaberger Edelkirsche: Die aus 30 Prozent fein pürierter Schweinsleber, Schweinefleisch und aromatischem Speck hergestellte und mit Kirschen verfeinerte Leberstreichwurst verführt mit dem Aroma der Edelkirsche und findet auf frischem, duftendem Brot den richtigen Auftritt.

Pikante Creme Brulée von der Kirschstreichwurst mit Apfelessigbrot

Angaben für 4 Personen

Zutaten.

1 Glas Kirschstreichwurst
150 ml Obers
Chili
1 Ei
2 Dotter
1 Spritzer Apfelessig
Brauner Zucker
Essigkirschen (eingelegt)
Apfelessigbrot

Zubereitung.

Kirschstreichwurst mit Obers, Chili und den Eiern glatt rühren, und mit einem Spritzer Apfelessig abschmecken.
In Formen abfüllen, diese in ein Wasserbad stellen und bei 90° Celsius 15 Minuten im Rohr pochieren. Danach circa 30 Minuten kühlstellen.
Mit braunem Zucker bestreuen und abbrennen, anschließend einige Essigkirschen anlegen und mit Apfelessigbrot servieren – fertig.

Regionalität mit viel Geschmack

Die Fleischerei Seybold ist ein Traditionsbetrieb in sechster Generation. Seit 2008 führen Petra und Harald Seybold das Unternehmen und verführen mit eigenständigen Kreationen, liebevoller Zubereitung und ausgezeichnetem Geschmack. Hier weiß man: Der Ursprung der Produkte ist eine mit Liebe verarbeitete Rohware und die Sicherheit ihrer Herkunft.

Ausschließlich Fleisch aus der Region wird verarbeitet, natürlich gibt es die Klassiker wie Extrawurst, Wiener oder Krakauer, ebenso Ausgefallenes wie die scharfe Käsedürre oder die „Kleinen Kobolde", kernige Knabberwürstchen aus Schweine- und Rindfleisch mit angenehmer Würze und festem Biss. Außergewöhnlich ist auch die „Red-Porc", eine Paprikawurst nach ungarischer Art mit feinstem Schweinefleisch. Schmeckt hervorragend zu herbem Bier oder Weinen der Wildbacher Traube.

Im firmeneigenen Gasthaus stehen täglich zwei Menü's zur Auswahl, ein deftiges Kraft- und ein gesundes Fitnessmenü. Den aktuellen Menüplan findet der Interessierte immer auf der Homepage. Die Räumlichkeiten im Gasthaus bieten außerdem Platz für bis zu 200 Personen, sodass Geburtstagsfeiern, Hochzeiten usw. möglich sind.

Eine Leidenschaft der Seybolds ist auch das Catering- und Partyservice. Vom privaten Geburtstagsfest bis zum Firmenevent, vom kalten Buffet bis zum Fünf-Gänge-Menü – die Fleischerfamilie richtet Veranstaltungen für bis zu 800 Personen aus.

Seybold Fleischerei, Catering & Gasthaus

Kirchengasse 2
7411 Markt Allhau

☎ +43 3356 7919
☎ +43 664 5313095 (Partyservice-Hotline)

office@seybold-genuss.at
www.seybold-genuss.at

Burgenländischer Heurigensalat mit Bio-Joghurt und scharfer Käsedürre

Angaben für 4 Personen

Zutaten.

150 g scharfe Käsedürre
60 g Tomaten
60 g Gurken
Je einen Paprika (rot, grün gelb)
60 g Zwiebel
100 g Krautsalat
150 g Bio Joghurt
frische Kräuter

Zubereitung.

Tomaten, Gurken, Paprika und Zwiebel grob schneiden und mit dem Krautsalat sowie dem Bio-Joghurt abrühren.
Die Scharfe Käsedürre in Scheiben schneiden und die Kräuter hacken.
Den Heurigensalat auf einem Teller anrichten und mit der Scharfen Käsedürren belegen. Mit frisch gehackten Kräutern bestreuen.

Scharfe Käsedürre

Die scharfe Käsedürre, die gibt`s nur beim Seybold. Die klassische Dürre nach dem Spezialrezept von Harald Seybold wurde weiterentwickelt und mit österreichischem Emmentaler und Jalapeno-Flocken verfeinert. Eine Komposition, die mit angenehmer Schärfe begeistert. Perfekt zum Grillen!

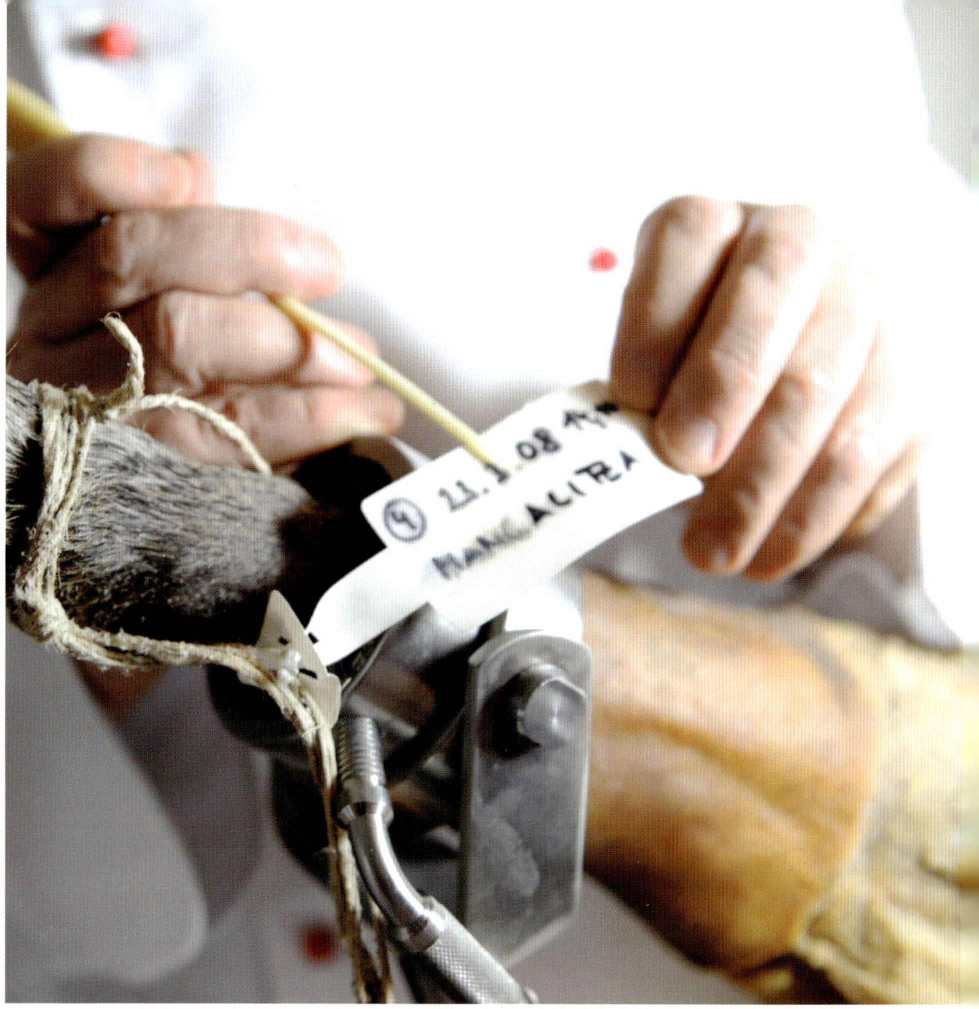

Höchste Qualität aus der Region

Obwohl erst 1961 als Familienbetrieb gegründet, hat „der tschürtz" eine viel weiter in die Vergangenheit zurückreichende Tradition. Schon der Großvater Matthias Tschürtz I. wusste um die Kunst der Erzeugung des hervorragenden geselchten Rohschinkens. Dieses Familienrezept wurde an Matthias Tschürtz II. weitergegeben, der den Familienbetrieb in Loipersbach gründete. Die Liebe zu erstklassigen Qualitätsprodukten vererbte er auch an seinen Sohn, Otmar Tschürtz, der den Betrieb heute mit großem Erfolg leitet.

Zur Herstellung der Köstlichkeiten aus dem Hause Tschürtz werden ausnahmslos Tiere aus der Region herangezogen, was nicht nur dem Geschmack, sondern auch der Landwirtschaft zugute kommt. Zum Genuss verführen nicht nur das bekannte Loipersbacher Hammerfleisch, sondern auch der mittlerweile weit über die Region hinaus bekannte „Prosciutto crudo di Loipersbach", der im milden pannonischen Klima mindestens 15 Monate lang reift und sich durch die unverwechselbare, harmonisch ausgeglichene und mild-würzige Note auszeichnet, oder die Blutwurst, die 2009 eine Goldmedaille bei der inoffiziellen Blutwurst-Weltmeisterschaft in Frankreich errang.

Mit viel Leidenschaft und Experimentierfreudigkeit verfeinert und reinterpretiert Otmar Tschürtz internationale Delikatessen, zollt seinem Erbe jedoch stets den gebührenden Respekt: „Höchste Qualität aus der Region für besten Geschmack – das ist mein offenes Geheimnis." Eine Leidenschaft, die sich auszahlt, zählen doch der Taubenkobel und das Restaurant Pizza Mari in Wien zu seinen Kunden. Apropos Wien: Jeden Samstag trifft man Tschürtz auch am eigenen Verkaufsstand am Wiener Karmelitermarkt.

der tschürtz
Otmar Tschürtz

Herrengasse 27
7022 Loipersbach

☎ +43 2686 7235

office@der-tschuertz.com
www.der-tschuertz.com

Maki vom Hammerfleisch und weißem Leithabergkürbis an Apfelkren

Angaben für 4 Personen

Zutaten.

250 g Hammerfleisch
20 g Schalotten
40 g Weißer Kürbis
30 g Essiggurke
1 TL Englischer Senf
Chili, Salz
1 Spritzer Zitronensaft
2 Blatt Gelatine
1 Apfel
Kren
Salz

Zubereitung.

Schalotten, weißen Kürbis und Essiggurke in kleine Würfel schneiden und vermengen. Mit Salz, englischem Senf und Chili abschmecken.
Die Gelatine einweichen, anschließend erwärmen, bis sie sich verflüssigt und unter die Kürbismasse mischen.
Das Hammerfleisch dünn aufschneiden und auf eine mit Klarsichtfolie belegte Bambusmatte legen. Die Kürbismasse circa zwei Zentimeter breit und 0,5 Zentimeter hoch auf den Anfang des Hammerfleisches ausbreiten, sodass noch ein Streifen vom Hammerfleisch frei bleibt, um es gut rollen zu können. Eventuell mit etwas zerlassener Gelatine verkleben.
Apfel und Kren fein reiben und mit etwas Zitronensaft und Salz verfeinern.
Hammerfleischröllchen in circa zwei Zentimeter große Makistücke teilen und mit Apfelkren auf einem Teller anrichten.

Loipersbacher Hammerfleisch

Beim Tschürtz verwendet man für den nach alter Familientradition in aufwendiger Handarbeit hergestellten, geselchten Rohschinken ausschließlich Hammen – Schlögel des Schweins – von Tieren aus der Region, die in schonender Mast heranwachsen. Nur auf diese Weise erhält man Fleisch von bester Qualität.
Die Hammen, die für die Herstellung des Loipersbacher Hammerfleischs ausgewählt werden, müssen den hohen Anforderung von Otmar Tschürtz entsprechen: „Mein Reinheitsgebot besagt: Ich nehme nur Hammen von erstklassiger Qualität, Meersalz und viel Zeit – sonst nichts."

Erfahrung und Leidenschaft

Die Geschichte des Familienbetriebes beginnt bereits 1921 mit der Eröffnung der Fleischerei in der Hauptstraße 24 in Pöttsching durch Franz Wallner. Heute, 90 Jahre später, gibt's das Geschäft immer noch an der gleichen Adresse, geführt wird der Betrieb mit großer Leidenschaft und viel Erfolg von Franz Wallner, der seit 2000 auch Landesinnungsmeister für das Burgenland ist, und seiner Frau Hannelore.

Höchste Qualität und ständige Weiterentwicklung sind dabei nach wie vor die Grundlage und nicht nur die zahlreichen Auszeichnungen im In- und Ausland geben ihm Recht. Neben dem hervorragenden Frischfleisch aus der Region verführen an die 100 hausgemachte Wurst-, Selch- und Schinkenspezialitäten zum Genuss, darunter Feines wie die Speckwurst oder die hervorragende Schinkencreme. Saisonal vervollständigen Grillspezialitäten, Edles vom Wild oder vom Geflügel die umfangreiche Angebotspalette.

Absolut hitverdächtig ist das „Dry Aged Beef" in amerikanischen Zuschnitten, das bis zu 120 Tage reifen darf, ehe es die Gourmetherzen höher schlagen lässt.

Als Landesinnungsmeister und Vorsitzender der Lehrabschlussprüfungskommission liegt Franz Wallner aber auch die Weitergabe seines Wissens und seiner Erfahrung am Herzen. So finden in der Fleischerei laufend Vorbereitungskurse, Lehrlingswettbewerbe und Meisterprüfungen statt, seit 1952 wurden im Betrieb mehr als 50 Lehrlinge ausgebildet, wovon sieben als Sieger bei burgenländischen Lehrlingswettbewerben hervorgingen.

Meisterfleischerei Franz Wallner
Franz Wallner

Hauptstraße 24
7033 Pötsching

☎ +43 2631 2203

office@wallnerfleisch.at
www.wallnerfleisch.at

Pannonische Käsehausbratwürstel nach exotischer Curry Wurst-Art

Angaben für 4 Personen

Zutaten.

8 Pannonische Käsehausbratwürstel
Curry Jaipur (Indischer Roter Curry)
Englischer Senf (scharf)
Ketchup
Mayonnaise
Pfefferoni (frisch und scharf)
Erdäpfelstroh (feine Kartoffelstreifen)
Öl

Zubereitung.

Pannonische Käsehausbratwürstel langsam in einer Pfanne mit Öl braten, in der Zwischenzeit den Pfefferoni in kleine Würfel schneiden sowie das Erdäpfelstroh schwimmend im heißen Öl herausbacken (hohen Topf verwenden).
Die Pannonischen Käsehausbratwürstel auf einem Teller mit Ketchup, Englischem Senf und Mayonnaise überziehen, mit klein würfelig geschnittenen Pfefferoni bestreuen.
Das Erdäpfelstroh anlegen. Mit Curry Jaipur großzügig bestreuen.

Pannonische Käsehausbratwürstel

Das klassische burgenländische Hausbratwürstel-Rezept aus Schweinefleisch und Gewürzen wurde bereits um den Faktor Käse erweitert, um es dann nochmals auf besonders pikante Art abzuwandeln. Wer es gerne scharf mag, dem seien die Pannonischen Käsehausbratwürstel in den Mund gelegt.

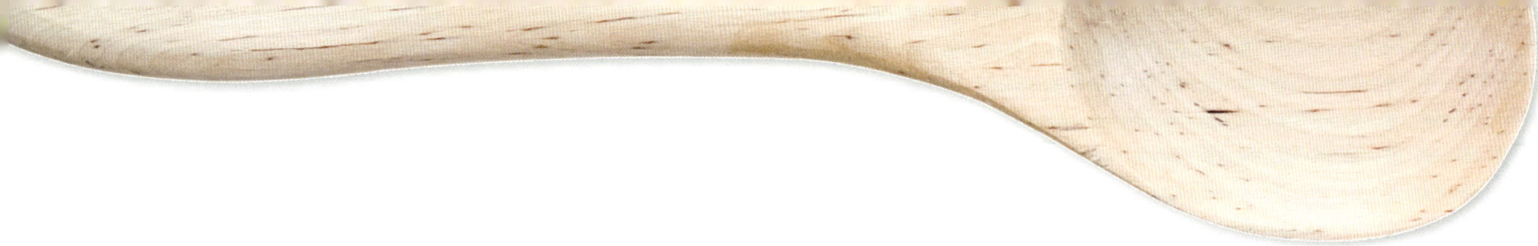

Kärnten

Zum Bärenwirt
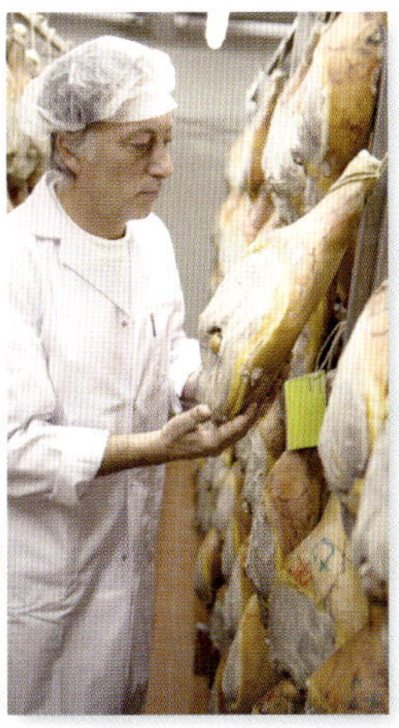

Kulinarik gewürzt mit Tradition

Seit über 100 Jahren im Familienbesitz ist das Stadtgasthaus Bärenwirt noch heute Anlaufpunkt für Genusssuchende. Am Hauptplatz im alten Ortskern von Hermagor gelegen, bietet das Haus als letzter ehemaliger Einkehrgasthof im original erhaltenen Gebäude Rustikales mit besonders viel Geschmack. Stammtisch und Kachelofen dürfen dabei im Gastzimmer nicht fehlen. Kulinarisch hält das Haus das, was es optisch verspricht. Gutbürgerliche Küche mit besonders viel Liebe zum Detail gekocht. Dabei wird auf die Herkunft der Zutaten großer Wert gelegt. Erich Hofer hat vor rund einem Jahr das Traditionshaus übernommen und Geschmack und neue Ideen eingebracht, ohne die Wurzeln des Hauses in der Region zu vergessen. So findet man jetzt auf der Speisekarte Maischalan, Kalbsrahmbeuschel, Kalbsleber oder gebackene Blutwurstradl usw.

Wurstküche hat beim Bärenwirt eine besondere Bedeutung. Man trifft sich hier nicht nur zur typischen Jause mit Gailtaler Speck und Almkäse, sondern auch zum Weißwurstessen. Klassisch mit süßem Senf und warmen Brezeln muss man dazu – einfach der Tradition verpflichtet – ein Bier genießen.

Der Bärenwirt

Hauptstraße 17
9620 Hermagor

☎ +43 4282 2052

restaurant@baerenwirt.info
www.baerenwirt.info

Öffnungszeiten: täglich ab 10 Uhr
(warme Küche von 11:30 bis 14 Uhr
und von 17:30 bis 21 Uhr), Sonntags Ruhetag

Gösser
GUT BESSER GÖSSER
STADTGASTHAUS
Bärenwirt
AUSGEZEICHNET
BÖG

BÄRENWIRT

Fleischerei Butej KG
Theresia Butej

Stadthammerstraße 4
9400 Wolfsberg

☎ +43 4352 2054

theresia.butej@gmx.at

Lavanttaler Schmankalan

In der renommierten Fleischerei Butej in Wolfsberg, die erst unlängst ihr 30-jähriges Bestehen gefeiert hat, werkt der mit Abstand jüngste Fleischermeister Kärntens: Juniorchef Christoph Butej hat bereits im Alter von 20 Jahren, nach einer dreijährigen Lehrzeit im elterlichen Betrieb und nach einem Praxisjahr, die Prüfung zum Fleischermeister absolviert. Heute zeichnet er teilweise für

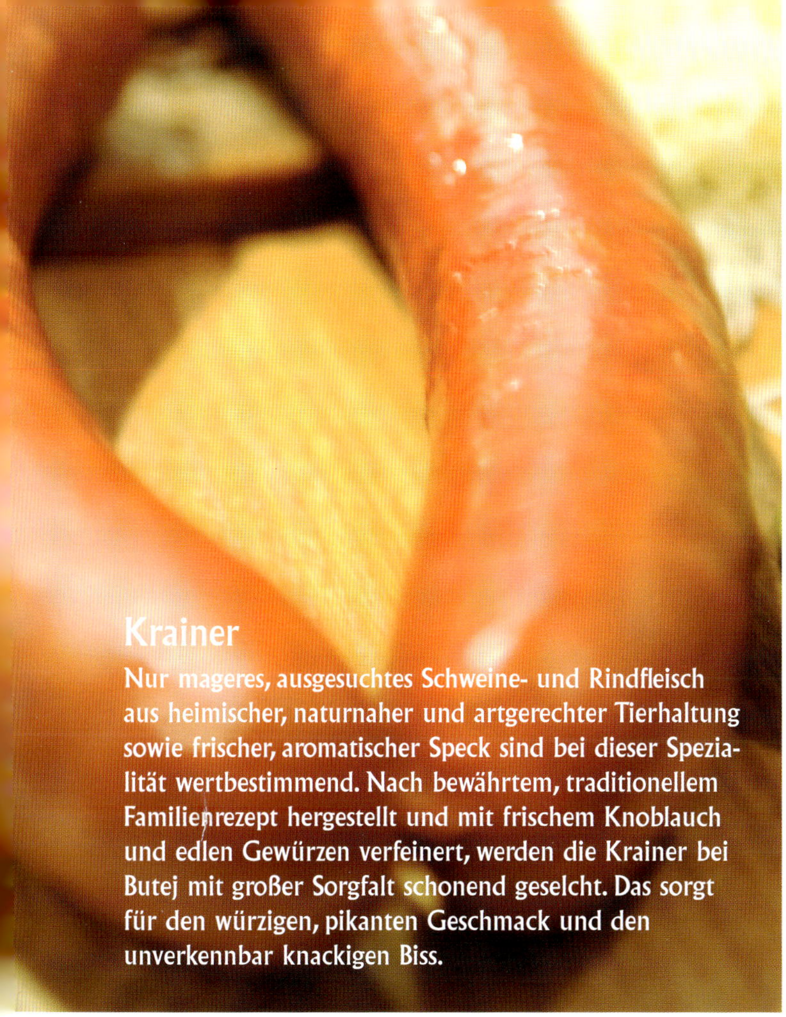

Krainer

Nur mageres, ausgesuchtes Schweine- und Rindfleisch aus heimischer, naturnaher und artgerechter Tierhaltung sowie frischer, aromatischer Speck sind bei dieser Spezialität wertbestimmend. Nach bewährtem, traditionellem Familienrezept hergestellt und mit frischem Knoblauch und edlen Gewürzen verfeinert, werden die Krainer bei Butej mit großer Sorgfalt schonend geselcht. Das sorgt für den würzigen, pikanten Geschmack und den unverkennbar knackigen Biss.

die zahlreichen verführerischen Spezialitäten verantwortlich, die im Geschäft angeboten werden und ausschließlich aus der eigenen Produktion stammen.

Die EU-zertifizierte Fleischerei mit eigener Schlachtung arbeitet sehr eng mit bäuerlichen Betrieben aus der Region zusammen, verarbeitet werden ausschließlich Tiere aus dem Tal. Feinstes Frischfleisch gibt es vom Rind, Kalb, Schwein und Lamm, die Auswahl an Genussprodukten ist umfangreich und reicht vom hervorragenden, sieben Monate getrockneten Lavanttaler Schinkenspeck über aromatische Weißwürste bis zum herrlich duftenden Leberkäse. Unbedingt probieren sollte man eine regionale Spezialität, die Lavanttaler Netzleber. Dabei handelt es sich um gekochtes, grob faschiertes Beuschel im Germteig, das mit einem Schweinsnetz überbacken wird. Schmeckt am besten mit Kraut und einem kühlen Glas Most.

Heute gibt es im ganzen Lavanttal keine zehn Fleischer mehr. Nicht zuletzt deshalb ist Christoph Butej auch stolz auf den Betrieb: „Wir beschäftigen mittlerweile 18 Facharbeiter, bilden Lehrlinge aus und geben unser Wissen weiter", sagt der junge Meister, der nach wie vor auch auf die volle Unterstützung seines Vaters und seiner Mutter zählen kann.

Gemüseeintopf mit Krainern im Brottopf

Angaben für 4 Personen

Zutaten.

1 große Zwiebel
2 Bund Wurzelgemüse
200 g Kohl
100 g Schinkenspeck
1 EL Butter
1 l Rindsuppe
400 g Erdäpfel (gewaschen, geviertelt)
Salz, Pfeffer, Kümmel, Majoran und Thymian zum Abschmecken
2 Paar Krainer
Petersilie (gehackt)
4 Wachauer Laiberl (etwas größer)

Zubereitung.

Zwiebel, Wurzelgemüse und Speck klein schneiden und in Butter anrösten. In Streifen geschnittenen Kohl dazugeben und mit Rindsuppe aufgießen. Erdäpfel weich kochen und in den Eintopf geben, mit Kräutern abschmecken, zum Schluss in Scheiben geschnittene Krainer dazugeben und darin erwärmen. Die Wachauer aufschneiden und aushöhlen, Eintopf einfüllen und vor dem Servieren mit gehackter Petersilie bestreuen.

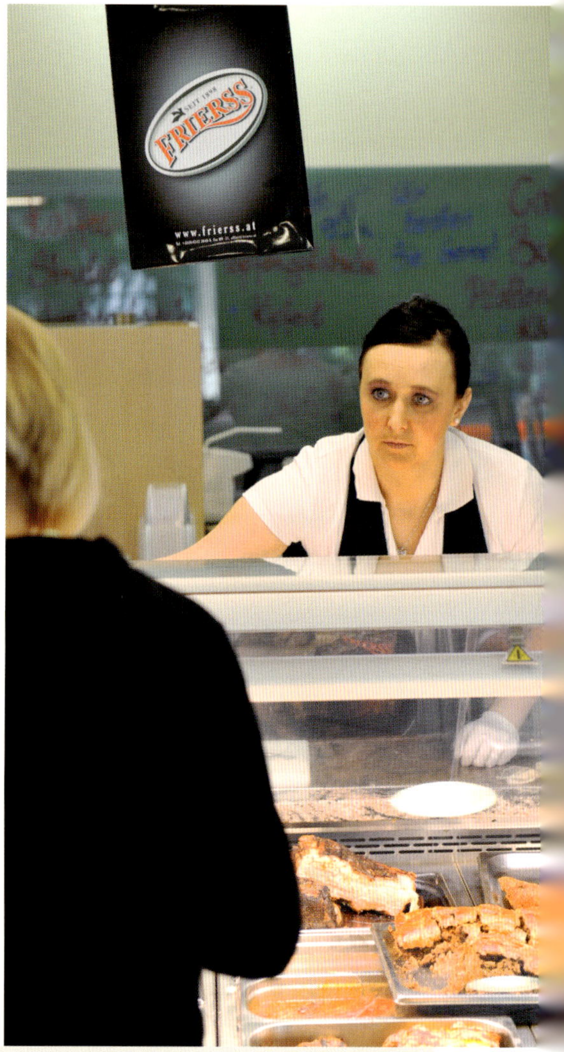

Fleischerei Rudolf Frierss & Söhne GmbH
Kurt Frierss

Gewerbezeile 4
9500 Villach

☎ +43 4242 3040-0

office@frierss.at
www.frierss.at

Filialen:

Klagenfurterstraße 29, 9500 Villach
☎ +43 676 843040-61

Rennsteinerstraße 29, 9500 Villach Lind
☎ +43 676 843040-68

Bahnhofstraße 13, 9500 Villach
☎ +43 676 843040-66

Lagerhaus Magdalen
Industriestraße 3, 9522 St. Magdalen
☎ +43 676 843040-53

C+C Abholmarkt
Gewerbezeile 4, 9500 Villach
☎ +43 4242 3040-44

„... mir schmeckt's!"

Bereits im Jahre 1898 wurde das Kärntner Familien-Traditions-Unternehmen Frierss gegründet und stellt bis heute – mittlerweile in vierter Generation – äußerst erfolgreich Fleisch- und Wurstspezialitäten in außergewöhnlicher Qualität her. Nach wie vor sind Tradition und Familienrezepte die gelebte Basis für die Spezialitäten, die mit großem handwerklichen Können im Unternehmen in Villach hergestellt werden.

Die zahlreichen Genussprodukte von Frierss werden nicht nur in den fünf eigenen Filialen angeboten, sondern auch in der Gastronomie hoch geschätzt und in mehrere europäische und außereuropäische Destinationen – beispielsweise nach Japan – exportiert. Das für die Herstellung benötigte Frischfleisch bezieht man in bester Qualität überwiegend von kleinbäuerlichen Familienbetrieben in Kärnten und in der Steiermark, in denen auf artgerechte Tierhaltung und natürliche Fütterung hoher Wert gelegt wird. Mit mittlerweile 110 Mitarbeitern werden in der Produktion in Villach Kärntner Spezialitäten wie der vier Monate gereifte Kärntner Schinkenspeck, die im Wachholderrauch getrocknete Kärntner Bergsalami oder die klassische, rustikale Kärntner Sasaka hergestellt. Bekannt geworden ist Frierss aber vor allem auch mit der umfangreichen Palette an italienischen Klassikern, die von der hervorragenden Mortadella über feinen Prosciutto und Caranthana bis zu Crespone („Die Königin der Salami") oder Osso-Collo reicht.

Mit dem Anspruch, höchsten Kundenwünschen und der eigenen Vorreiterrolle bei der Produktion und Entwicklung von Wurstspezialitäten gerecht zu werden, bietet Frierss seinen Kunden ein besonderes Geschmackserlebnis mit gesicherten Qualitätsprodukten. Die Grundlage dafür sind jahrhundertealtes Wissen und bewährte Familienrezepte, mit Aufgeschlossenheit zu aktuellen Erkenntnissen. Rezeptur und Geschmack machen Frierss Spezialitäten vielfach einzigartig.

Proscuitto Castello

Bestes Fleisch aus natürlicher Aufzucht, handwerklich mit reinem Meersalz bearbeitet und über 400 Tage luftgetrocknet. In Treffen bei Villach, wo kalter Bergwind auf feucht-milde Luft aus dem Kärntner Seengebiet trifft, herrscht das geeignete Klima für diese Rohschinkenspezialität, die sich durch herausragende Zartheit und Milde auszeichnet. Der Rohschinken vermag nicht nur jeden qualitätsbewussten Genießer zu überzeugen, sondern auch mit zahlreichen Goldmedaillen bei internationalen Fachwettbewerben zu glänzen.

Prosciutto Castello mit Mascarpone-Kräutercreme

Angaben für 4 Personen

Zutaten.
50 g Prosciutto Castello
(hauchdünn geschnitten)
2 EL Mascarpone
frische Gartenkräuter (fein gehackt)
1 EL Olivenöl

Zubereitung.
Mascarpone mit gehackten Gartenkräutern und Olivenöl vermischen, auf die Schinkenscheiben streichen, zu Röllchen formen und aufschneiden.

Schinkenomelett mit Kärntner Bauernschinken

Angaben für 4 Personen

Zutaten.

100 g Kärntner Bauernschinken
4 Eier
etwas Salz
Petersilie (fein geschnitten)
Butter zum Ausbraten

Zubereitung.

Schinken klein würfeln, Eier verquirlen und leicht salzen, mit Schinken und Petersilie vermengen. Butter erhitzen, ein Viertel der Eimasse hineingeben und stocken lassen. Aus der Pfanne nehmen, warm halten und die restlichen Omeletts zubereiten.

Kärntner Bauernschinken

Eine originelle Schinkenspezialität nach alter Kärntner Tradition und Originalrezeptur, die bei Frierss mit großer Erfahrung und mit viel Liebe zum Detail hergestellt wird. Das Herzstück vom sorgfältig ausgewählten Schweinsschlögel, die Kräutermischung nach altem Familienrezept, das sanfte Kochverfahren und die traditionelle, schonende Buchenholzräucherung garantieren vorzügliche Saftigkeit und Zartheit im Biss. Durch die besondere Auswahl und Verarbeitung kommt die Natürlichkeit des Schinkens, abgerundet, würzig und voll im Geschmack, hervorragend zur Entfaltung. Ein Erlebnis für Kenner und Genießer.

Mit Tradition in die Zukunft

Mitten in Kärnten gelegen ist die Fleischerei und Selcherei Fruhmann vor allem ein geschmackvolles Stück Heimat und Tradition. Regionale Spezialitäten und alte Fleischertraditionen stehen im Mittelpunkt des Familienunternehmens. Großzügig und hell präsentiert sich das Fachgeschäft von seiner besten Seite und bietet Fleischerhandwerkprodukte vom Feinsten. Die Auswahl an selbst hergestellten Speck- und Wurstspezialitäten ist groß und reicht vom klassischen Kärntner Schinkenspeck über Kärntner Hauswürstel und Bauernsalami bis zur Hirschsalami oder dem original Kärntner Hirschwürstel. In der offenen, angeschlossenen Schau-Selch erhält man als Kunde einen Einblick in den typischen Garvorgang.

Fruhmann GmbH
Rudolf Fruhmann
Triesterstraße 1
9241 Wernberg
☎ +43 4252 22210
office@fruhmann.at
www.fruhmann.at

Quiche Lorraine mit Honigkrustenschinken und Lauch

Angaben für 4 Personen

Zutaten.

250 g Weizenmehl
130 g Butter
5 Eier
250 ml Schlagobers
3 EL Milch
½ Stange Lauch
½ EL Butter
250 g Honigkrustenschinken (fein gewürfelt)
Muskatnuss, Salz, Pfeffer

Zubereitung.

Für den Mürbeteig Mehl mit einer Prise Salz, der in Flocken geschnittenen Butter und einem Ei zu einem Teig kneten, drei Esslöffel Milch dazugeben und circa 45 Minuten kühl stellen. Danach ausrollen, in eine Quiche Form einlegen und einstechen.

Für den Belag Lauch und Honigkrustenschinken in Butter andünsten. Die Eier mit Obers, Lauch und Schinken vermischen und mit Muskatnuss, Salz und Pfeffer abschmecken. Im Ofen bei 180 Grad Celsius 45 Minuten backen, vor dem Aufschneiden noch zehn Minuten rasten lassen.

Herkunft ist Rudolf Fruhmann wichtig. Das Frischfleisch kommt von Bauernhöfen aus der Region und wird nach traditioneller Art handwerklich verarbeitet.

Und wenn an die Fleischerei dann auch noch ein Gasthaus angeschlossen ist, dann kann man auch getrost einkehren. Seit Jahrzehnten verbessert die Familie die ohnehin schon hohe Qualität des gemütlichen Einkehrgasthofes, die erstklassigen Produkte aus der Fleischerei werden hier besonders köstlich zubereitet.

Wernberger Honigkrustenschinken

Eine ganz besondere Spezialität von Fruhmann ist der überbackene Wernberger Honigkrustenschinken. Er wird mild gepökelt, wiederholt mit Honig behandelt und erhält damit eine leicht Honigkruste, die ihn geschmacklich eindeutig von anderen Schinkenspezialitäten unterscheidet. Der Honigkrustenschinken zeichnet sich vor allem durch seinen feinmundigen Geschmack, seine zarte Konsistenz und die herausragende Saftigkeit aus.

Genuss aus Tradition

In der feinen Fleischerei – deren Geschichte bis in das Jahr 1893 zurückreicht – am Casinoplatz in Velden setzt man voll auf Bio und Frische. Damit ist sie bis heute Anziehungspunkt für alle, die auf erlesene Qualität, Produkte aus der Region, hervorragende Auswahl und freundliche, kompetente Bedienung Wert legen.

Ein Großteil der Wurst- und Fleischwaren stammen aus eigener Produktion, das erstklassige Sortiment an Qualitätsfleisch aus Österreich umfasst zart marmoriertes, abgelegenes Rindfleisch und mildes, feinfaseriges Kalb ebenso wie saftiges, schmackhaftes Schwein, elegantes, würziges Lamm, zartes, maisgelbes Huhn oder magere, bekömmliche Pute. Die Mehrheit ist BIO-Jungrind- und BIO-Kalbfleisch aus Kärnten. Die besondere Spezialität aber sind die nur bei Goritschnigg erhältlichen Bio-T-Bone-Steaks – die man auch im zum Betrieb gehörenden und sehr empfehlenswerten „Goritschniggs Steakhaus" (geführt von Michael) und im Familien-Hotel genießen kann – fein abgelegen und hervorragend gereift.

In vierter Generation führt die vollkommen neu gestaltete, sehr einladende und sehenswerte Fleischerei nun Fleischermeister Thomas Goritschnigg samt Familie, und bemüht sich – in alter Tradition – persönlich und mit viel Einsatz um das Wohl der Kunden. Wenn die Goritschniggs nicht gestorben sind, dann verkaufen und kochen sie noch heute – seit über 110 Jahren und wohl noch weitere 110 Jahre.

Fleischerei Goritschnigg
August Goritschnigg GmbH

Casinoplatz 3-5
9220 Velden am Wörther See

☎ +43 4274 2035

info@goritschnigg.com
www.goritschnigg.com

Schlosswürstl (Bratwürstl)

Ursprünglich wurden diese Würstl exklusiv für das Schloss Velden kreiert, doch sind sie nun ein fixer Bestandteil des großen Angebotes in der Fleischerei Goritschnigg.
Die Schlosswürstl sind aus feinem Kalbsbrät mit einer hauseigenen Gewürzmischung (u. a. Thymian, Majoran, Kardamom, etc) und etwas Chilli. Sie schmecken kalt (in der Hand), im Wasser kurz gewärmt oder auch in der Pfanne knusprig gebraten.

Schlosswürstl mit Erdäpfel-Kren-Püree

Angaben für 4 Personen

Zutaten.

4 Paar Schlosswürstl
1 kg Erdäpfel (mehlige)
400 ml Milch
50 g Butter
frischer Kren
Salz und Muskatnuss

Zubereitung.

Erdäpfel in Salzwasser kochen, noch warm durchdrücken und mit warmer Milch cremig rühren. Mit Muskat abschmecken und mit frisch geriebenem Kren bestreuen. Die Schlosswürstl in der Pfanne goldbraun anbraten und zum noch warmen Püree servieren.

Kompromisslos gut

Der familiär geführte Meisterbetrieb in Villach kann auf eine lange Tradition zurückblicken, bereits 1926 wurde der Grundstein für das heute in dritter Generation von Hermann Hartl geführte Unternehmen gelegt.

Bei Hartl sieht man heimische Tiere von ausgewählten bäuerlichen Betrieben in Kärnten als Grundvoraussetzung für Frische und beste Qualität. Die Sortenvielfalt an Fleisch- und Wurstwaren überzeugt, ein besonderes Augenmerk legt man auf die Erzeugung von original Kärntner Spezialitäten wie zum Beispiel dem Kärntner Schinkenspeck, der mit dem typischen, vollen Aroma und bester Qualität zu gefallen weiß, aber auch Bauch-, Karree- oder Seitenspeck überzeugen mit hervorragendem Geschmack. Die Kärntner Hauswürste sind ein weiterer Schwerpunkt im Programm, durch traditionelle Würzung mit heimischen Gewürzen und Verfeinerung in der Holzselch erreicht man das unvergleichliche Aroma. Nach der Räucher- und Reifezeit sind diese Würste durch ihre lange Haltbarkeit ideal für eine original Kärntner Bretteljause.

Stolz ist man im Haus übrigens auch auf die vierte Generation: Daniela Hartl ist mit 21 Jahren die jüngste Fleischermeisterin Kärntens, und dass sie das traditionelle Unternehmen in die nächste Generation führen wird, ist bereits fix. „Ich bin gerüstet dafür, aber mein Vater wird wohl noch einige Zeit arbeiten wollen“, sagt die junge Dame.

Rudolf Hartl GmbH
Hermann Hartl

Eisenhammerweg 62
9500 Villach

☎ +43 4242 55202

office@fleischerei-hartl.at
www.fleischerei-hartl.at

Filialen:
Ringmauergasse 10
9500 Villach

☎ +43 4242 22342

Markthalle, Burgplatz 4
9500 Villach

☎ +43 4242 55202

Rindsuppe mit Polenta-Schinken-Nockerln

Angaben für 4 Personen

Zutaten.

40 g Butter
150 g Polentagrieß
2 Eier
2 EL Beinschinken (fein gewürfelt)
1 l Rindsuppe
Schnittlauch
weißer Pfeffer
Muskat
Salz

Zubereitung.

Für die Polentanockerln 150 Milliliter Wasser mit der Butter, Salz, Muskat und weißem Pfeffer aufkochen. Polentagrieß einrühren, aufkochen, abkühlen lassen, die Eier und den Schinken einarbeiten. Nockerln formen, in kochendes Salzwasser einlegen und pochieren. In der Rindsuppe erwärmen und mit Schnittlauch garnieren.

Beinschinken

Für den Beinschinken aus der Fleischerei Hartl werden ausschließlich ausgewählte, hochwertige Schweineschlögel aus Kärntner Betrieben verwendet. Tradition und Erfahrung mehrerer Meistergenerationen bestimmen die Verarbeitung, die edle Gewürzmischung sorgt für besten Geschmack. Der Beinschinken zeichnet sich vor allem durch sein mildes Aroma aus – mit der Hand hauchdünn geschnitten, wird der Genuss zu einem echten Erlebnis.

Heitzmann – der Fleischveredler
Ernst Heitzmann
Hauptstraße 76
9871 Seeboden
☎ +43 4762 81146
e.heitzmann@aon.at
www.fleischereiheitzmann.at

Liebe zum Detail

Die Anfänge der heutigen Fleischerei Heitzmann reichen bis in die 30er-Jahre des letzten Jahrhunderts zurück. 1961 übernahm schließlich der aus dem Salzburger Pinzgau stammende Ernst Heitzmann sen. das Unternehmen, erweiterte das Haus im Jahre 1967 und machte die Fleischerei zu einer fixen Institution in Seeboden. 1988 übergab Heitzmann sen. den Betrieb an seinen Sohn, Ernst Heitzmann jun. und seine Frau Silvia, die das Unternehmen gemeinsam bis heute führen und mit viel Energie und Innovation zu einer echten Spezialitätenfleischerei gemacht haben, die weit über die Grenzen Oberkärntens hinaus bekannt ist.

„Natürlich, frisch, hausgemacht", so lautet das Motto der Heitzmanns. Beim Frischfleisch wird ausschließlich österreichische Ware in bester Qualität angeboten, ein Schwerpunkt bei Wurst und Schinken liegt auf im Haus erzeugten, regionalen Feinheiten: Verführerischer, herrlich duftender „Nockalmschinken", appetitlich präsentierte Seebodner und Millstätter Rohwurst finden sich ebenso im Programm wie der hervorragende, sehr zu empfehlende Hirschschinken oder die feine Lammsalami,

Hirsch-Rohschinken

Für den exklusiven Hirsch-Rohschinken von Ernst Heitzmann werden ausgesuchte, zart marmorierte und magere Hirschschinkenteile leicht angeräuchert und anschließend sorgfältig luftgetrocknet. Nach drei Monaten der Reifung zeichnet sich die Spezialität für verwöhnte Gaumen durch den typischen, zart säuerlichen Wildgeschmack aus, das Fleisch bleibt durch die schonende Verarbeitung saftig und glänzt mit der typischen Wildschinkenfarbe – leuchtend dunkelrot.
Der beste Begleiter für den Hirsch-Rohschinken ist ein gepflegtes Glas Rotwein.

die übrigens ohne Beigabe von Schweinefleisch hergestellt wird. Der klassische Kärntner Speck fehlt ebenso wenig wie das Hauswürstel, zahlreiche Bio-Produkte vervollständigen das Genussangebot.

Dass bei Heitzmanns mit viel Liebe zum Detail gearbeitet wird, zeigt sich aber nicht nur an den hervorragenden und vielfach prämierten Produkten, sondern auch am modernen und äußerst liebevoll dekorierten Geschäft. Und sollte Ihnen das eine oder andere Dekorationsstück gefallen: Die gibt es hier auch zu kaufen.

Sauerrahm-Zwiebel-Focaccia mit Hirsch-Rohschinken

Angaben für 4 Personen

Zutaten.

1 Paket frischer Pizzateig	8 Cocktailtomaten
250 g Sauerrahm	etwas Olivenöl
frische Gartenkräuter	ca. 24 Scheiben Hirsch-Rohschinken
1 rote Zwiebel	(hauchdünn geschnitten)

Zubereitung.

Pizzateig dünn ausrollen, oval ausschneiden und die Ränder dicker ausarbeiten. Sauerrahm mit frischen Kräutern, Salz und Pfeffer abschmecken, dünn auf den Teig streichen. Tomaten und Zwiebel in feine Ringe bzw. Scheiben schneiden und auf dem Teigboden verteilen. Im auf 200 Grad Celsius vorgeheizten Ofen circa fünf bis acht Minuten backen. Danach mit Hirsch-Rohschinken belegen und heiß servieren.

Kulinarische Hochburg

Bad St. Leonhard ist in punkto Kulinarik weit über die Grenzen Kärntens bekannt. Das mit Hauben und Sternen dekorierte Lokal Trippolts Zum Bären ist die Vorzeigeadresse, wenn es um Spitzenküche geht. Nicht weniger bekannt unter Genießern auf der Suche nach den besten Zutaten ist die Fleischerei Kriegl, die mit besten Fleisch- und Wurstwaren den Geschmack der Kunden trifft.

Adolf Kriegl ist Fleischer aus Leidenschaft, beste Qualität und handwerkliche Produktion sind für ihn selbstverständlich. Bei der Herkunft von Schwein, Rind, Kalb etc. kommt für Kriegl nur die Region in Betracht. So verarbeitet er im Produktionsbetrieb am Stadtrand von Bad St. Leonhard ausschließlich Kärntner Markenschweine. Im Fachgeschäft in der Innenstadt sowie in St. Andrä wird die große Auswahl an hausgemachten Fleisch- und Wurstwaren angeboten. Kunden schätzen die persönliche und kompetente Beratung sowie die abwechslungsreichen Tipps zur Zubereitung.

Es geht hier nicht immer nur um die Wurst, die in großer Sorten- und Geschmacksvielfalt angeboten wird. Es geht natürlich auch um Frischfleisch, Speck, Hauswürstel, Schweinsbraten mit knuspriger Kruste, köstliche Wurstplatten auf Bestellung und den kleinen Imbiss für den Hunger zwischendurch. Gut, dass es diese besonderen Fleischerfachgeschäfte gibt.

Fleischerei
Kriegl Adolf
Hauptplatz 11
9462 Bad St. Leonhard
☎ +43 4350 3191

Filiale
Blaiken 14
9433 St. Andrä
☎ +43 4358 24188

Kärntner Hauswürstel

Jeder Fleischer hat seine Geheimrezepte, jeder Fleischer in Kärnten hat natürlich auch die besten Hauswürstel. Bei Kriegl wird für die natürlich besten Kärntner Hauswürstel nur Schweinefleisch aus der Region sowie feinstes Rindfleisch verwendet. Getrocknet, über Buchenholz geräuchert. Und mehr wird nicht verraten, nur empfohlen, sie einfach zu probieren.

Kärntner Hauswürstel im Brotmantel

Angaben für 4 Personen

Zutaten.

4 Kärntner Hauswürstel
500 g Roggenbrotmehl
250 g Weizenbrotmehl
50 g Sauerteig
¼ Würfel Germ
½ TL Salz
½ TL Kümmel
¼ TL Fenchelsamen
2 Messerspitzen Anis
ca. 1,5 l warmes Wasser

Zubereitung.

Das Mehl mit den Gewürzen mischen, in die Mitte eine Kuhle drücken, Germ und Sauerteig einbröseln. Alles leicht verrühren, nach und nach das Wasser einarbeiten, bis ein geschmeidiger Teig entstanden ist. Diesen an einem warmen Ort ein bis eineinhalb Stunden gehen lassen, bis er sich deutlich vergrößert hat. Dann Teile vom Teig abnehmen, ausrollen, die Hauswürstel einwickeln und 25 bis 30 Minuten bei 180° Celsius im Ofen backen.

Qualität aus der Region

Der bereits 1899 von Jakob und Theresia Plautz gegründete und heute vom Kärntner Innungsmeister Raimund Plautz geführte Betrieb zeichnet sich nicht nur durch Tradition und Erfahrung, sondern auch durch eine tiefe Verbundenheit und nachhaltige Verankerung in der Region Klagenfurt und Umgebung aus. Die Fleischerei Plautz gilt heute als die Adresse für Kärntner Spezialitäten, und Raimund Plautz ist es ein ehrliches Anliegen, die traditionelle Kärntner Küche und die gewachsene regionale Esskultur zu fördern und anzubieten.

Das Fleisch für die Spezialitäten aus dem Hause Plautz wird ausschließlich in der unmittelbaren Umgebung bezogen, so stammt das Rindfleisch vom Bauernhof Jordan in Ottmanach, das Schweinefleisch von Betrieben der Kärntner Schweinegenossenschaft. Alle angebotenen Produkte werden im eigenen Betrieb hergestellt und basieren auf 100 Jahre alten, teilweise noch von der Urgroßmutter stammenden Rezepturen. Wie damals werden auch heute noch alle Produkte selbst mit Gewürzen verfeinert, industriell abgepackte Mischgewürze sucht man vergebens. Im umfangreichen Angebot findet man unter anderem hervorragenden Kärntner Speck, edlen Metnitztaler luftgetrockneten Speck, feine Hartwürstel mit einem Rindfleischanteil von 20 Prozent vom Kärntner Blondvieh, aber auch klassisches Kärntner Ritschert oder Beuschel.

Die Grundlagen für den Erfolg des Familienbetriebes waren und sind Qualität, Nachhaltigkeit und Kundennähe. Dass die beste Qualität dabei nicht nur von den verwendeten Rohstoffen, sondern auch von einer professionellen, schonenden Verarbeitung abhängt, das weiß auch Raimund Plautz. Er ist stolz auf die Adaptierung des Fleischereibetriebes in eine moderne Produktionsstätte, die den EU-Richtlinien entspricht. Dabei ist es ihm auch gelungen, die 400 Jahre alte Bausubstanz des Stadthauses zu erhalten – und nicht zuletzt deshalb wird ein Besuch der Fleischerei immer wieder zu einem Erlebnis.

Fleischerei Plautz
Raimund Plautz
10. Oktoberstraße 10
9020 Klagenfurt
☎ +43 463 56831
fleischerei.plautz@gmx.at
www.fleischerei-plautz.at

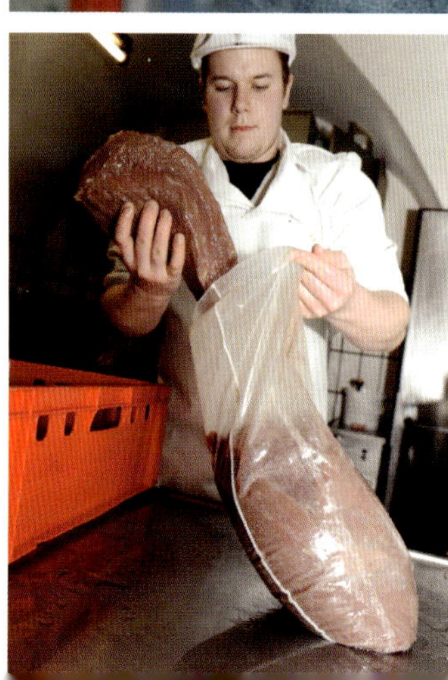

Rindersaftschinken

Den Rindersaftschinken stellen Raimund Plautz und sein Sohn Thomas mit Fleisch vom Kärntner Blondvieh her, das ausschließlich mit Gras und Heu von den kräuterreichen Kärntner Wiesen sowie mit heimischen Getreideschroten gefüttert wird. Das Fleisch zeichnet sich durch einen besonders hohen Anteil an intramuskulären Fetteinlagerungen aus, die es unvergleichlich geschmackvoll und saftig machen. Die Rinderschlögelteile werden händisch zugeschnitten und anschließend gepoltert (=massiert). Danach werden die Teile ebenfalls händisch in den Darm eingelegt und auf Buchenholz geräuchert.

Kärntner Kasnudeln mit Schinkenwürfeln und Sauerkraut

Angaben für 4 Personen

Zutaten.

Für den Teig:
250 g glattes Mehl
Salz
1 Ei
160 ml Wasser

Für die Füllung:
250 g Erdäpfel (mehlig)
500 g Kärntner Bröseltopfen
125 g Sauerrahm
2 EL gemischte Kräuter: Petersilie, Minze und Kerbel
1 EL Lauch (fein gehackt)
4 EL Rindersaftschinken (fein gehackt)
Salz
8 EL Sauerkraut (gekocht)

Zubereitung.

Für den Teig alle Zutaten gut vermengen und einen nicht zu festen Teig kneten, in Folie einschlagen und eine Stunde rasten lassen. Für die Nudeln den Teig messerrückendick in Scheiben von circa zehn Zentimetern Durchmesser ausstechen.
Für die Füllung Erdäpfel kochen, schälen, noch warm durchdrücken und mit den übrigen Zutaten vermengen. Pro Kasnudel circa einen Esslöffel Füllung zu einer Kugel formen, auf die Teigplatte setzen und den Teig so einschlagen, dass circa ein Zentimeter Rand übersteht, fest andrücken. Diesen dann entweder ausradeln oder dekorativ krendeln. Die Nudeln dann in fast siedendem Salzwasser kochen, bis sie an die Oberfläche steigen, herausnehmen, abtropfen lassen und mit brauner Butter auf oder neben dem Sauerkraut servieren.

Qualität aus dem Lesachtal

Seit drei Generationen gibt es die kleine Fleischerei mit eigenem Schlachthof in St. Lorenzen im Lesachtal, übrigens dem naturbelassensten Tal Europas. Markus Salcher verarbeitet hier mit viel Elan, handwerklichem Können und unter Verwendung von alten, immer weiter verbesserten Rezepturen hochwertiges Fleisch aus der Region zu köstlichen Fleisch- und Wurstspezialitäten.

Neben feinem Frischfleisch von landwirtschaftlichen Betrieben aus dem Lesachtal gibt es in der Fleischerei zahlreiche regionale Wurstspezialitäten, die nach alter Tradition ohne Verwendung von Fremdeiweiß, Geschmacksverstärkern oder Farbstoffen hergestellt werden. Dazu zählt die über Buchenholz geräucherte Edel-Hirschrohwurst nach Salamiart (oft auch einfach Hirschsalami genannt), die traditionell nur aus magerem Fleisch von frei lebendem Wild hergestellt und mit einem Schuss Rotwein verfeinert wird. Zum Genuss verführen aber auch die klassischen Hauswürstel, die nach wie vor nach einem seit drei Generationen un-

Lesachtaler Fleisch
Markus Salcher + Team

St. Lorenzen 42
9654 St. Lorenzen

☎ +43 4716 227

info@gzp.at
www.lesachtaler-fleisch.at

Scheibe von der Beiried mit Speckkruste und Kartoffelgratin

Angaben für 4 Personen

Zutaten.

4 Stück Beiried
(à 180 g; gut gereift und vom Fleischer des Vertrauens)
Öl zum Anbraten
4 EL Semmelbrösel
Olivenöl
240 g Lesachtaler Speck
(fein gewürfelt)

Zubereitung.

Zuerst die Beiriedscheiben bis zum gewünschten Gargrad braten. Für die Speckkruste Lesachtaler Speck, Olivenöl und Semmelbrösel zu einer festen Paste vermengen und auf die Beiried streichen. Danach mit starker Oberhitze im Backofen für circa eine Minute überbacken.

veränderten Familienrezept hergestellt werden, der Lesachtaler Karree- und der Lesachtaler Schinkenspeck oder der typische Brotaufstrich aus der Region, das aus Schweinefleisch und Speck hergestellte, deftige Verhackerte.

Fleisch- und Wurstprodukte in erstklassiger Qualität herzustellen, dass ist das Credo von Lesachtaler Fleisch. Die Freude an der Landwirtschaft steht im Lesachtal im Fokus und verspricht Genuss in Reinkultur. „Warum sollten wir unsere gute Qualität nicht selbst vermarkten, anstatt Fleisch aus dem Ausland zu importieren", meint Markus Salcher und spricht Feinschmeckern und Gourmets damit aus der Seele.

Lesachtaler Speck

Der Lesachtaler Speck ist sicher das kulinarische Aushängeschild von Markus Salcher. Schon die Schweine, die für die Produktion verwendet werden, müssen nach speziellen Kriterien gefüttert werden, ohne Mais oder Soja, das Fett der Schweine muss schneeweiß und fest sein. An Gewürzen werden ausschließlich edler Pfeffer, Kümmel und Knoblauch verwendet, gesalzen wird mit Natursalz, da dieses einen wesentlich milderen Geschmack ergibt und einen hohen Mineralstoffgehalt aufweist. Der Lesachtaler Speck wird für drei bis fünf Wochen gebeizt und anschließend mit Lesachtaler Buchenholz und Wacholderstaude geräuchert.

Fleischerei Sandriesser
Josef Sandriesser
Villacher Straße 213
9710 Feistritz an der Drau
☎ +43 4245 2276
sandriesser@seppi.co.at

Drautaler Rohwurst

Diese klassische Kärntner Rohwurst wird aus erlesenem Schweine- und Rindfleisch und aus hochwertigem Schweinespeck, Salz, Gewürzen und Rotwein hergestellt. Leicht geräuchert reift dieses edle Produkt acht Wochen ehe es die ideale Konsistenz und den perfekten Geschmack erreicht. Ein Klassiker auf einem Kärntner Jausenbrettl.

Geschmack verpflichtet

Als Josef Sandriesser sen. 1954 den Fleischerbetrieb in Feistritz/Drau in Kärnten gründete, setzte er bereits auf Qualität und Tradition. Sein Sohn Josef übernahm die Fleischerei 1987, heute führt der Fleischermeister zwei Geschäfte und produziert mit zehn Mitarbeitern hochwertige Wurst- und Fleischprodukte für die anspruchsvolle Kundschaft in der Region.

Die Spezialitäten des Unternehmens sind die exquisite Drautaler Rohwurst, aber auch das traditionelle Rohwurst- und Rohschinkenprogramm. Fast die gesamte Palette an Genussprodukten wird im eigenen Betrieb nach bewährten, fein zusammengestellten Hausrezepturen hergestellt. Die hohe Qualität hat nicht nur Gourmets, sondern auch Großabnehmer überzeugt: So werden die Rohwürste aus dem Hause Sandriesser an Supermärkte in der Region geliefert, den Leberkäse gibt's bei Imbissständen bis nach Villach.

Semmelknödel mit Eierschwammerln und Drautaler Rohwurst

Angaben für 4 Personen

Zutaten.

- 400 g Eierschwammerl
- 1 mittelgroße Zwiebel
- 100 g Drautaler Rohwurst
- 400 ml Obers
- Salz und Pfeffer
- frische Petersilie
- 4 größere Semmelknödel (gekocht)

Zubereitung.

Die klein geschnittene Zwiebel mit den geputzten Eierschwammerln in etwas Butterschmalz andünsten. Dann den Obers zugeben und leicht einkochen lassen, die Eierschwammerl sollten bissfest bleiben. Die Drautaler Rohwurst in feine Würfel schneiden, in einer erhitzen Pfanne etwas auslassen und zum Schluss über den auf den Eierschwammerln angerichteten Semmelknödel geben. Mit Petersilie garnieren.

Treffpunkt des guten Geschmacks

Im idyllischen kärntnerischen Straßburg stehen die Gurktaler Spezialitäten der Fleischerei Seiser im Mittelpunkt. Tradition ist hier greifbar und hat die Zeit lange still stehen lassen. Gemütlich im Schutze der Trutzburg aus dem 12. Jahrhundert blieb man vom „Urlaub bei Freunden"-Tourismus recht unberührt. Heute lockt der luftgeselchte Gurktaler Speck vom Seiser – der in dieser Form in Österreich einzigartig ist – als geschmackvolle Attraktion viele Genusssuchende in die Region.

Das komplette Angebot an Spezialitäten in der Fleischerei Seiser stammt aus der hauseigenen Schlachtung, für die Produktion wird ausschließlich Gurktaler Schweine- und Rindfleisch sowie Wildfleisch aus dem Hemmaland (aus freier Wildbahn) herangezogen und von Hand verarbeitet. „Wir sind nicht nur Mitglied in der Genussregion Gurktaler luftgeselchter Speck, sondern auch in der Genussregion Metnitztaler Wild", so Seiser. Verarbeitet wird ausschließlich Wild aus freier Wildbahn, Produkte wie Wildsalami, -würstel und -schinken werden ebenfalls angeboten.

„Genau zu Beginn des Gurktaler Luftgeselchten als Marke war die Zeit des ‚Magerseins' in ihrer Hochblüte und wir wurden ständig belächelt. Durch ständig steigende Qualität und unvergleichlichen Geschmack zählen wir uns zu den Pionieren im Bereich ‚Zurück zum Genuss', und der Freundeskreis

Gasthaus Fleischerei Seiser
Ing. Stefan Seiser

Hauptstraße 13
9341 Strassburg

☎ +43 4266 2225

office@fleischerei-seiser.at
www.fleischerei-seiser.at

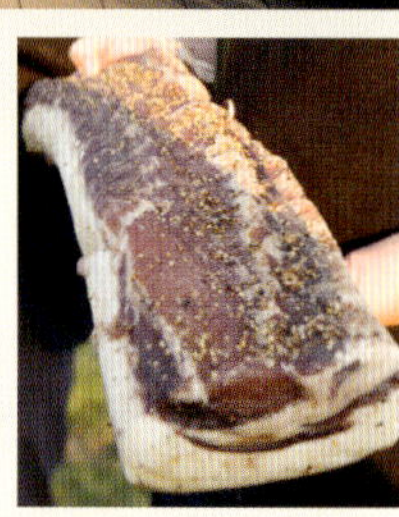

Gurktaler luftgeselchter Speck

Im Tal zwischen Gurk und Metnitz entsteht in der Fleischerei Seiser eine Spezialität, die sich seit Jahrhunderten im Wesentlichen nicht verändert hat: der Gurktaler luftgeselchte Speck. Für die Herstellung werden Schinken und Speck trocken „eingesurt", das heißt, nicht in Salzlake gelegt, sondern mit trockenem Salz, Pfeffer und Gewürzen eingerieben. Je nach Stärke des Fleisches liegen die Stücke bis zu zwölf Wochen in der Salz-Würzmischung. Sie werden händisch regelmäßig gewendet, und danach geht's an die frische Luft. In luftdurchzogenen Räumen reifen die Speckseiten dann bis zu acht Monate im besonderen Mikroklima der Region. Je länger der Speck dabei in der Luft hängt, desto fester und kerniger wird er.

des Gurktaler Luftgeselchten stieg derart rasend an, sodass heute das Angebot der Nachfrage gerade noch standhalten kann", beschreibt Seiser die Entwicklung. Das Genusskonzept mit Herkunft, Tradition und Qualität geht also auf, die hohe Qualität der Produkte wird durch viele Auszeichnungen, wie beispielsweise dem achtfachen Österreichischen Speckkaiser, bestätigt.

Speckrösti mit Sauerrahm-Dip

Angaben für 4 Personen

Zutaten.

800 g Erdäpfel (festkochend)
2 Eier
2 EL Mehl
200 g Gurktaler Luftgeselchtes (fein gewürfelt)
Butterschmalz zum Ausbacken

250 g Sauerrahm
Salz, Pfeffer, Zitronensaft, frische Gartenkräuter, 1 Messerspitze Cayenne Pfeffer zum Abschmecken
3 EL Obers (optional)

Zubereitung.

Die Erdäpfel waschen und grob raspeln, leicht salzen, Flüssigkeit ausdrücken. Mit Eiern, Mehl und dem Gurktaler Luftgeselchten vermengen, zu kleinen Talern in die Pfanne drücken und im heißen Butterschmalz ausbacken. Für den Dip Sauerrahm mit den Zutaten vermischen und nach Belieben abschmecken. Falls der Dip zu fest ist, Obers unterrühren.

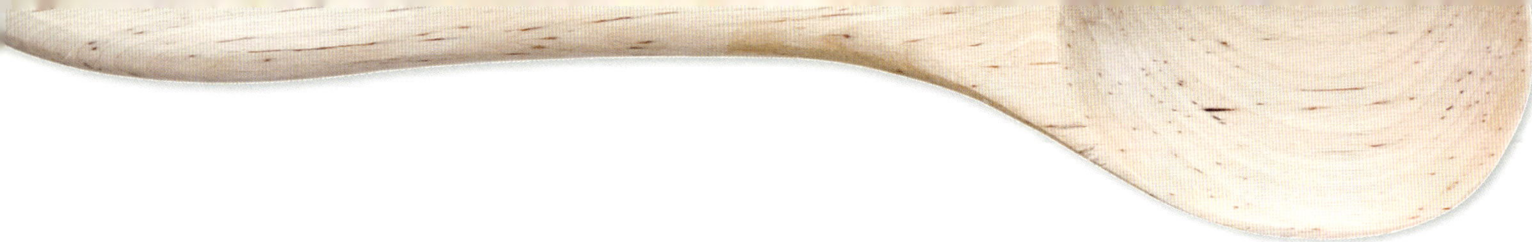

Niederösterreich

Hofmann

„… ins Anton“
Stockerauer Straße 144
2100 Leobendorf
☎ +43 676 4774186
www.insanton.at

Freude, die man schmeckt

„… ins Anton" in Leobendorf ist längst kein Geheimtipp in Sachen regionaler Genuss mehr. Mit der Auszeichnung „GenussWirt 2011" hat Anton Pitour bereits mehr als bewiesen, dass in seiner Küche Spezialitäten aus Österreich geschmackvoll Verwendung finden.

Die Herausforderung, eine Auswahl an Niederösterreichischen Fleisch- und Wurstwaren von Adlitzgrabner Schluchtenspeck über Burenwurst bis hin zu Mostviertler Bauerngeselchtem in köstliche Gerichte zu verwandeln, nahm er gerne an. So trifft nun Saunaschinken auf Spargel und eine Mohnpanier, Schluchtenspeck harmoniert mit Mostviertler Schofkas, Bauerngeselchtes schmeckt im Wachauerburger mit Dirndlmayonnaise usw.

Seine Küche beschreibt er selbst als „Hausmannskost mit Pfiff", die sich ständig weiterentwickelt. Pitour ist immer auf der Suche nach neuen Produkten, neuen Kreationen und Ideen, ohne dabei Tradition und Wurzeln der österreichischen Küche aus den Augen zu verlieren. Herkunft ist für ihn entscheidend und so serviert man im „… ins Anton" Weine aus Österreich, Bier von kleinen Brauereien, Regionalität wo es Sinn macht.

Das Küchengeheimnis von Pitour: Das Wissen um die Herkunft der Zutaten, deren sorgsame Auswahl und eine Prise Leidenschaft und Freude.

Genuss pur

120 Jahre reicht die Geschichte des traditionsreichen Familienbetriebes Ellegast mittlerweile zurück, begonnen hat alles mit der Übernahme einer Fleischerei in Amstetten durch Josef Ellegast 1891. Mittlerweile führt Wolfgang Ellegast den Betrieb in fünfter Generation und schreibt die Genussgeschichte mit 35 Mitarbeitern und Filialen in Aschbach, Mauer, Stadt Haag und Seitenstetten erfolgreich fort.

Dem traditionell hohen Anspruch an Qualität, Frische und Geschmack folgt man nach wie vor, und weiß aus Erfahrung, dass exzellentes Fleisch nur von gesunden Tieren aus natürlicher und artgerechter Haltung stammt. Als Fleischlieferanten kommen daher nur sorgfältig ausgewählte Betriebe aus der Region in Frage. Ausschließlich hochwertige Rohmaterialien sowie ausgesuchte Gewürze, Kräuter und Granderwasser werden für die

Ellegast GmbH
Wolfgang Ellegast
Rathausstraße 6
3300 Amstetten

☎ +43 7472 62731
office@ellegast.at
www.ellegast.at

Filialen:

Hauptplatz 5
3350 Stadt Haag
☎ +43 7434 44604

Hauptstraße 40
3362 Mauer
☎ +43 7475 54520

Oberer Markt 2
3361 Aschbach-Markt
☎ +43 7476 76844

Markplatz 6
3353 Seitenstetten
☎ +437477 42560

Wachauerburger mit Dirndlmayonnaise

Angaben für 4 Personen

Zutaten.

Für die Dirndlmayonnaise:
1 Eigelb
1 TL Englischer Senf
Schuss Essig
150 ml Sonnenblumenöl
Salz, Pfeffer
2 EL Dirndlchutney (Kornelkirsche)

500 g Bauerngeselchtes
Salz, Pfefferkörner, Lorbeerblatt
Öl zum Braten
4 Wachauer Laibchen
Blattsalat (fein geschnitten)
1 Zwiebel (fein geschnitten)

Zubereitung.

Das Bauerngeselchte legt man mit den Gewürzen in kochendes Wasser und lässt es sehr langsam nicht zu weich kochen (zu stark wallendes Wasser würde das Fleisch austrocknen). Nach zwei Drittel der Kochzeit soll das Fleisch in der Flüssigkeit nur mehr ziehen.
Aus den Zutaten Ei, Senf, Essig und Öl die Mayonnaise schlagen, bis sie am Ende dick und cremig ist. Anschließend mit Chutney vermischen und mit Salz und Pfeffer abschmecken. Mit Frischhaltefolie abdecken und kalt stellen.
Das Geselchte in vier gleich große Scheiben schneiden.
Öl in der Pfanne erhitzen und das Geselchte von jeder Seite ein bis zwei Minuten scharf anbraten.
Wachauer Laibchen aufschneiden und Schnittfläche grillen. Unterteil mit Salat und Zwiebel belegen, Geselchtes und Dirndlmayonnaise zugeben, Oberteil aufsetzen und mit einem Holzspieß fixieren.

Herstellung der feinen Fleisch- und Wurstprodukte verwendet, auf die Verwendung von Füll- und Bindemitteln wird seit jeher verzichtet. Auch Allergene, Gluten, Laktose, Farbstoffe und künstliche Geschmacksverstärker wird man in den Produkten von Ellegast vergeblich suchen. Stattdessen garantieren handwerkliche Fertigung, laufende Qualitätskontrollen und eine sorgfältige Verarbeitung den einzigartigen Geschmack.

Beste Qualität – vom Fleisch bis hin zum fertigen Produkt – ist die Philosophie von Ellegast. Mit viel Herz und Einsatz beweist man bei Ellegast nach wie vor, dass mit Traditionsbewusstsein und sorgfältiger Verarbeitung außergewöhnlicher Genuss geschaffen werden kann.

Mostviertler Bauerngeselchtes

Das Mostviertler Bauerngeselchte ist eine sehr saftige Spezialität, die warm oder kalt genossen werden kann. Für die Herstellung werden ausschließlich Teile vom Schlögel und Karree von Schweinen aus der Region sowie eine streng geheime, traditionelle Gewürzmischung verwendet. Schonend über heimischem Buchenholz geräuchert und anschließend fertig gegart ist das Mostviertler Bauerngeselchte mit zartem Rauchgeschmack ein wahrer Genuss.

Aus Leidenschaft zum Weinviertel

Seit über 100 Jahren überzeugt die Fleischerei Hofmann mit Zuverlässigkeit, Kompetenz und ehrlichen Wurst- und Fleischspezialitäten aus dem Weinviertel. Schon der Gründer des Unternehmens, Josef Schrott, konnte mit seiner Kranzl-Extra die Weinviertler begeistern, sein Erfolgsrezept lag in der Unverfälschtheit der Produkte. Dieser Einstellung ist die Fleischerei Hofmann bis heute treu geblieben.

Nur die besten und natürlichsten Zutaten werden in der Produktion verwendet, und heute wie damals geht es darum, ehrliche Produkte herzustellen und damit einen Beitrag zur genussvollen, natürlichen Ernährung zu leisten. Das Weinviertler Strohschwein ist Teil dieser Philosophie. Durch artgerechte Haltung in weitläufigen, mit Stroh ausgelegten Stallungen erreicht man Fleisch von außergewöhnlicher Qualität, besonders zart und schmackhaft. Darüber hinaus findet man einzigartige Originale im Angebot wie das Weinviertler Fleischschmalz, das Landgeselchte oder die vielfach prämierte Weinviertler Blunzen.

Auch wenn im mittlerweile EU-zertifizierten Betrieb mit Filialen in Retz und Korneuburg immer mehr Technik Einzug hält, so bleiben es schlussendlich doch das handwerkliche Fingerspitzengefühl und die überlieferten Rezepturen, die den Geschmack der Spezialitäten ausmachen. Nicht nur deshalb liegt Franz Hofmann die Bewahrung des familiären Charakters im Unternehmen am Herzen.

Fleischerei Hofmann GmbH
Franz Hofmann

Sparkassegasse 26-28
2020 Hollabrunn

☎ +43 2952 21630

info@weinviertler-fleischerei.at
www.weinviertler-fleischerei.at

Filialen:
Hauptplatz 32/Marktpassage
2070 Retz

☎ +43 2942 28088

Hauptplatz 13
2100 Korneuburg

☎ +43 2262 72104

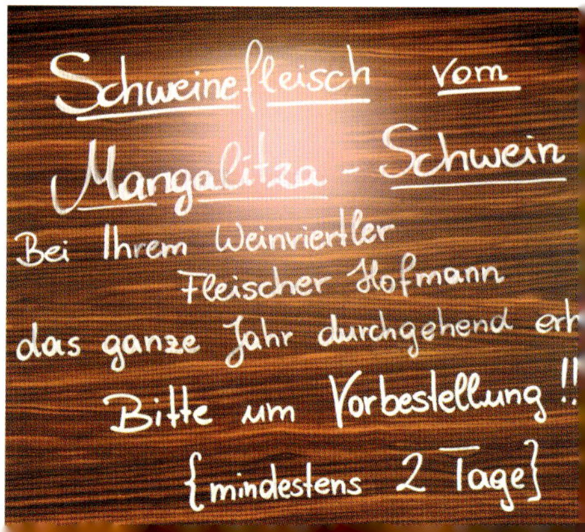

Erdäpfelbratwürstel im Strudelteig

Angaben für 4 Personen

Zutaten.

8 Erdäpfelbratwürstel
4 Blätter Strudelteig
16 Scheiben Paprikaspeck
3 EL Butter (geschmolzen)
1 Bund Schnittlauch

Für die Nuss-Sauce:
100 g Haselnüsse (gerieben)
Saft einer halben Orange
1 Becher Creme fraiche
1 EL Olivenöl
Spritzer Essig
Salz, Pfeffer

Zubereitung.

Bratwürstel halbieren und mit Paprikaspeck umwickeln. Backrohr auf 180° Celsius vorheizen. Ein Strudelblatt auf ein feuchtes Küchentuch legen und mit Butter bestreichen, zweites darauflegen, ebenfalls mit Butter bestreichen. Teig in acht Rechtecke schneiden. Auf den unteren Teigrand ein Würstel legen, Teig einrollen, die Enden eindrehen und mit je einem Schnittlauchhalm binden. Strudelröllchen mit Butter bestreichen, auf das Backblech legen und im Rohr circa 15 Minuten backen.
Für die Sauce alle Zutaten gut vermischen, mit Salz und Pfeffer abschmecken, den restlichen Schnittlauch fein schneiden und zur Sauce beigeben. Würstel mit Sauce servieren.

Weinviertler Erdäpfelbratwürste

Eine gelungene Kombination von mehreren Genussregionen zeichnet dieses innovative Produkt aus: Einerseits das Fleisch des Weinviertler Strohschweines, das sich durch außergewöhnliche Zartheit, herausragenden Geschmack und eine ausgewogene Nährstoffzusammenstellung auszeichnet, sowie andererseits die hochwertigen Erdäpfel der Genussregion Weinviertler Erdäpfel. Bei diesen Bratwürsten ergänzen sie sich beide zu einem einzigartigen Original, das nicht zuletzt auch mit dem geringen Fettanteil von nur 18 Prozent bei vollem Geschmack überzeugt.

Sooo gut schmeckt die Bucklige Welt

Als Pächter übernahmen Leni und Karl Höller 1987 mit viel Engagement und Ambitionen die damalige Fleischerei Vollnhofer. Von Anfang an setzte man auf Tradition und Qualität. Im Ortszentrum von Zöbern stieß man allerdings bald an die Grenzen der Betriebsräumlichkeiten, bereits 1999 wurde daher eine technisch auf dem neuesten Stand stehende Betriebsstätte in Kampichl 35 errichtet, im Jahre 2000 erhielt der Betrieb die EU-Zulassung.

Der hohe Anspruch der Fleischerei Höller beginnt schon beim Einkauf der Tiere, die ausschließlich von bäuerlichen Familienbetrieben in der Umgebung bezogen werden. Kurze Transportwege sowie ein schonender Umgang mit den Tieren garantieren höchste Qualität beim frischen Fleisch. Geschlachtet, zerlegt und verfeinert wird ausschließlich im eigenen Betrieb. Von der Blutwurst bis zu den Pasteten, von den traditionellen Stangenwürsten über Brüh-, Brat- und Rohwürsteln bis zu den delikaten Schinkenspezialitäten setzt man ausnahmslos auf natürliche Verarbeitung (gluten- und lactosefrei). Das riesige Komplettangebot umfasst über 250 verschiedene Wurst-, Fleisch- und Schinkenerzeugnisse, mehrfach prämiert wurden unter anderem die würzigen Knoblauchwürstel, der feine Leberkäse oder die hervorragende Blutwurst. 2004 konnte auch der Weltmeistertitel im Plattenlegen errungen werden.

Dass die genussvolle Erfolgsgeschichte in der Buckligen Welt fortgeschrieben wird, ist sicher. Tochter Karin beabsichtigt, den Betrieb zu übernehmen, und Sohn Stefan hat bereits zu Hause das Handwerk der Fleischverarbeitung erlernt.

Fleischerei Höller Karl e.U.
Karl und Magdalena Höller

Kampichl 35
2871 Zöbern

☎ +43 2642 8246

office@hoeller-fleischer.at
www.hoeller-fleischer.at

Bratwurstspieße mit Orangenchutney

Angaben für 4 Personen

Zutaten.

8 Bratwürstel
150 g Lardo
2 rote Zwiebeln
Rosmarinzweige

Für das Chutney:
50 g Ingwer
1 rote Zwiebel
500 g Orangen
½ TL Kurkuma
1 TL Salz
4 EL brauner Zucker
4 EL weißer Balsamico
2 EL Honig

Zubereitung.

Bratwürste in circa zwei Zentimeter große Ringe schneiden. Zwiebeln schälen und vierteln. Lardo in gleich große Teile schneiden. Bratwurst, Zwiebel und Lardo abwechselnd auf die Rosmarinzweige stecken.
Orangen schälen und filetieren (von allen Häuten befreien). Zwiebel fein hacken. Zwiebel in zwei Esslöffel Balsamico glasig kochen, Orangen und Gewürze einrühren und bei schwacher Hitze unter Rühren kochen, bis die Orangen ganz zerfallen. Den restlichen Balsamico und den Zucker zufügen und zu einem dicken Mus einkochen.
Spieße auf einer Grillplatte oder in einer Grillpfanne langsam rundum acht bis zehn Minuten braten.
Spieße mit Chutney und Brot servieren.

Bratwürstel vom Schwein

Nach hauseigenem Rezept und unter Verwendung von Schweinefleisch aus der Region und besten Gewürzen werden in der Fleischerei Höller die beliebten Bratwürste hergestellt. Sie zeichnen sich nicht nur durch die pikant würzige Note, sondern auch durch das feine Fleisch aus.

Wienerwald Fleischerei
Anton Klaghofer
Hauptstraße 41
3001 Mauerbach im Wienerwald
☎ +43 1 9792262
office@klaghofer-schinken.at

Genuss aus dem Wienerwald

Unter der Firmenphilosophie „Nur beste Produkte, voller Einsatz und die Liebe zum Beruf garantieren dauerhaften Erfolg" werden in der Fleischerei Klaghofer seit 1957 unverwechselbare Qualitätsprodukte hergestellt und dabei bewährte Traditionen fortgeführt. Die Rohware wird ausschließlich von Landwirtschaften bezogen, die Anton Klaghofer noch persönlich kennt. Denn nur so können die artgerechte Haltung, Aufzucht und Fütterung garantiert und die Transportwege kurz gehalten werden.

Geschlachtet wird im eigenen Betrieb in Mauerbach, nur wenige Meter von der Wiener Stadtgrenze entfernt, und auch dabei wird auf Bewährtes geachtet: So werden die Tiere für den Kartäuser Schinken kurz nach Neumond geschlachtet, weil das Fleisch so seine beste Qualität entwickelt, nicht austrocknet und der Milchsäuregehalt zu diesem Zeitpunkt optimal ist. Auf chemische Bindemittel wie Phosphate wird bei der Herstellung aller Produkte vollständig verzichtet, damit ist sichergestellt, dass das Fleisch das Geschmackserlebnis bestimmt und nicht die Zusätze.

Mit viel Stolz, Können und Liebe zum Handwerk, mit großem Wissen über traditionelle Arbeitstechniken und mit bewährten Rezepten entstehen in der Fleischerei Klaghofer exklusive Spezialitäten, die auch die anspruchsvollsten Genießer überzeugen. Erhältlich sind die an der eigenen Form erkennbaren Feinkostprodukte übrigens nicht nur in den Filialen von Klaghofer, sondern zum Beispiel auch beim Meinl am Graben.

Ochsenleberkäse

Schlachtwarme Verarbeitung ist auch beim Leberkäse das Geheimnis. Der Geschmack ist durch den hohen Ochsenfleischanteil sehr vollmundig und natürlich. Eingearbeitete Rindfleischstücke geben zusätzlich Biss und Aroma. Gewürzt wird nur mit Salz und Naturgewürzen, auf Zusatzstoffe wird verzichtet. „Man muss nichts Neues erfinden, sondern Bewährtes perfekt umsetzen."

Ochsenschinken

Für den Ochsenschinken werden die noch schlachtwarmen Edelteile vom Rind nach handwerklicher Tradition von Meisterhand in Formen gelegt und drei Wochen gesalzen. Innerhalb von nur zwei Stunden nach dem Schlachten muss das Fleisch verarbeitet werden, damit die natürliche Kraft, wie zum Beispiel die Bindung des Fleisches, genutzt werden kann. Anschließend wird er kalt geräuchert und bis zu acht Wochen gereift. Mit speziellen Gewürzen verfeinert, entwickelt sich der typisch mürbe, feine Geschmack.

Ochsenleberkäse mit Blattspinat

Angaben für 4 Personen

Zutaten.

8 Scheiben Ochsenleberkäse
300 g Blattspinat
3 Knoblauchzehen (fein gehackt)
1 TL Ingwer (gemahlen)
200 g Waldviertler Schafkäse
1 EL Olivenöl
Ei, Mehl, Brösel
Salz, Pfeffer
Öl zum Herausbacken
Blattsalate
Baguette

Zubereitung.

Olivenöl in einer Pfanne erhitzen, Blattspinat, Knoblauch und Ingwer dazugeben, kurz durchschwenken. Schafkäse untermischen, mit Salz und Pfeffer abschmecken. Pfanne vom Herd nehmen.
Ochsenleberkäse auflegen, die Spinatmasse auftragen, straff einrollen und eventuell mit Zahnstocher fixieren. Mit Mehl, Ei und Brösel panieren.
Pfanne mit Öl erhitzen und Ochsenleberkäse herausbacken.
Leberkäse aus der Pfanne nehmen, auf Küchenpapier abtupfen, eventuell verwendete Zahnstocher entfernen.
Rouladen in fingerdicke Scheiben schneiden und mit Salat und getoastetem Baguette servieren.

Schwarzbrot mit Ochsenschinken und Spargel

Angaben für 4 Personen

Zutaten.

20 Scheiben Ochsenschinken
24 Stück Spargel (geschält, in Salzwasser bissfest blanchiert)
240 g Bergkäse
8 Scheiben Bauernbrot
Salz, Pfeffer
Schnittlauch

Zubereitung.

Schwarzbrot toasten. Backrohr auf 200° Celsius vorheizen (Oberhitze).
Getoastetes Schwarzbrot mit Ochsenschinken und Spargel belegen, salzen und pfeffern und mit geriebenem Bergkäse bedecken. Im Backrohr überbacken.
Auf Holzbrettern anrichten und mit Schnittlauch bestreuen.

Tipp. Die Brote können auch mit jedem anderen Gemüse der Saison zubereitet werden.

Gönn´ Dir Gutes!

Gegründet 1853 von Alois und Anna Lechner ist die Fleischerei Lechner seit über 155 Jahren Garant für guten Geschmack. Seit 2006 führt Josef Alexander Lechner den Betrieb in fünfter Generation. Nach dem Motto „Nur was man gerne macht, macht man gut" wird nach wie vor hervorragende Rohware zu außergewöhnlichen und vielfach prämierten Spitzenprodukten veredelt. Die enge Zusammenarbeit mit Bauern aus der Region sichert dabei kürzeste Transportwege, der betriebseigene Stall sorgt für niedrigen Stress der Schlachttiere und die hauseigene Schlachtung für beste Fleischqualität.

Im Angebot finden sich neben hochwertigem Frischfleisch von Rind und Schwein über 100 verschiedene Produkte aus der eigenen Wurst- und Selchfleischerzeugung, die größtenteils ohne Geschmacksverstärker hergestellt werden. Hervorzuheben sind zum Beispiel der Mostviertler Rinderrohschinken, das traditionelle „Bauerngeselchte" oder die „Scharfe Polnische", die sogar im Restaurant Korso in das deftige Erdäpfelgulasch von Starkoch Reinhard Gerer Eingang gefunden hatte. Aber auch Innovationen wie die geräucherte Leberstreichwurst, der Rosen-Rohschinken (mit Rosenblüten gepökelte Karreerose) oder das Karree nach Prosciutto-Art verführen zum Genuss.

Fleischerei Lechner
Josef Alexander Lechner

Marktplatz 7
3233 Kilb

☎ +43 2748 7330

fleischereilechner@kilb.at
www.kilb.at/fleischereilechner

Gutes, ehrliches Fleisch der Region zu Spitzenprodukten zu veredeln, das ist die Philosophie von Josef Alexander Lechner. Damit konnte er nicht nur die Feinschmecker in der Region, sondern auch die österreichische Spitzengastronomie von Gerer bis Eselböck überzeugen, die seine Produkte in ihr Programm aufgenommen haben.

Bauerngeselchtes mit Ingwerkraut

Angaben für 4 Personen

Zutaten.

8 Scheiben Bauerngeselchtes (gekocht)
8 Erdäpfel (gekocht und geschält)
1 EL Butter
500 g Sauerkraut
2 EL Schweineschmalz
1 EL brauner Zucker
3 Knoblauchzehen (fein gehackt)
1 TL Koriander (gemahlen)
1 TL Ingwer (gemahlen)
3 TL Ingwer (fein gehackt)
1 EL scharfer Senf
2 Zwiebeln (grob gehackt)
3 Äpfel (gewürfelt)
Salz, Pfeffer
⅛ l Selchsuppe (ersatzweise Wasser mit Suppenwürfel)
⅛ l Weißwein

Zubereitung.

Schmalz in einem Reindl erhitzen, Äpfel und Zwiebel anschwitzen und den Zucker einrühren. Nach einigen Minuten alle Gewürze dazugeben und mit Wein und Suppe aufgießen. Sauerkraut untermischen und im vorgeheizten Backrohr zugedeckt circa 50 Minuten schmoren.
Butter in einer Pfanne erhitzen und Geselchtes und Erdäpfel beidseitig anbraten. Ingwerkraut auf Teller anrichten, Geselchtes und Erdäpfel daraufsetzen.

Bauerngeselchtes vom Edelschwein

Ausgesuchte Stücke vom Edelschwein werden mit mildem Meersalz und handverlesenen Gewürzen vier Wochen lang trocken gepökelt, anschließend werden die Stücke in einer seit 1945 bestehenden Holzselch mit Buchenscheitern und Wacholderbeeren langsam kalt geräuchert. Um den kräftigen Geschmack der Gewürze und des Rauches zu erhalten, wird das Bauerngeselchte danach schonend mit Dampf gegart. Die Belohnung für den fast sechswöchigen Pökel-, Reife- und Räuchervorgang ist ein außergewöhnliches, verführerisch rustikales Geschmackserlebnis.

Doppel-Grillweltmeister

Adi Matzek übernahm 1995 den elterlichen Betrieb in Horn. Er erkannte rasch, dass das Fleischergewerbe nur unter der Voraussetzung Zukunft hat, dass man die Produkte den Ernährungsbedürfnissen der Konsumenten anpasst, ohne dabei die eigene Identität zu verlieren. Um sich für diese Herausforderung zu rüsten, unternahm er Studienreisen in die verschiedensten Länder Europas. Bei einer dieser Reisen – 1998 – wurde seine Leidenschaft zum Grillen geweckt.

Mittlerweile ist Adi Matzek Doppel-Grillweltmeister, und seiner Idee, dass Grillen Menschen nachhaltig verbindet, folgt er auch in der von ihm 2003 gegründeten Ersten Grill- und Barbecue-Schule Österreichs. Die beiden Fleischer-Fachgeschäfte in Horn und Eggenburg werden vor allem von jenen Konsumenten besucht, die handwerkliche und bodenständige Fleisch- und Wurstprodukte suchen, für deren Herstellung nur bestes heimisches Fleisch, erlesene Gewürze, gartenfrische Kräuter und reines Quellwasser verwendet werden. Egal, ob zart gereiftes Frischfleisch oder g`schmackige Fleisch- und Wurst-Schmankerl wie die feinen Nussbeißer oder der hauseigene Barriqueschinken – die handwerklich produzierten Spezialitäten werden immer wieder bei nationalen und internationalen Wettbewerben ausgezeichnet.

Der Schwerpunkt in den Geschäften liegt aber natürlich beim Grillen als – wie Adi Matzek es ausdrückt – bekömmlichste Form der Essenszubereitung. Nicht zuletzt deshalb ist Horn inzwischen für viele Genießer zur Grillhauptstadt Österreichs geworden.

Fleischerei Matzek
Adolf Matzek

Pragerstraße 19
3580 Horn

☎ +43 2982 2637

matzek@grillschule.at
www.grillschule.at

Filiale:

Hauptplatz 5
3730 Eggenburg

☎ +43 2984 2237

Saumaise im Erdäpfeltopferl

Angaben für 4 Personen

Zutaten.

400 g mehlige Erdäpfel
100 ml Milch
40 g Butter
1 Ei, 1 Dotter
2 TL Ingwer (gemahlen)
Salz, Pfeffer

400 g Saumaise
1 EL Öl
100 g Lauch
Zwiebel (fein geschnitten)
2 Rosmarinzweige
200 g speckige Erdäpfel

Zubereitung.

Mehlige Erdäpfel schälen, grob schneiden, im Salzwasser gar kochen, abtropfen und ausdampfen lassen. Passieren (Presse) und mit heißer Milch zu einem festen Püree verarbeiten. Butter untermengen, Ingwer beigeben, mit Salz und Pfeffer abschmecken. Ei und Dotter rasch einrühren und rasten lassen.
Maise in dünne Scheiben schneiden. Zwiebel und Maise im Öl goldbraun braten. Lauch und Rosmarinzweige kurz mitschwitzen.
Speckige Erdäpfel mit Schale in hauchdünne Scheiben schneiden (Aufschnittmaschine). In Salzwasser bissfest überkochen und kalt abschrecken.
Rohr auf 200° Celsius vorheizen. Rosmarinzweige entfernen.
Vier feuerfeste Portionsformen mit Öl auspinseln und schichtweise befüllen: Maisenmasse-Püree-Maisenmasse-Püree, mit Erdäpfelscheiben abdecken.
Mit Öl bepinseln und 20 Minuten backen.
Als Beilage eignen sich Blattsalat, Chilipreiselbeeren oder Dirndlchutney.

Saumaise

Die Saumaise ist eine typische Regionalkost, deren Ursprung sich bis ins Waldviertel zurückverfolgen lässt. Hergestellt wird die Saumaise aus dem Fleisch, das beim Zerteilen eines Schweines übrig bleibt. Es wird etwa zehn Tage lang eingesurt und anschließend durch den Fleischwolf gedreht. Aus dem Faschierten formt man Knödel, die von einem Naturnetz aus dem Zwerchfell des Schweines zusammengehalten werden. Anschließend werden die Knödel geräuchert. Genossen wird die Saumaise entweder kalt oder warm, zum kräftigen Geschmack passen Sauerkraut, Erdäpfel, Senf oder Kren.

Mit Leib und Seel` Fleischer

Im Mostviertel, dort, wo vor mehr als tausend Jahren die Geschichte Österreichs begann, gibt es noch eine Vielzahl regionaler Fleisch- und Wurstspezialitäten, die man mit Recht auch als Kulturgüter bezeichnen darf. In der Fleischerei Menzl sieht man es als Verpflichtung, dieses Kulturgut „Lebensmittel" in seiner ganzen Vielfalt zu erhalten und verfolgt dieses Ziel mit einer außerordentlichen Portion Leidenschaft. Schließlich weiß man aus Erfahrung, dass bodenständige, einfach gute Produkte nur dann entstehen, wenn man auch mit Leib und Seele dabei ist.

Obwohl ein moderner, EU- und IFS-zertifizierter Schlachtbetrieb das Herzstück des Familienbetriebes ist, ist man altbewährten Gepflogenheiten treu geblieben. Die verarbeitete Rohware stammt ausschließlich aus Österreich, die Tiere werden überwiegend von den Bauern aus der Region selbst angeliefert – das erspart unnötigen Stress und sorgt für höchste Qualität des Frischfleisches. Die umfangreiche Auswahl an selbst produzierten und vielfach prämierten Spezialitäten wird ausschließlich unter Verwendung von erlesenen Gewürzen, traditionellem handwerklichen Wissen und vor allem mit viel Feingefühl produziert – eben mit Leib & Seel`!

Als Landes- und Bundesinnungsmeister weiß Rudolf Menzl, dass seine hochwertigen Produkte einen wesentlichen Beitrag zur genussvollen, gesunden und ausgewogenen Ernährung leisten. Mit dem großen Angebot an außergewöhnlichen, typischen Mostviertler Fleisch- und Wurstprodukten trägt er aber auch dazu bei, die ganze Vielfalt an regionalen, traditionellen und ursprünglichen Spezialitäten zu erhalten.

Menzl Rudolf KG
Rudolf Menzl

Dorf / Enns 30
4431 Haidershofen

☎ +43 7252 37127

office@menzl-fleischer.at
www.menzl-fleischer.at

Filiale:

Siegfriedstraße 1
4300 St. Valentin

☎ +43 7435 52129

Mostviertler Wurst

Auf diese Spezialität ist man im Hause Menzl besonders stolz und daher wird sie auch mit dem Namen des Mostviertels ausgezeichnet. Für die Herstellung werden ganze Nussteile vom Schweinsschlögel zuerst trocken gepökelt und dann schonend geräuchert. Das Ganze wird anschließend fein gewürfelt, mit feinem Brät in einen Top-Darm gefüllt und gekocht. Das Ergebnis? Ein herzhaftes Produkt mit einzigartigem, unverwechselbarem Geschmack.

Salat von der Mostviertler Wurst

Angaben für 4 Personen

Zutaten.

800 g Mostviertler Wurst
Blattsalate (Häupl, Lollo Rosso, Chicoree, Löwenzahn, …)
16 Kirschparadeiser
1 rote Zwiebel (fein geschnitten)
2 Scheiben Schwarzbrot
2 Knoblauchzehen (fein gehackt)
1 TL Sonnenblumenöl

1 Bund Estragon (gehackt)
(halber Bund fein gehackt)
4 EL dunkler Balsamico
2 TL Estragonsenf
⅛l Kernöl
Saft einer halben Limette
Wasser

Zubereitung.

Schwarzbrot in kleine Würfel schneiden, mit Knoblauch und wenig Öl in einer Pfanne goldgelb rösten.
Für die Marinade Estragon, Balsamico, Senf, Salz und Pfeffer gut verrühren. Kernöl nach und nach tropfweise einrühren. Limettensaft zugeben und mit Wasser auf die gewünschte Konsistenz bringen.
Die Mostviertler Wurst in Würfel schneiden und in die Marinade geben.
30 Minuten durchziehen lassen.
Blattsalate mit der Zwiebel vermischen und auf Tellern anrichten. Leberkäse mit Marinade darauf verteilen. Mit Kirschparadeiser und Estragonblättchen garnieren.
Kurz vor dem Servieren die Schwarzbrotcroutons darüberstreuen.

Josef Scheiterer GmbH
Hauptstraße 29
2202 Enzersfeld bei Wien
☎ +43 2262 673280
scheiterer.josef@aon.at
www.scheiterer.com

Burenwürstelsuppe

Angaben für 4 Personen

Zutaten.

130 g Rollgerste
(eine Stunde ins kalte Wasser legen)
400 g Erdäpfel (gewürfelt)
250 g Wurzelgemüse
250 g Kohl
2 Zwiebeln
3 EL Schmalz
150 g Speck
klare Rindsuppe
800 g Meterwurst (Burenwurst)

Zubereitung.

Das Wurzelgemüse, die Zwiebeln und den Speck in halbe Zentimeter große Würfel schneiden und mit der Rollgerste im Schmalz anschwitzen.
Kohl in Streifen schneiden, zum Gemüse geben, mit der Suppe aufgießen und aufkochen lassen.
Die Erdäpfel in der Suppe weich kochen. Mit Salz, Pfeffer, Thymian, Ingwer und Majoran abschmecken. Geschnittene Würstel in die Suppe geben.

Eine Geschichte des guten Geschmacks

Josef Scheiterer war es, der in den Nachkriegsjahren den Beruf des Fleischers wählte, um im hungernden Weinviertel „etwas mit Essen zu tun zu haben". Aus dieser praktischen Beziehung zum Essen entwickelte sich eine Leidenschaft, die sein Leben und das seiner Familie langfristig prägen sollte. Hier begann die Geschichte, die mittlerweile ein Synonym für feine Würste und Schinken aus dem Weinviertel ist. Josef Scheiterer IV. hat den Betrieb im Jahr 2008 übernommen und nach wie vor prägen Tradition und Innovation den Stil des Unternehmens.

Bestes Fleisch aus eigener Schlachtung hat seit jeher Tradition, das gesamte Sortiment zeichnet sich durch nachvollziehbare Herkunft und besonderen Geschmacks- und Genusswert aus. Regionales Rindfleisch der Qualitätsstufe „Premium Rind" ist das Standardrind, es wächst in Weinviertler Stallungen in der Umgebung auf. Das „Mostviertler BioRind" wird ebenfalls in Österreich geboren und lebt auf den Weiden und Almen im Ybbstal. Ausschließlich hochwertige Fleischstücke und Zutaten sind die Ausgangsbasis für die umfangreiche und vielfach prämierte Palette an Qualitätsschinken und Würsten. Bewährte Rezepturen und hochwertige Qualität garantieren ein Geschmackserlebnis der besonderen Art.

Tradition, höchste Qualität und hervorragender Geschmack machen sich bezahlt: 2005 wurde das Unternehmen im Rahmen des „Austrian Meat Award" der AMA in Graz mit der höchsten Auszeichnung der Fleischbranche, dem P.O.S.-Lukullus, zum besten Fleischerfachgeschäft Österreichs gewählt.

Qualität aus Leidenschaft

Gegründet wurde der Fleischer-Handwerksbetrieb 1950 mit viel Idealismus von Karl Seidl, dem Vater des heutigen Inhabers Wolfgang Seidl. Heute zählt das Unternehmen zu den innovativsten Betrieben des Fleischerhandwerks im Süden Niederösterreichs, in dem mit viel meisterlichem Können und Fingerspitzengefühl authentische und schmackhafte Fleisch- und Wurstspezialitäten mit regionalem Schwerpunkt hergestellt werden.

Erfahrung, handwerkliche Tradition und die Wertschätzung der regionalen Rohstoffe sind dabei nach wie vor die Basis für die vielfach prämierten kulinarischen Gaumenfreuden. Im Sortiment finden sich zahlreiche Schneeberg Land-Spezialitäten aus der Genussregion Schneebergland. Schwein wie die traditionelle Schneeberger, die Scharfe Rax, die Schwarzataler mit feinem Buchenholzraucharoma oder der Adlitzgrabner Schluchtenspeck, handgesalzen und aus fein marmoriertem Schweinebauch – ein Schmankerl, das bei der Wahl zum AMA-Produktchampion 2009 den dritten Platz erringen konnte.

Apropos Schwein: Das Frischfleisch stammt unter anderem vom Schneeberg Landschwein, bei dem mit artgerechter Tierhaltung und althergebrachter Fütterung ein besonders zartes Fleisch erreicht wird, das sich durch einen spürbar besseren Geschmack auszeichnet.

Hochwertige Produkte mit Leidenschaft herzustellen ist die Philosophie von Wolfgang Seidl, der den Betrieb seit 1979 führt. Er versteht es, aus der Vielfalt, die die Genussregion Schneebergland. Schwein bietet, mit ausgesuchter Rohware und liebevoller, traditioneller Verarbeitung außergewöhnliche kulinarische Versuchungen zu kreieren, die auch den anspruchsvollsten Gaumen überzeugen.

Seidl Fleischerhandwerk
Wolfgang Seidl

Rohrbacherstraße 54
2620 Neunkirchen

☎ +43 2635 62636

office@seidl-fleischerhandwerk.at
www.seidl-fleischerhandwerk.at

Filialen:

Wiener Straße 1
2620 Neunkirchen
☎ +43 2635 68687

Ruedlstraße 16
2630 Ternitz
☎ +43 2630 38392

Wiener Straße 8
2640 Gloggnitz
☎ +43 2662 42604

Gerasdorfer Straße 336
2201 Gerasdorf bei Wien
☎ +43 2246 2235

Semmeringerstraße 18
2640 Gloggnitz
☎ +43 2662 43442

Hauptplatz 16
2493 Lichtenwörth
☎ +43 2622 75172

Peter-Paul-Straße 1
2201 Gerasdorf
☎ +43 2246 2274

Mostviertler Schofkas im Schluchtenspeck mit Apfelvinaigrette

Angaben für 4 Personen

Zutaten.

800 g Mostviertler Schofkas (Feta)
16 Scheiben Schluchtenspeck
Salz, Pfeffer
4 EL Sonnenblumenöl
Blattsalate
Brot

Für die Apfel-Karottenvinaigrette:
4 EL Apfelessig
8 EL Traubenkernöl
1–2 TL brauner Zucker
Salz (eine Prise), Pfeffer
2 Äpfel (in kleine Würfel geschnitten)
4 Karotten (in kleine Würfel geschnitten und bissfest gekocht)

Zubereitung.

Für die Vinaigrette Essig, Öl und Zucker mit einem Schneebesen verrühren, mit Salz und Pfeffer abschmecken. Äpfel und Karotten unterheben.
Schofkas in 16 gleiche Teile schneiden. Käse salzen und pfeffern und mit je einer Scheibe Speck umwickeln.
Öl in einer Pfanne erhitzen und den Schofkas rasch auf beiden Seiten anbraten.
Blattsalate auf vier Teller anrichten, Vinaigrette darübergeben und Schofkas daraufsetzen.
Mit getoastetem Brot servieren.

Adlitzgrabner Schluchtenspeck

Nur ausgesuchte Bauchstücke mit feiner Marmorierung werden für die Herstellung des Adlitzgrabner Schluchtenspecks verwendet. Nach traditionellem Handwerk wird er mit deftigen Naturgewürzen gepökelt und reift im kräftigen Rauch zu einem vollmundigen Speck heran. Bewusst wird bei der Herstellung auf Zusatzstoffe verzichtet, damit wird garantiert, dass der Speck am Gaumen sprichwörtlich fast zergeht und sein feiner, fleischiger Rauchgeschmack erhalten bleibt.

Freunde des guten Essens

Seit der Gründung 1964 liegt das Hauptaugenmerk des Familienbetriebes Steiner-Bernscherer auf der Herstellung von Genussprodukten in höchster Qualität. 1994 haben Doris und Franz Steiner-Bernscherer den Betrieb von ihren Eltern übernommen und seither kümmert sich die Chefin persönlich und höchst erfolgreich um die Herstellung der vielfach prämierten Produkte.

Das ausgesuchte Frischfleisch von Rind, Kalb und Schwein kommt von landwirtschaftlichen Betrieben, die man persönlich kennt. Das umfangreiche, im perfekt gestalteten Geschäft – übrigens das schönste Österreichs im Jahr 2010 – sehr ansprechend präsentierte und ausschließlich aus eigener Produktion stammende Sortiment reicht von verschiedenen Blutwurst- und Schinkenvarianten (wie dem Honigschinken, der zuerst gekocht und dann, um das Aroma des milden Honigmantels zu verfeinern, gebraten wird) bis zur ebenfalls prämierten Bratwurst oder feinen Pasteten mit Apfel, Birne oder Preiselbeeren, die jede Mahlzeit verfeinern.

Doris Steiner kann mit Recht stolz auf ihren Betrieb und auf dessen Leistungen sein, doch sie nimmt nicht alle Lorbeeren für sich allein: „Ohne mein tolles Team und ohne meine wunderbare Familie wäre ich nie so weit gekommen."

Fleischerei Steiner
Doris Steiner-Bernscherer

Hauptplatz 15
2601 Sollenau

☎ +43 2628 47249
☎ +43 664 8464984
(Catering & Partyservicehotline)

steiner@fleischer.at
www.steiner.fleischer.at

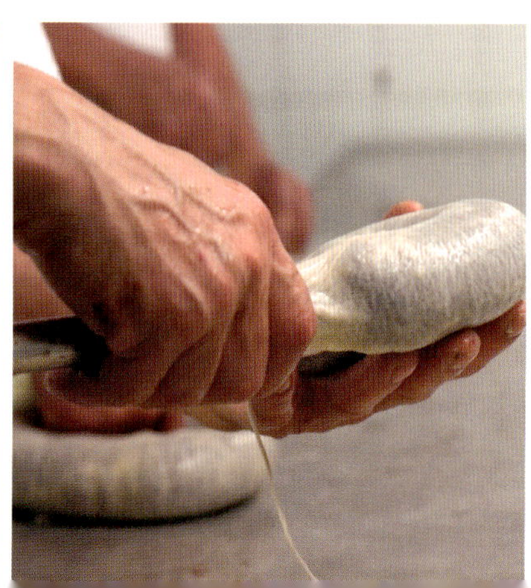

Blutwurstknödel

Angaben für 4 Personen

Zutaten.

Für den Teig:
500 g Erdäpfel (gekocht)
50 g Gries
150 g Mehl
2 Eidotter
30 g Butter
Salz

Für die Fülle:
500 g Blutwurst (klein geschnitten)
1 Zwiebel (fein geschnitten)
Knoblauch, Majoran, Salz, Pfeffer
1 EL Schmalz
3 EL Butter

Zubereitung.

Die geschälten, passierten Erdäpfel noch warm mit Gries, Butter, Dotter, Mehl und Salz zu einem Teig verarbeiten (mit der Hand kneten), dann etwas rasten lassen.

Die Zwiebel im Schmalz anrösten, Blutwurst und feingeschnittenen Knoblauch dazugeben und mit den Gewürzen abschmecken. Aus der überkühlten Blutwurstmasse kleine Knödel formen und für 20 Minuten im Tiefkühlfach kaltstellen.

Die Blutwurstknödel in Erdäpfelteig einschlagen, Knödel formen und in kochendem Salzwasser circa 15 Minuten (je nach Größe) ziehen lassen.

Die Butter in einer Pfanne schmelzen und die Knödel rundum anbraten.

Knödel anrichten. Dazu passt Sauerkraut, Kraut- oder Rote-Rüben-Salat.

Tipp. Dieser Erdäpfelteig eignet sich auch für alle Frucht-, Fleisch- und Grammelknödel, oder als Beilage zu einem knusprigen Gansl.

Blutwurst

Eine der besten Blunzen Österreichs kommt aus Sollenau, denn die nach altem Geheimrezept hergestellte Blunzen konnte 2004 neben zahlreichen anderen Auszeichnungen auch den internationalen Preis der Blutwurstbruderschaft in Frankreich für sich entscheiden, ein inoffizieller WM-Titel. Die Herstellung der Blutwurst ist Chefsache, Doris Steiner-Bernscherer kümmert sich persönlich mit viel Liebe und Sorgfalt darum. Auch die verschiedenen Varianten wie Preiselbeer- und Bärlauchblunze, Blunzengröstl, Blunzenstriezel und Blunzenknödel konnten bei nationalen und internationalen Verkostungen punkten und verführen zum Genuss.

Alles echt und gut!

Die Landfleischerei Sunk ist seit mehr als 50 Jahren ein Garant für höchste Produktqualität. Von Alois Sunk in der Schloßstraße in Enzesfeld-Lindabrunn gegründet, übersiedelte der Betrieb 1957 auf den heutigen Standort in die Siedlungsstraße 1 und wurde in den folgenden Jahren sukzessive modernisiert, ausgebaut und verbessert. 1996 übernahm Robert Sunk jun. in dritter Generation die qualitätsbewusste Fleischerei und setzt seither als Jungunternehmer innovative, dynamische Akzente in Bioqualität.

Im Betrieb schwört man nach wie vor auf die Grundpfeiler eines erfolgreichen Fleischereibetriebes – Qualität, Fachkompetenz, Zuverlässigkeit, Individualität und Kreativität. Hochwertiges, saftiges und zartes Frischfleisch vom Bio-Rind und Bio-Kalb aus dem Schneebergland sind ein wichtiger Bestandteil des erstklassigen Angebots, aber auch prämierte Wurstspezialitäten wie den aromatischen Rosmarinschinken, die deftige Knoblauchwurst oder die Debreziner findet man im umfangreichen Komplettangebot. In den Sommermonaten werden schmackhafte und verführerische Grill- und Barbecuespezialitäten angeboten. Ein Schwerpunkt der Fleischerei ist das Catering, das bis zu Großveranstaltungen mit 800 Personen reicht.

Sein Wissen gibt Robert Sunk übrigens auch bei Grill-Kochkursen weiter und zeigt dabei, dass genussvolles, abwechslungsreiches Kochen mit frischen, schmackhaften Produkten gerade auch im Freien ein Erlebnis mit kulinarischen Höhepunkten werden kann.

Landfleischerei Sunk Robert

Siedlungsstraße 1
2551 Enzesfeld

☎ +43 2256 81174

sunk.fleisch@aon.at
www.sunk.fleischer.at

Saunaschinken

Eigentlich kommt er ja aus Finnland, dem Land der Saunameister. Der Schinken wird dort über den Saunaöfen gegart und hat daher seinen bezeichnenden Namen. Bei Sunk ist kein Saunaofen im Einsatz, sondern moderne Produktionsverfahren, die mit einer Temperatur von circa 60° Celsius beginnen und bis auf 80° Celsius gehen, bis der Schinken eine Kerntemperatur von rund 68° Celsius erreicht. Mild gesalzen und über Buchenholz geräuchert, ist dieser Saunaschinken ein echter Gaumenschmaus.

Saunaschinken mit Spargel in der Mohnpanier

Angaben für 4 Personen

Zutaten.

- 20 Blatt Saunaschinken
- 20 Stück Spargel (geschält, in Salzwasser bissfest blanchiert)
- 200 g Bergkäse
- 1 EL Kerbel
- Waldviertler Mohn
- Ei, Mehl, Brösel
- Salz, Pfeffer
- Öl zum Herausbacken
- Vogerlsalat
- 1 rote Zwiebel (fein geschnitten)
- Graumohnöl

Zubereitung.

Den Saunaschinken auflegen, mit Bergkäse und Kerbel bestreuen, je eine Spargelstange daraufsetzen, salzen, pfeffern und einrollen. Die gefüllten Saunaschinken in Mehl, Ei und Mohnbrösel (1/3 Semmelbrösel, 2/3 gemahlener Graumohn) panieren. Den Vogerlsalat mit Salz und Pfeffer würzen, mit Limettensaft marinieren und den fein geschnittenen roten Zwiebel unterheben. Eine Pfanne mit Öl erhitzen und die Saunaschinken herausbacken.

Den marinierten Vogerlsalat auf Salatteller anrichten und mit Graumohnöl beträufeln. Die Saunaschinken aus der Pfanne nehmen, auf Küchenpapier abtupfen, auf Teller anrichten und mit dem Vogerlsalat servieren.

Qualität als Priorität

Ing. Stefan Windisch führt die bereits 1936 gegründete Fleischerei heute in der dritten Generation und nach wie vor ist es die Philosophie des Feinkostunternehmens, unverfälschte Produkte in höchster Güte zu erzeugen. Dafür wird schon beim Einkauf auf Spitzenqualität und absolute Frische geachtet.

Das Rind-, Kalb- und Schweinefleisch ist ausschließlich österreichischer Herkunft und stammt überwiegend aus der Region. Ohne Ausnahme werden alle Spezialitäten selber hergestellt und sind mit dem AMA Gütesiegel ausgezeichnet. Die verführerische Auswahl reicht vom zarten Frischfleisch über scharfe Salami, die herrlich duftende Trüffelsalami, den verführerischen Lammbratwürsten hin bis zu Tomaten-Mozzarella- oder Chili-Bratwürsten für die Grillsaison. Bekannt ist das Unternehmen aber auch für seine feinen, mageren Sacherwürstel oder für den exzellenten Trüffelschinken, den man für das Sacher in Wien produziert.

Stefan Windisch GmbH

Lederergasse 13
2700 Wiener Neustadt

☎ +43 2622 23394

office@windisch-wurst.at
www.windisch-wurst.at

Filiale:

Brodtischgasse 20
2700 Wiener Neustadt

☎ +43 2622 23663

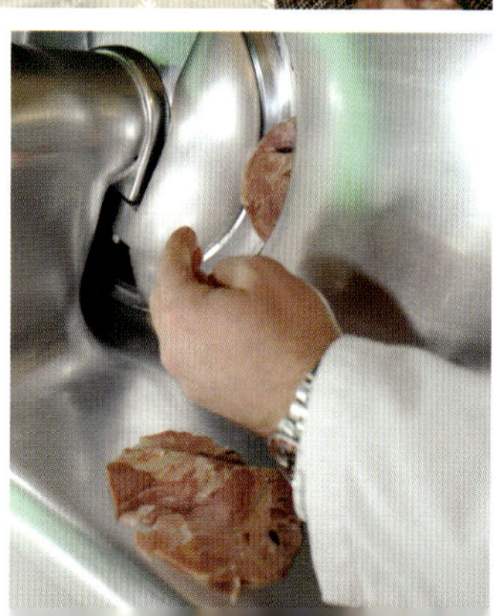

Warmer Kalbskopf auf Käferbohnen

Angaben für 4 Personen

Zutaten.

600 g Kalbskopf (gepresst)
1/2 l klare Suppe
200 g Lardo (dünn geschnitten)
200 g Käferbohnen (gekocht)
1 rote Zwiebel (fein geschnitten und in Ringe geschnitten)
Dunkler Balsamico
Kernöl
Kürbiskerne (geröstet)
Salz, Pfeffer, Cayennepfeffer (gemahlen)
Ingwer
Knoblauchzehen
Rucola
4 Scheiben Schwarzbrot zum Toasten

Zubereitung.

Pfanne mit einem Schuss Kernöl erhitzen, die fein geschnittene Zwiebel anschwitzen, die Käferbohnen dazugeben und kurz durchschwenken. Mit Salz, Pfeffer, Cayennepfeffer und Ingwer würzen und mit Balsamico ablöschen.
Nach einigen Minuten die Pfanne zur Seite stellen.
Den gepressten Kalbskopf in dünne Scheiben schneiden und in der Suppe erwärmen.
Die Schwarzbrotscheiben toasten, mit Knoblauchzehen parfumieren und mit feinst geschnittenem Lardo belegen.
Den Rucola auf Teller anrichten, darauf die Käferbohnen verteilen.
Anschließend den warmen Kalbskopf daraufsetzen und mit gerösteten Kürbiskernen, roten Zwiebelringen und Kernöl vollenden.
Dazu wird das getoastete Schwarzbrot mit Lardo serviert.

„Priorität in unseren traditionellen und überlieferten Rezepturen hat die Qualität", sagt Stefan Windisch. Mit dem Bestreben, etwas Besonderes zu schaffen und nicht vergleichbar zu sein, hat er es geschafft, den Feinkostladen Österreich perfekt zu präsentieren, individuelle Wünsche und Ansprüche in höchster Qualität zu erfüllen und einen Kundenstamm aufzubauen, der von Feinkostläden und Supermarktketten über Familien und Single-Köche bis zur Würstelbude und der Spitzengastronomie reicht.

Kalbskopf gepresst

Der gepresste Kalbskopf stellt eine klassische österreichische Spezialität dar, die leider sehr selten geworden ist. Bei Stefan Windisch gibt es die Köstlichkeit mit dem feinen und delikaten Fleischgeschmack noch. Für die Herstellung werden edle Kalbskopfteile mit ausgesuchten Gewürzen gekocht und anschließend in Form gepresst.

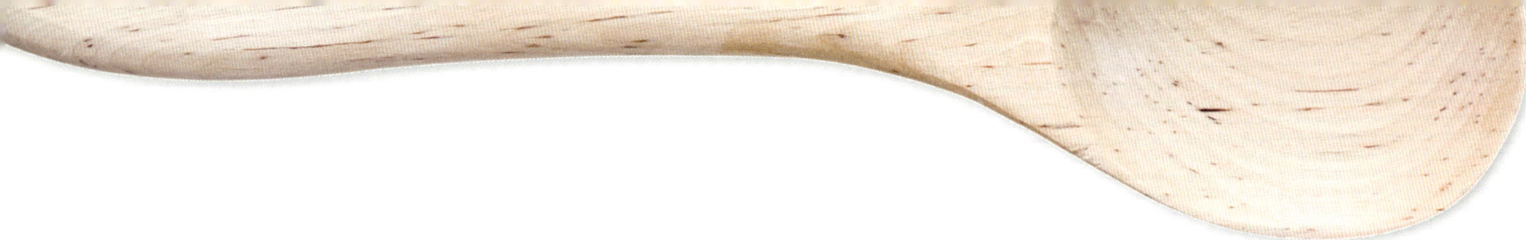

Oberösterreich

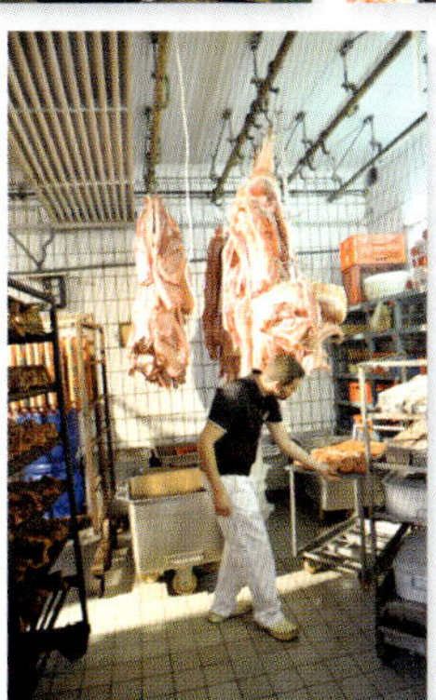

Hotel Seegasthof Oberndorfer

Hauptstraße 18
4864 Attersee

☎ +43 7666 7864-0

hoteloberndorfer@attersee.at
www.oberndorfer.info
hotel****seegasthof oberndorfer attersee

Gastlichkeit mit Tradition

Die Mischung aus hochwertiger, regional geprägter Kulinarik und hoher Gastfreundschaft, viele Kleinigkeiten und Menschen, die harmonisch ineinandergreifen. Maria und Christine Oberndorfer führen das Traditionshaus am Attersee in fünfter Generation und laden ein zur Sommerfrische zu jeder Jahreszeit. Gertrude Oberndorfer, die Altwirtin, steht dem Küchenteam mit ihrer Erfahrung, ihrem Wissen und ihrer Liebe zum Kochen zur Seite. So kommt es, dass es bei Oberndorfer seit jeher die „besten" Grieß- oder unvergleichlich flaumige Salzburger Nockerln gibt.

Oberndorfer steht für gutbürgerliche österreichische Küche, wo mit besten Zutaten noch richtig gekocht wird. Dieser Tradition blieb Jacqueline Egger bei ihren Kreationen mit oberösterreichischen Fleisch- und Wurstwaren treu. Die handgeknüpften Knacker sind für sich einfach eine Köstlichkeit, mit Essig, Öl und Zwiebeln wird daraus ein Traditionsgericht, das man schnell zubereiten kann. Feinster Schinken kommt als Buchtelfülle zu Ehren, Surspeck gibt Innviertler Knödeln den unvergleichlichen Geschmack. Lediglich beim Leberkäse schaut Egger über die heimischen Topfgrenzen und verwandelte den Fleischkäseklassiker in ein Wokgericht.

Danke an Anna Tostmann/Tostmann Trachten Seewalchen–Wien.

Geräucherte Forelle mit Butterkartoffeln

Am Attersee muss man auch Fisch essen. Gertrude Oberndorfer verrät ein Fischgericht mit 100-jähriger Tradition: Einfach, köstlich!

Etwas Schlag in einer Pfanne kurz aufkochen. Geräucherte Forelle im heißen Schlag ziehen lassen, bis der Fisch warm ist. Buttererdäpfel dazu servieren. Mahlzeit!

Mühlviertler Genusswelt

Urkundlich erstmals erwähnt wurde eine Fleischerei im Haus Marktplatz 13 in Aigen bereits 1688, im Jahr 1881 übernahm die Familie Bitter die Fleischerei. Seit 2008 führt Thomas Bitter das Unternehmen mit mittlerweile 22 Mitarbeitern und Filialen in Ulrichsberg und Haslach.

Hausmannskost aus heimischem Fleisch wird bei Bitter groß geschrieben – im Angebot finden sich ausschließlich Produkte, die nach traditionellen Rezepten aus frischem, hochwertigem Fleisch aus der Region hergestellt wurden. Sowohl das Rind- als auch das Schweinefleisch stammen von landwirtschaftlichen Betrieben aus Oberösterreich, damit sind eine artgerechte Haltung, kurze Transportwege und hohe Fleischqualität garantiert. Alle angebotenen Genussprodukte werden im Haus hergestellt, die Auswahl reicht vom zarten, feinfaserigen Bio-Frischfleisch über Brühwürste, Dauerwürste,

Fleischerei Bitter
Ing. Thomas Bitter
Marktplatz 13
4160 Aigen im Mühlkreis
☎ +43 7281 6204
fleischhauerei.bitter@gmx.at
www.bitter.co.at

Filialen:

Markt 28
4161 Ulrichsberg
☎ +43 7288 2037

Markt 43
4170 Haslach
☎ +43 7289 71611

Spargel Vinaigrette und Karree Speck

Angaben für 4 Personen

Zutaten.

8 Stangen Spargel (weiß)
8 Stangen Spargel (grün)
1 TL Salz
3 TL Kristallzucker
1 Scheibe Zitrone
Karreespeck

Für die Vinaigrette:
1 roter Paprika
1 gelber Paprika
4 Essiggurkerl
4 Eier (gekocht)
Olivenöl
Balsamico Bianco Essig

Zubereitung.

Den weißen Spargel schälen und das Ende (circa ein Zentimeter) abschneiden. Den Spargel in einem Topf mit kochendem Wasser, Salz, Zucker und Zitrone circa zehn Minuten leicht kochen. Den grünen Spargel, wenn er dünner ist, erst später zugeben. Abkühlen lassen.

Für die Vinaigrette die Paprika und die Essiggurkerl fein würfelig schneiden, gekochte Eier halbieren und das Eigelb entfernen. Das Eiweiß auch fein würfelig schneiden. Den Dotter hacken. Alles extra in Schüsseln geben.

Den Karreespeck – hier darf's auch ruhig ein bisschen mehr sein – in dünne Scheiben schneiden und dazulegen.

Schinkenspezialitäten bis zum täglich frischen Leberkäse oder dem hervorragenden Mühlviertler Speck.

Dass in der Fleischerei Bitter die Qualität der Produkte im Vordergrund steht, merkt man übrigens auch beim Speck. Nachdem man erkannt hat, dass die alte, traditionelle Kaminselch den bei weitem besten Geschmack liefert, hat man sie kurzentschlossen im rundum erneuerten Produktionsbetrieb wieder integriert. Damit der beste Speck weit und breit auch weiterhin aus dem Hause Bitter kommt.

Mühlviertler Karreespeck

In der Fleischerei Bitter wird der Mühlviertler Karreespeck noch in Handarbeit und nach traditionellem Verfahren hergestellt.
Verwendet werden dafür ausschließlich hochwertiges Fleisch aus der Region sowie edle Gewürze, deren Zusammenstellung nach einem alten hausgemachten Familienrezept erfolgt. Wie in der guten alten Zeit wird der Speck langsam gereift und in einer traditionellen Kaminselch geräuchert – denn nur so erhält man die beste Qualität, weiß Thomas Bitter. Dünn geschnitten oder in Jausenscheiben ist diese Spezialität ein unverwechselbarer Genuss.

Fleischerei Butz
Martin Butz
Leitenstraße 17
4650 Lambach
☎ +43 7245 288610
office@butz.at
www.butz.at

Filialen:
Salzkammergut Einkaufspark
Druckereistraße 3–30
4810 Gmunden
☎ +43 7613 65232

Bahnhofstraße 2a
4800 Attnang-Puchheim
☎ +43 7674 66567

Innovativ geschmackvoll

Schon 1876 wurde der Grundstein für die Fleischerei Butz gelegt, Martin Butz führt den Familienbetrieb mittlerweile in fünfter Generation. Nach alten Rezepten und in echter Handwerkstradition werden heute wie damals hochwertige Wurst- und Fleischdelikatessen hergestellt, die das Unternehmen weit über die Region hinaus für die genussvollen, vielfach prämierten und innovativen Produkte bekannt gemacht haben.

Als Rohware für das umfangreiche Angebot an Delikatessen wird ausschließlich frisches Rind- und Schweinefleisch in bester Qualität aus streng kontrollierten, oberösterreichischen Landwirtschaftsbetrieben verwendet. Veredelt werden die zahlreichen Wurst- und Schinkenprodukte mit feinen Naturgewürzen. Die verführerische und herrlich duftende Auswahl reicht von Honig- und Butterschinken bis zur Joghurtwurst, hausgemachte Aufstriche fehlen ebenso wenig wie frische Selchwaren. Als passioniertem Jäger liegt Martin Butz aber auch das Wild am Herzen: Die hervorragende Rehleberpastete oder der Hirsch-Rohschinken sind in jedem Fall eine Empfehlung wert, das frische Wildfleisch wird von der regionalen Jägerschaft bezogen.

Außergewöhnliche Qualität zu liefern, das ist die Philosophie von Martin Butz. Davon überzeugen kann man sich mittlerweile nicht nur im Geschäft in Lambach, sondern auch in den Filialen in Attnang-Puchheim und in Gmunden.

Hirsch-Rohschinken mit marinierten Melonen

Angaben für 4 Personen

Zutaten.

½ Zuckermelone
8 EL Weißweinessig
8 EL Olivenöl
1 TL Kristallzucker
½ TL Salz
20 Scheiben Hirsch-Rohschinken

Zubereitung.

Melone in kleine Würfeln schneiden. Mit Essig, ÖL, Zucker und Salz die Melonen marinieren. Alles schön auf dem Teller anrichten.

Hirsch-Rohschinken

Für die Herstellung des Hirschrohschinkens werden ausgesuchte Keulenteile des heimischen Rotwildes mit edlem Salz und einer besonderen Kräuter-Gewürzmischung von Hand eingerieben. Nach einer cirka dreiwöchigen Pökelphase werden die Fleischstücke über Buchenholzrauch kalt geräuchert, in Klimaräumen bis zur optimalen Abtrocknung natur gereift.
Durch die lange Reifezeit entwickelt der Schinken sein angenehmes unvergleichliches Aroma.

„Qualität ohne Kompromisse"

Von der Schlachtung bis zum Verkauf wird das Motto der Fleischerei Derntl kompromisslos gelebt. Josef Derntl ist nicht nur der Fleischermeister, sondern auch der Nahversorger in Leonding. Das Angebot reicht von Frischfleisch über feinste Fleisch- und Wurstwaren bis zu Fertiggerichten.

Die Region steht bei Derntl als Rohstofflieferant im Mittelpunkt. Schweine und Rinder werden vom Bruder Peter Derntl oder von den Bauern selbst zum Schlachten gebracht. Die Tiere kommen von landwirtschaftlichen Betrieben aus der näheren Umgebung. Die Transportzeiten sind kurz, unnötiger Stress wird dadurch vermieden.

Fast das gesamte Wurstangebot stammt aus eigener Produktion. Für die Wursterzeugung werden die einzelnen Fleischsorten zu verschiedenen Brätsorten verarbeitet, in Därme gefüllt, geräuchert oder gekocht. In der Küche wird das Frischfleisch jeden Tag zu Fertig- oder Halbfertigprodukten verarbeitet.

Josef Derntl ist Fleischermeister aus Leidenschaft. Die Passion von Josef und seinem Bruder Peter – er ist für die Produktion verantwortlich – liegt im Wursten, im Ausprobieren und Herumtüfteln an Rezepten.

Qualität ohne Kompromisse gilt hier auch für die Beratung beim Einkauf im großen, hellen Geschäft. Freundlich und kompetent informiert Helga Derntl – die auch für den Partyservice verantwortlich ist – über Angebote, Gustostückerln und Schmankerln und verführt zu genussvollem Einkauf.

Fleischerei Josef Derntl
Alhartingerweg 1
4060 Leonding

☎ +43 732 677300

leonding@fleischerei-derntl.at
www.fleischerei-derntl.at

Warmer Beinschinken mit kalter und warmer Krensauce

Angaben für 4 Personen

Zutaten.

800 g Beinschinken
Für die kalte Krensauce:
4 EL Sauerrahm
4 EL Topfen
2 TL Kren
1 TL Schnittlauch (geschnitten)
1 Prise Salz

Für die warme Krensauce:
2 EL Tafelöl
1 EL Mehl
⅛ l Gemüsebouillon
1 TL Apfelessig
2 EL Kren
1 Prise Salz

Zubereitung.

Den Beinschinken im gesalzenen Wasser circa eineinhalb Stunden kochen. Wenn er fertig ist, in vier Scheiben schneiden und auf dem Teller mit den Krensaucen servieren.
Für die kalte Krensauce alle Zutaten in eine Schüssel geben und verrühren.
Für die warme Krensauce das Öl in einer Pfanne erhitzen und das Mehl dazu mischen. Die Gemüsebouillon einrühren, bis das Ganze etwas dickflüssig wird, dann sofort zur Seite stellen und Essig unterrühren. Würzen mit Kren und Salz.

Beinschinken

Beinschinken ist eine Kochpökelware. Er schmeckt herrlich mild und durch seine Ausgewogenheit zwischen Fett und Wassergehalt, der Herstellungsweise (Pökelung) und seiner schonungsvollen Kochweise besonders saftig.

Beinschinken hat einen besonderen Platz in der kalten Küche und wird traditionell mit scharfem Senf oder unmittelbar zuvor gerissenem Kren und Schwarzbrot als kleine Mahlzeit serviert. Warm mit Krensauce ist er ebenso ein wahrer Genuss.

Alles selbst gemacht

Seit über 100 Jahren gibt es die Fleischerei Dunzendorfer im Mühlviertler Oberneukirchen. Das Erfolgsgeheimnis liegt in der Tradition der Handarbeit und: Seit jeher wird alles selbst gemacht. Von der Schlachtung über die Verarbeitung bis zum Verkauf mit perfekter Beratung. Selbst Salami – allerdings ohne Belag – kommt aus der eigenen handwerklichen Produktion. Schwerpunkt der Fleischerei ist, wie es für diese Gegend typisch, das Schwarzgeselchte.

Für perfekte Qualität der Fleischwaren muss das Fleisch hohe Qualitätsansprüche erfüllen. Während Martin Dunzendorfer bei Rindfleisch mit den Bauern in der direkten Umgebung arbeitet, muss für Schweinefleisch ein Transport von rund 25 Kilometern in Kauf genommen werden. In jedem Fall kennt der Fleischer aber seine Lieferanten. Diese züchten die Tiere selbst und das Futter wächst auf den eigenen Feldern. Dass die Tiere ein gutes Leben hatten, schmeckt man einfach.

Fleischerei Dunzendorfer
Martin Dunzendorfer
Marktplatz 4
4181 Oberneukirchen
☎ +43 7212 7082
dunzendorfer@aon.at

Kaiserschinken

Man nehme vom Schwein das Kaiserteil und verarbeite es wie Speck: Trocken pökeln, leicht räuchern und dann lässt man es zwei bis drei Wochen lufttrocknen. Das Ergebnis ist feinster Kaiserschinken, mager, geschmackvoll mit dezenter Rauchnote. Hauchdünn geschnitten ist diese leichte Köstlichkeit ein echter Genuss, der schon mehrfach ausgezeichnet wurde.

Buchteln mit Zwiebel–Kaiserschinkenfülle

Angaben für 4 Personen

Zutaten.

Für den Teig:
250 g Mehl
250 g mehlige Kartoffeln (gekocht, geschält, passiert)
1 Ei
60 g Butter (zerlassen)
125 ml Milch (lauwarm)
20 g Hefe
Salz

Für die Füllung:
100 g Kaiserschinken
½ Zwiebel
Petersilie
Salz, Pfeffer
Butter nach Geschmack

Zubereitung.

Für den Teig alle angegebenen Zutaten vermengen, an einem warmen Ort circa 45 Minuten gehen lassen.
Für die Füllung den Schinken und die Zwiebel klein würfelig schneiden. Beides in Butter anschwitzen, mit Petersilie, Salz (Vorsicht, der Schinken bringt schon Salz mit!) und Pfeffer würzen.
Aus dem Teig gleich große Stücke nehmen, flach drücken, etwas Zwiebel-Schinken-Füllung in die Mitte geben, rundherum fest verschließen. Die gefüllten Teigstücke in einer gefetteten Auflaufform dicht nebeneinander legen, mit zerlassener Butter bestreichen und im vorgeheizten Rohr bei 180° Celsius Ober-/Unterhitze circa eineinhalb Stunden goldbraun backen.

„Gsund' und gut ..."

Das Motto der Fleischerei Fischelmaier ist nicht nur einfach ein Slogan, sondern die gelebte Firmenphilosophie. Im Mühlviertler Handwerksbetrieb wird die Fleischerkultur mit besonderer Liebe gepflegt und weiterentwickelt. Josef Fischelmaier führt den Betrieb in vierter Generation. Er brachte als Absolvent der HTL für Lebensmitteltechnologie viele neue Ideen ein, aber auch eine klare Linie: Die Fertigung erstklassiger Lebensmittel mit neuester Technologie, nach uraltem Handwerk und aktuellem Wissen sind oberstes Gebot. Vernunft, Verantwortung, Arbeiten im Einklang mit der Natur sowie der achtsame Umgang mit allem Leben – sind die wichtigsten Grundsätze. „Aus der Region – Für die Region" bedeutet für ihn die Verarbeitung von regionalem Fleisch von Schwein und Rind, aber auch die Versorgung der Menschen der Region mit seinen Spezialitäten. Neben dem eigenen Gourmet-Laden in Pabneukirchen gibt es Hauszustellung sowie den Vertrieb über UNI-Märkte und Kaufleute der Region. Auch Gastro und Großküchen werden von Fischelmaier mit besten Produkten beliefert. Die Produktpalette reicht dabei von Klassikern wie Frankfurter, Leberkäse, Knacker und traditionellen Selchprodukten wie Speck, Schwarzgeselchtem oder Saumaisen über spezielle Dauerwurstwaren bis hin zu Innovationen, saisonalen Fleischwaren wie Bratwürstel mit Tomate und Mozzarella oder mit Schinken und Käse. Allergiker (Gluten) können die Fischelmaier-Spezialitäten ohne Reue genießen, denn zur Bindung kommt Kartoffelstärke zum Einsatz (eine Ausnahme macht die Leberwurst).

Fleischerei Josef Fischelmaier
Kulinarische Spezialitäten vom Meister-Fleischer
4363 Pabneukirchen 14
☎ +43 7265 5202
gsundundguat@fischelmaier.at
www.fischelmaier.at

Essigwurst

Angaben für 4 Personen

Zutaten.

Essig
Pflanzenöl
Wasser
Salz
frisch gemahlener Pfeffer
½ Zwiebel
4 Knacker
Ei, roter und gelber Paprika,
Kirschtomaten und
4 Scheiben Gurken zum Garnieren

Zubereitung.

Die Knacker häuten und in feine Scheiben schneiden.
Die Zwiebel schälen und in Ringe schneiden.
Knackerscheiben und Zwiebel dekorativ auf einem Teller anrichten und mit Marinade (Essig, Öl, Wasser, Salz, Pfeffer) übergießen.
Die Essigwurst kann dann noch mit frischen Kräutern oder roten Paprikaringen garniert werden.
Dazu passt am besten frisches Brot.

Knacker handgeknüpft

Bereits der Urgroßvater von Josef Fischelmaier hat die Knacker nach dem noch heute gültigen Rezept hergestellt. Das Geheimnis liegt im Handwerk. Keine künstlichen Zusatzstoffe oder Geschmacksverstärker, sondern nur die richtigen Fleischteile im passenden Verhältnis von Fett und Mageranteil sowie Wasser, Gewürze und beim Räuchern das Wissen um die richtige Mischung von Hart- und Weichholz, das durch den höheren Anteil an ätherischen Ölen den Knackern eine intensive Rauchnote gibt. Aus vielen Kleinigkeiten entsteht so ein für sich einzigartiges Produkt.

Quereinsteiger mit Bodenhaftung

Willi Gerbl wollte wissen, wie es geht, wollte selbst Wurst- und Fleischwaren herstellen und nicht nur Handel betreiben. Er lernte das Fleischerhandwerk, erweiterte den Viehhandel um die Fleischerei und kümmert sich selbst um sein Rohmaterial wie Rind, Schwein und Kalb, das er im Umkreis von 30 Kilometern bezieht. Damit ist die Herkunft aus der Region garantiert. Neue, kreative Produktideen, aber immer mit natürlichem Inhalt, sind bei Gerbl selbstverständlich. Wenn es um den Verkauf der Produkte, um feine Hausmannskost oder Catering geht, ist Renate Gerbl im Einsatz. Gemeinsam setzen sie auf besten Geschmack und höchste Qualität.

Ein Produktschwerpunkt bei Gerbl ist beefMax: 100 % Rindfleisch – 100 % Genuss.

BeefMax leistet einen wertvollen Beitrag zu einem gesunden und ausgewogenen Ernährungsplan. Gesunde Ernährung bedeutet für den innovativen Fleischermeister nicht verzichten, sondern bewusst das richtige essen. Das Sortiment reicht von Wiener Wurst, Krakauer, Aufschnitt-Wurst, Pikanter, Frankfurter, Knacker und Leberkäse bis hin zur Extra-Wurst.

Auf der Suche nach frischem Salat und Gemüse geht man auch zu Gerbl, denn Regionalität macht hier vor dem kleinen „grünen" Angebot nicht halt. Schließlich steckt in allen Mittagsmenüs auch nur die Region.

Fleischerei Gerbl
Wilhelm Gerbl
Hauptstraße 14
4870 Vöcklamarkt
☎ +43 7682 39667
office@gerbl.at
www.gerbl.at

Café Gerbl
Hauptstraße 16
4870 Vöcklamarkt
☎ +43 7682 20563

Erdäpfelgulasch mit Rinderwienerwurst

Angaben für 4 Personen

Zutaten.

800 g Erdäpfel
300 g Rinderwienerwurst (in Scheiben geschnitten, dann achteln)
2 Zwiebeln (würfelig geschnitten)
40 g Paprikapulver (scharf)
1 Prise Chilipulver
2 Lorbeerblätter
750 ml Rindsuppe
3 EL Mehl zum Binden
Öl zum Anrösten

Zubereitung.

Die Kartoffeln schälen, in mundgerechte Stücke schneiden und in Salzwasser kochen. Die Zwiebeln mit der Hälfte der Rinderwienerwurst in etwas Öl anrösten. Nun mit der Rindsuppe aufgießen. Paprikapulver, die restliche Rinderwienerwurst, Chilipulver, Kartoffeln und die Lorbeerblätter hinzugeben. Mit dem Mehl nach Belieben abbinden und zehn Minuten ziehen lassen.

Rinderwiener

Hundertprozentig frisches, mageres Rindfleisch und ausgesuchte Gewürze. Das sind die Zutaten der feinen Rinderwiener, die sich in die Markenreihe beefMax reiht. Selbst auf die Verwendung von Pflanzenfett wird bei diesem einmaligen Produkt verzichtet. Entscheidend für die Qualität ist neben der Fleischauswahl die Kuttertechnik. Als Bindung wird ebenfalls nur Rinderfaschiertes genommen, die Herstellung ähnelt damit jener der Salami. Der Geschmack ist würzig und doch sehr fein.

Tradition verpflichtet

Bei der Landfleischerei Hochhauser in Pichl bei Wels arbeitet eine Familie gemeinsam ganz im Zeichen des Genusses. Während Johannes Hochhauser mit seinem Vater im Betrieb aus dem besten Fleisch der Region geschmackvolle Produkte herstellt, werden in der „Gasthausküche" Bruckwirt – geführt von Notburga Hochhauser – köstliche Gerichte gezaubert. Bei der Produktentwicklung für die Fleischerei setzt Johannes gerne auf den Geschmack und den kulinarischen Weitblick seiner Mutter.

Seit dem Jahre 1914, also seit nunmehr fast 100 Jahren, verarbeiten die Hochhausers das Fleisch aus dem eigenen EU-Schlachtbetrieb. In Kooperation mit Landwirten und Jägern der Region wird bis heute der hohe Anspruch an Genauigkeit, Frische und Qualität garantiert. Durch handwerkliche Verarbeitung in Kombination mit neuen Technologien werden über 100 köstliche Fleisch- und Wurstkreationen produziert. Johannes Hochhauser ist Mitglied der aktiv-Metzger. Die Fertigung hochqualitativer Lebensmittel mit neuester Technologie und aktuellstem Wissen auf der Basis uralten Handwerks sind oberstes Gebot. Vernunft, Verantwortung, ökologische Richtlinien, Arbeiten im Einklang mit der Natur und achtsamer Umgang mit allem Leben sind die wichtigsten Grundsätze.

Johannes Hochhauser
Landmetzgerei & Gasthaus

Innbachtalstraße 3
4632 Pichl bei Wels

☎ +43 7247 8711-0

www.hochhauser-fleisch.at

Original EdelBratwurst

Die 100 Prozent reine Kalbsbratwurst – sie ist die erste Kalbsbratwurst die zur Gänze auf Schweinefleisch verzichtet –, hat ihren edlen Namen wahrlich verdient. Der bewusste Verzicht auf Schweinefleisch und der Einsatz von reinem Rapsöl machen sie zu einem besonders ernährungsbewussten Produkt. Das Rezept für die EdelBratwurst ist überliefert und wurde der heutigen Zeit und den Wünschen der Kunden angepasst. Das Kalbfleisch stammt aus der Region.

EdelBratwurst im Schlafrock

Angaben für 4 Personen

Zutaten.

4 Paar Bratwürste
1 Packung Blätterteig

Zubereitung.

Blätterteigscheiben auf einem bemehlten Blech etwas dünner ausrollen. Bratwürste gut abtrocknen, kurz anbraten und leicht auskühlen lassen. Danach auf den Teig legen und einrollen. Ist die Bratwurst mit einer Schicht Teig umhüllt, Teig abschneiden und Naht gut andrücken. Diese Stücke legt man auf ein mit Backpapier belegtes Blech und bäckt sie im vorgeheizten Rohr bei 175° Celsius 15 bis 20 Minuten. Fertiges Backgut halbieren oder dritteln. Dazu passen leichte sommerliche Saucen und Dips.

Genuss mit regionalem Geschmack

Mit dem Bestreben, den Genießern in der Region ein in allen Bereichen exzellentes Angebot zu bieten, wurde die Fleischerei 1996 von Gerold und Gerhard Kaltenböck gegründet. Bereits 2006 musste das Unternehmen erweitert werden, derzeit arbeiten zwölf Mitarbeiter im Betrieb und stellen nach traditionellen Handwerksmethoden und mit ausgewählten Rezepturen verführerische Wurst- und Schinkenspezialitäten für die beiden Filialen in Molln und Waldneukirchen her.

Die Rohware für die Genussprodukte aus dem Hause Kaltenböck stammt ausschließlich aus Oberösterreich, sowohl das frische Schweinefleisch als auch das Rindfleisch wird von Betrieben in der Region bezogen. Die umfangreiche und hochwertige Produktpalette reicht von klassischen Frankfurtern und Debrezinern über Knacker, Salzburger, Extrawurst, Krakauer, Pikantwurst, Käsewurst, Alpenländer, scharfe Chili Rohe oder Steyrtaler-Höllenteuferl bis zu Bauchspeck, Karreespeck oder Schweinsmaisen, um nur einige zu nennen. Für die geselchten Produkte werden wie in der guten alten Zeit noch ausschließlich Buchenholzspäne verwendet.

Nach wie vor beteiligt sich Gerold Kaltenböck selbst mit viel Einsatz und mit größter Sorgfalt an der Herstellung der Fleisch- und Wurstspezialitäten. Genuss mit dem typischen regionalen Geschmack, das ist und bleibt das Bestreben des Mollner Unternehmens.

Fleischerei Kaltenböck
Gerold Kaltenböck

Kirchenplatz 6
4591 Molln

☎ +43 7584 2214

info@kaltenboeck.at
www.kaltenboeck.at

Filiale:

Dorfplatz 14
4595 Waldneukirchen

☎ +43 7258 5112

Honigkrustenschinken

Der überbackene Honigkrustenschinken ist eine ganz besondere Spezialität der Fleischerei Kaltenböck und zeichnet sich vor allem durch das zarte Fleisch und das milde, feinmundige Aroma aus. Die leichte Honigkruste – für die edler Bienenhonig von Imkern der Region verwendet wird – hebt ihn auch geschmacklich eindeutig von anderen Schinkenspezialitäten ab.

Schinkenrolle

Angaben für 4 Personen

Zutaten.

4 Scheiben Schinken
250 g Cottagecheese
10 g Kren (gerieben)
1 EL Schnittlauch (geschnitten)
1 Prise Salz
1 Prise Pfeffer (gemahlen)

Zubereitung.

Schinkenscheiben auflegen. Cottagecheese, Kren, Schnittlauch, Salz und Pfeffer verrühren.
Cottagecheesemasse auf den Schinken streichen und einrollen.
Am Teller anrichten.

Gutes aus dem Ennstal

Die Fleischerei Mandl ist seit 1950 eine Institution in Ternberg im Ennstal. Der damals kleine Schlachtbetrieb arbeitet heute auf höchstem EU-Standard. Stressfreie Schlachtung ist für Landesinnungmeister Willibald Mandl Ehrensache und hat oberste Priorität. Sein Geheimnis ist einfach beste Qualität sowohl bei Frischfleisch als auch in der Veredelung. Die Herkunft der Tiere ist natürlich die Region oberes Ennstal. Hier kennt der Fleischermeister seine Bauern, weiß, woher die Tiere kommen und wie sie gehalten und gefüttert wurden. Um über den Inhalt seiner Produkte bis ins letzte Detail Bescheid zu wissen, muss man alles selbst erzeugen. Gemeinsam mit Sohn Thomas, der mit 28 die Fleischermeisterprüfung mit Auszeichnung abgelegt hat, arbeitet er für besten Geschmack

Fleischerei Mandl
Willibald Mandl
Kirchenplatz 6
4452 Ternberg
☎ +43 7256 8819

Filialen:
Adeg Markt, Prinzstraße 11
4452 Ternberg
☎ +43 7256 20590

Eisenstraße 24
4463 Großraming
☎ +43 7254 8221

Leberkäse im Wok

Angaben für 4 Personen

Zutaten.

4 Karotten
2 Bund Frühlingszwiebeln
2 gelbe Paprika
400 g Leberkäse
3 EL Öl
2 Knoblauchzehen
200 ml Chilisauce (süß-scharf)
100 ml Ketchup
Salz, Pfeffer

Zubereitung.

Karotten schälen und in feine Streifen schneiden. Frühlingszwiebeln waschen, putzen und in zwei Zentimeter breite Stücke schneiden. Gelbe Paprika vierteln, entkernen und in Streifen schneiden. Den Leberkäse in dicke Streifen schneiden.

Zwei Esslöffel Öl im Wok oder in der Pfanne erhitzen, den Leberkäse scharf anbraten, herausnehmen und einen Esslöffel Öl in den Wok geben.

Das Gemüse eine Minute scharf anbraten, Knoblauchzehen dazupressen, 200 Milliliter Chilisauce und das Ketchup dazugeben. Aufkochen und den Leberkäse darin erhitzen. Mit Salz und Pfeffer würzen.

sowohl in der Fleischveredelung als auch beim Kochen sowie Partyservice, dem zweiten Standbein der Fleischerei.

Donnerstags gibt es seit 20 Jahren in Ternberg einen Fixtermin: Kesselheiße in der Fleischerei Mandl. Direkt aus dem Kessel schmecken Würste aller Art am besten. Dabei kann man als Kunde auch gleich einen kleinen Blick hinter die Kulissen in die Produktion werfen und sich vor Ort von der Frische, der Qualität und dem Geschmack überzeugen.

Leberkäse

Einfach köstlich. Seit über 50 Jahren wird der Leberkäse bei Mandl nach einem – natürlich geheimen – Familienrezept hergestellt. Nur soviel sei verraten: Bestes Rind- und Schweinefleisch von Tieren aus dem oberen Ennstal und feinste Gewürze sind die Basis. Die Zubereitung mit besonders viel Sorgfalt macht wohl den guten Geschmack aus.

Fleischerei und Nahversorger

Die Marktfleischerei Nagl ist ein traditionsreicher Familienbetrieb, der seit 1875 höchste Qualität aus eigener Produktion garantiert. Im Oktober 2008 hat Johannes Nagl den Betrieb von seinem Vater übernommen und versucht, eine Brücke zu schlagen zwischen traditioneller Fleischerei und neuem, modernem Nahversorger. Sortiment und Angebot wurde um frische Lebensmittel erweitert und so gezielt auf die Wünsche und Bedürfnisse der Kunden im Ort und der Umgebung reagiert.

Das Wissen um die Herkunft und damit verbundene beste Qualität ist für Nagl entscheidend. Sein Slogan lautet schließlich: „Aus unserem Betrieb, aus unserer Region und von Lieferanten, die wir auf Herz und Nieren prüfen."

Fleisch steht bei Nagl natürlich genussvoll im Mittelpunkt. Von der hausgemachten Schinkenknacker bis zum zarten Schweinsfilet ist das Angebot an Feinkost sowie Frischfleisch umfangreich und geschmackvoll.

Marktfleischerei Nagl
Johannes Nagl

Marktplatz 18
4861 Schörfling

☎ +43 7662 2333
www.nagl-metzgerei.at

Selchknödel mit Sauerkraut

Angaben für 4 Personen

Zutaten.

Für die Fülle:
20 Scheiben vom Haus-Schwarzgeselchten
1 Zwiebel
1 EL Petersilie (geschnitten)

Für den Kartoffelteig:
500 g Kartoffeln (gekocht)
250 g Mehl (griffig)
4 Dotter
40 g weiche Butter
Salz, Pfeffer; Muskatnuss (gemahlen)

Für das Sauerkraut:
250 g Sauerkraut
2 Lorbeerblätter
Pfefferkörner

Zubereitung.

Für die Fülle das Haus-Schwarzgeselchte in feine Würfel schneiden. Zwiebel fein würfelig schneiden. Beides in einer Pfanne anbraten, Petersilie dazumischen. Aus der Masse kleine Kugeln formen, auf ein Blech geben und kurz durchfrieren (eine Erleichterung beim Knödelformen).
Für den Kartoffelteig die Kartoffeln pressen, mit den übrigen Zutaten zusammen kneten. Den Teig in zwölf Kugeln formen, plattdrücken, die eingefrorene Selchmasse in die Mitte geben und einrollen. In kochendes Wasser geben und 15 Minuten sieden lassen. Das Sauerkraut mit etwas Wasser aufkochen, Lorbeerblätter und Pfefferkörner dazugeben, bis es bissfest ist.

Neben einigen erlesenen Tropfen sowie einer kleinen Auswahl an frischem Obst und Gemüse ist die regionale Linie ein besonderer Schwerpunkt der Fleischerei. Sie umfasst Nudeln aus dem Innviertel ebenso wie frische Atterseefische oder echtes Kürbiskernöl. Alle regionalen Genussprodukte werden einer strengen Geschmacksprüfung der Familie Nagl unterzogen, bevor sie ins Sortiment aufgenommen werden.

Schwarzgeselchtes

Schweinefleisch wird trocken gesalzen und gewürzt und anschließend drei bis vier Tage gepökelt. Nachdem das Fleisch etwa zwei bis drei Wochen in Salzlake gelegen hat, wird es vom Salz und den Gewürzen befreit. Im letzten Arbeitsschritt wird das Geselchte vier bis fünf Tage bei 50 bis 55° Celsius geräuchert.

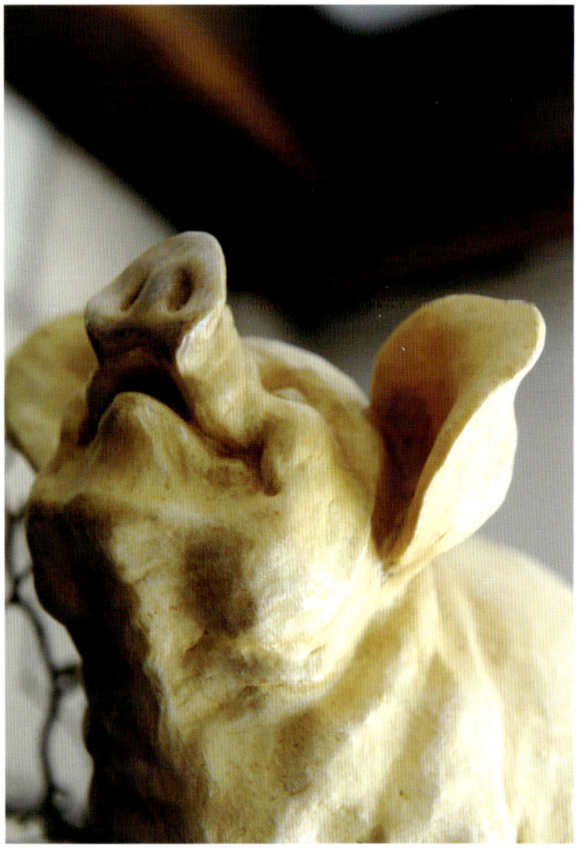

Saustark

Seit 1950 dreht sich in der Fleischerei Rosenhammer in Neukirchen an der Enknach alles um Fleisch- und Wurstwaren. Das große Fachgeschäft hält viele Gustostückerln bereit, die in Qualität und Geschmack absolut überzeugen. Das Geheimnis lautet Herkunftsbewusstsein, das für Rosenhammer ein Qualitätsgrundsatz ist – vom Stall bis auf den Teller.

Geschlachtet und verarbeitet wird in den eigenen Räumen nach alter Tradition und auf neuestem Standard selbst. Rind, Kalb und Schwein stammen ausschließlich aus Neukirchen und Umgebung. Rosenhammer arbeitet nur mit Bauern, die auf artgerechte Tierhaltung und entsprechende Fütterung Wert legen.

Seit 2003 leiten Anita und Michael Rosenhammer den Fleischer-Fachbetrieb, der für seine Qualitätsprodukte immer wieder Auszeichnungen erhält. Besonders stolz sind die Rosenhammers auf ihren Leberkäse. Die Kunst der Leberkäse-Zubereitung klingt einfach, verlangt aber viel Erfahrung. Ganz wichtig für den einzigartigen Geschmack: Das beste Fleisch, vom Fleischermeister Rosenhammer persönlich ausgesucht.

Als Mitglied der oberösterreichischen Gruppe der AkivMetzger arbeitet Rosenhammer für den guten Geschmack und gesunde Lebensmittel.

Fleischer Fachgeschäft
Michael Rosenhammer

Untere Hofmark 18
5145 Neukirchen an der Enknach

☎ +43 7729 2262

saustark1@aon.at
www.rosenhammer.co.at

Innviertler Speck Knödel

Angaben für 4 Personen

Zutaten.

Für den Semmelknödelteig:
250 g Schwarzbrot
Salz
etwas Milch
1 Ei
Mehl (griffig)

Für die Fülle:
250–300 g Surspeck (Kübelspeck)
Salz, Pfeffer
Petersilie (gehackt)

Zubereitung.

Brot würfelig schneiden, mit Milch und Ei anfeuchten und salzen. Mit Mehl zu einem halbfesten Knödelteig vermengen und aus der Masse eine Rolle formen. Für die Speckfülle den Kübelspeck in ganz kleine Würfel schneiden und mit Salz, frisch gemahlenem Pfeffer und gehackter Petersilie würzen. Aus dieser Masse kleine Kugeln formen. Den Teig in gleichmäßige Stücke schneiden, diese flachdrücken und mit Speckkugeln belegen. Den Teig darüberschlagen und Knödel formen. In kochendem Salzwasser gar kochen.

Sur- oder Kübelspeck

Der weiße Speck ist eine geschmackvolle Spezialität der Fleischerei Rosenhammer. Damit er besonders dick ist, wird ausschließlich Bauch- und Rückenspeck von Mangalitzaschweinen verwendet, die der Fleischermeister aus dem nahe gelegenen Braunau bezieht. Das Geheimnis liegt hier in der ausgezeichneten Qualität der Rohware kombiniert mit der Einfachheit der Produktion. Der Speck wird eingesalzen und in speziellen Behältern rund sechs Wochen zur Vollendung gebracht. Das Ergebnis ist ein zarter, fein salziger Sur- oder Kübelspeck.

Strasser's Gaumenfreuden – Qualität aus Erfahrung

Seit 1948 gibt es den Traditionsbetrieb Strasser in Sattledt. Mitte der 50er-Jahre wurde der Viehhandel von August Strasser durch einen modernen Schlachthof und die Fleischerei erweitert. Über die Jahre hat sich viel verändert. Das Unternehmen wird von Günther und Ulrike Strasser sowie ihrer Tochter Luise geführt und gliedert sich heute in Schlächterei, Fleischerei, Spanferkel-Produktion, Gastronomie-Lieferung sowie Menüservice und Catering. Wöchentlich werden rund 1.500 Schweine geschlachtet, die Tiere stammen ausschließlich aus der Umgebung, direkt vom Bauern. 80 bis 100 Schweine sowie drei Rinder und vier Kälber werden für die Gastronomie und die Wurstproduktion verarbeitet. Alle rund 60 Wurst- und 15 Schinkenprodukte sind aus eigener Produktion. Für Günther Strasser steht Qualität in allen Bereichen im Vordergrund. Die Fleischerei umfasst neben der Produktion und dem Geschäft auch großzügige Küchenräumlichkeiten und einen Imbissbereich. Täglich werden über 100 Fertigmenüs zubereitet. Ein weiterer Wochenhöhepunkt sind die „Kesselheißen" jeden Donnerstag. Alle Würstl, inklusive der neuen Kreation „Hot Lips" – eine Art Krainer mit der Schärfe der würzigen Jalapena – können von den Gästen im Haus genossen werden.

Fleischerei Strasser

Hauptstraße 15
4642 Sattledt

☎ +43 7244 8909

office@strasser-fleischerei.at
www.strasser-fleischer.at

Spanferkel mit Serviettenknödel und Speckkrautsalat

Angaben für 4 Personen

Zutaten.

1 Strasser's Backofenspanferkel
Für die Serviettenknödel:
1 kg Knödelbrot
¼ l Milch
½ weiße Zwiebel
100 g Margarine
2 EL Petersilie (gehackt)
2 Eier
Salz, Pfeffer

Für den Speckkrautsalat:
½ Weißkraut
3 EL Essig
1 TL Kümmel (ganz)
1 l Wasser
Salz, Pfeffer
6 Scheiben Bauchspeck

Zubereitung.

Ofen auf 160° Celsius vorheizen. Strasser's Backofenspanferkel in den Ofen geben und cirka zwei Stunden braten.
Knödelbrot in eine Schüssel geben. Zwiebel fein würfelig schneiden, in Margarine anschwitzen. Milch aufkochen. Beides mit dem Knödelbrot vermengen, mit Salz, Pfeffer und Petersilie würzen.
Abkühlen lassen. Eier unterrühren. Den Knödelteig auf Frischhaltefolie geben und zu einer länglichen Rolle formen. Fest einwickeln und beide Enden gut verknoten. Eine halbe Stunde im Wasser kochen lassen.
Kraut in feine Streifen schneiden. Wasser in einem Topf zum Kochen bringen. Essig, Kümmel, Salz und Pfeffer dazugeben. Das Kraut in diesem Wasser kochen, bis es bissfest ist.
Den Speck fein würfelig schneiden und in einer Pfanne anbraten.
Das fertige Kraut in eine Schüssel geben und den Speck darüber geben .

Strasser's Backofenspanferkel

Die Spezialität des Hauses ist Strasser's Backofenspanferkel. Das Spanferkel wird nach dem Entfernen der Knochen mit eigenem, würzigen Brät gefüllt. So servieren Sie für Ihre Gäste ein attraktives ganzes Spanferkel mit knuspriger Schwarte, von dem man wie von einem Braten ganze Scheiben abschneiden kann. Die Zubereitung ist einfach: Da es bereits vorgegart ist, braucht es im Heißluftofen bei 180° Celsius nur circa zwei Stunden. Das Fleisch ist herrlich zart und schmeckt wie feinster Schinken.

Salzburg

indsuppe mit
Fritatten
Leberknödel
Käsepressknödel
Gulaschsuppe

Oberforsthof Alm
Alpendorf 12
5600 St. Johann im Pongau
☎ +43 6412 6396
oberforsthofalm@sbg.at
www.oberforsthofalm.at

Auf der Alm

Die Oberforsthof Alm im Alpendorf bei St. Johann im Pongau ist durch ihre Gastfreundschaft und Qualität weit über die Salzburger Grenzen hinaus bekannt. Alpenländische Spitzengastronomie mit Weitblick und Unterhaltung im urtypischen Ambiente sind das Erfolgskonzept des Hauses. Viele Räume in verschiedenen Größen stehen zur Verfügung, vom Adlerhorst über`s Fuchsloch bis hin zu Troadkasten und der Almstube. Einfach gemütlich, so muss es auf einer Alm sein, und so findet man hier ein perfektes gastronomisches Rundumpaket. Wer etwas zu feiern hat, findet den richtigen Rahmen für jede Größe. Organisation inklusive nach dem Motto: Möge Ihr Wunsch auch noch so groß oder klein sein, wir sorgen für ein gelungenes Fest!

Das Küchenteam hat es sich zum Ziel gesetzt, mit Liebe zum Detail zu verwöhnen. Ob traditionell, bodenständige „Pongauer" Küche oder Spezialitäten á la carte.

Diesem Anspruch galt es natürlich auch bei der Auswahl unserer Salzburger Fleisch- und Wurstwaren gerecht zu werden. Entstanden sind Gerichte, die schnell und unkompliziert zubereitet einfach köstlich sind. Neben der klassischen Bratwurstpfanne gibt es Avocado mit Schafskäse, Kochschinken auf Blattsalaten oder gebratene Käsekrainerscheiben auf Vogerlsalat bis hin zur Kartoffelsuppe mit Preberwurst verfeinert. In jedem Fall haben Sie hier beste Aussicht auf Genuss.

Geschmackvolle Größe

Bereits seit dem Jahr 1932 stellt das natürlich gewachsene Familienunternehmen Ablinger in Oberndorf an der Salzach feine Fleisch- und Wurstwaren her. Mittlerweile ist der 230 Mitarbeiter starke Betrieb weit über die Landesgrenzen hinaus bekannt. Erstklassige Qualität und die perfekte Erfüllung der Kundenwünsche standen seit jeher an erster Stelle und sind auch heute noch die Philosophie des Unternehmens – und das schmeckt man auch.

Das im Haus Ablinger verarbeitete, hochwertige Fleisch stammt ausschließlich aus der Region. Das Frischfleisch aus eigener Schlachtung wird unter anderem auch an die Gastronomie geliefert und in den zwei eigenen Filialen in Oberndorf angeboten, die über 300 Wurst- und Fleischwarenartikel aus der eigenen Produktion gehen überwiegend in den Handel und den Großhandel. Die Auswahl der im Betrieb hergestellten Spezialitäten ist riesig und reicht von Schinken und Frischwürsten (darunter Frankfurter, Debreziner oder Münchner) über Dauerwürste, Speck (wie ein Bacon nach amerikanischem Vorbild) und Selchwaren bis zu feinen Aufstrichen und Sülzen.

Franz Ablinger und seine Frau Ulrike leiten das Unternehmen. Die Kinder Franz jun. und dessen Schwester Johanna arbeiten ebenfalls bereits im Betrieb mit. Eine nach wie vor bodenständige Familie, stets offen für Innovationen und neue, positive Entwicklungen. Darin liegen sicher auch die Wurzeln ihres gewachsenen Erfolges.

Franz Ablinger & Co
Fleischhauereibetrieb GmbH

Franz-Xaver-Grimm-Straße 3
5110 Oberndorf

☎ +43 6272 7530
Fax +43 6272 6212

office@ablinger.co.at
www.ablinger.co.at

Filialen:

Kirchenplatz 4
5110 Oberndorf

☎ +43 6272 4235

Watzmannstraße 25
5110 Oberndorf

☎ +43 6272 4219

Wacholderschinken

Für den Wacholderschinken von Ablinger werden ausgewählte Schlögelteile des Schweins sorgfältig gepökelt, mit Wacholderbeeren und Gewürzen ummantelt, in Formen eingelegt und gekocht. Anschließend wird die Delikatesse über Buchenholz leicht geräuchert. Dadurch erhält das Fleisch das typische und charakteristische Aroma, das den Schinken zu einem wahren Gaumenschmaus macht und ihn klar von anderen Kochschinken unterscheidet.

Spargel „Amade" mit Wacholderschinken

Angaben für 4 Personen

Zutaten.

4 Scheiben Toastbrot
12 Stangen Spargel
16 Blatt Wacholderschinken
100 g Parmesan (gerieben)
100 g Käse
(gerieben; Emmentaler, Bergkäse)
50 g Butter

Frische Kräuter nach Geschmack
(Rosmarin, Thymian, Liebstöckel,
Mayoran, …)
Für die Sauce Hollandaise:
5 Eidotter
5 EL Grüner Veltliner
500 g Butter (zerlassen)
Salz, Pfeffer, Zitronensaft

Zubereitung.

Toastbrot toasten. Wacholderschinken in Butter schwenken.

Toastbrot auf einen hitzebeständigen Teller geben und zwei Blatt Wacholderschinken auf das Toastbrot legen. Drei Stück Spargel draufgeben, mit Käse und mit frischen Kräutern bestreuen. Im Backrohr überbacken.

Für die Sauce Hollandaise die Eidotter und den Weißwein in eine Schüssel geben und über Dampf aufschlagen. Die zerlassene Butter langsam unterschlagen, mit Salz, Pfeffer und Zitronensaft abschmecken.

Teller aus dem Backrohr nehmen, mit dem restlichen Schinken garnieren und die Sauce Hollandaise extra servieren.

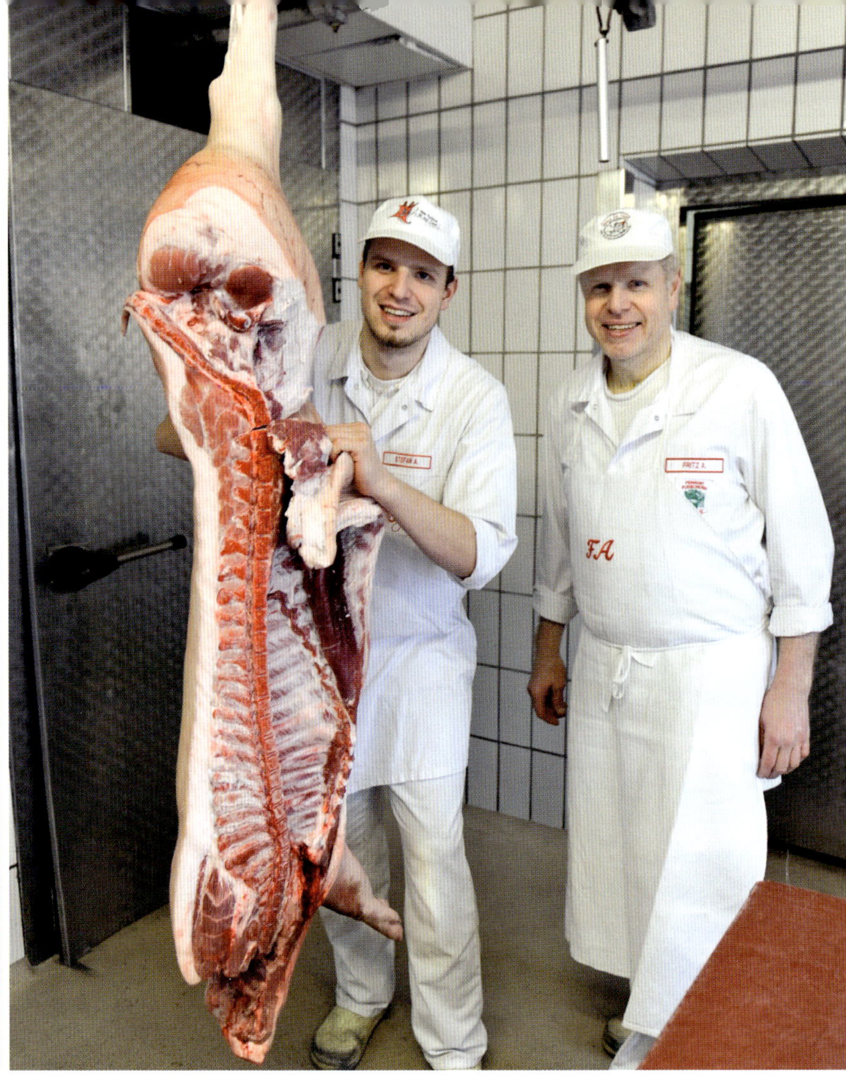

In Hallwang und am Schrannenplatz

Das Geschäft Feinkost Fleischerei – Friedrich Auernig gibt es bereits seit 1956 in Mayrwies/Hallwang. Aufgebaut von den Eltern Theresia und Josef Auernig wurden über die Jahre schrittweise Verkaufslokal sowie die Produktionsstätte erweitert und ausgebaut. Heute zählen neben Fleischverkauf und der Produktion von Fleisch- und Wurstwaren auch der Menü- sowie Partyservice zum Geschäftsumfang.

2007 kam mit Sohn Stefan, der in der Ersten Bayrischen Fleischerschule in Landshut seine Fleischer-Meisterprüfung mit Auszeichnung abgelegt hat, Verstärkung in den Betrieb. Besonderer Wert wurde bereits vom Firmengründer auf die hohe Qualität der heimischen Fleisch- und Wurstwaren gelegt. Eine neue Spezialität des Betriebes ist das trockene Ablagern von jungem, heimischem Rindfleisch. Das dadurch gewonnene „Dry Aged Beef" ist unglaublich zart und intensiv im Geschmack.

Wenn zwei Generationen zusammenarbeiten, treffen neue Ideen und viel kreatives Potenzial auf langjährige Erfahrung und Umsicht. Der gemeinsame Fokus richtet sich immer auf den guten Geschmack und darauf, den Kunden das Beste zu bieten. Die Feinkost Fleischerei Auernig gibt es übrigens auch in der Salzburger Innenstadt, am Schrannenmarkt am Mirabellplatz.

Feinkost Fleischerei
Friedrich Auernig

Wiener Bundesstraße 16
5300 Hallwang

☎ +43 662 661339

metzgerei@auernig.at
www.auernig.at

Fladenbrot mit Rucola und Schinken

Angaben für 4 Personen

Zutaten.

30 g Hefe (frisch)
30 g Zucker
30 g Salz
625 ml Wasser (lauwarm)
½ kg Weizenmehl Type 550
½ kg Roggenmehl
Rucola
Oliven
Cherrytomaten
Schinken
Parmesan (frisch gerieben)

Zubereitung.

Hefe mit Zucker und Salz in lauwarmem Wasser auflösen. Mit Mehl im Rührkessel (Knethaken) kneten, langsam das Wasser dazugeben und zu einen festen Teig verarbeiten.
Circa eine Stunde rasten lassen und dann noch einmal durchkneten.
Den Teig in vier Stücke teilen und nochmals eine halbe Stunde rasten lassen.
Teig ausrollen und im vorgeheizten Rohr bei 200° Celsius goldgelb backen.
Mit Rucola, Oliven, Tomaten und Schinken belegen und abschließend frischen Parmesan darüberreiben. Mit einem Schuss Olivenöl vollenden.

Bauernschinken

Ganze Schweineschlögel vom „GUSTINO“-Schwein werden ausgelöst, mild gepökelt, mit einer groben Rohgewürzmischung bestreut, leicht geräuchert und anschließend schonend durchgegart. Durch die hohe Fleischqualität und schonende Verarbeitung ist diese Schinkenspezialität saftig, mild und abgerundet im Geschmack.

Geschmack ohne Kompromisse

Dass man nur mit hochwertigem Fleisch, edlen Gewürzen und großem handwerklichem Können beste Qualität herstellen kann, das weiß man in der Fleischerei Lettner schon seit 1904. Bereits damals betrieb der Großvater des heutigen Seniorchefs, Engelbert Lettner, in der Turnerstraße eine hoch angesehene Fleischerei. Inzwischen ist der Betrieb nicht nur zu einer Institution für viele Stammkunden des Stadtteils Gnigl geworden, sondern auch zu einem festen und bekannten Bestandteil der Salzburger Wurst- und Fleischkultur.

Dem hohen Qualitätsanspruch entsprechend wird bei Lettner ausschließlich österreichische Rohware verarbeitet, das frische Rind- und Schweinefleisch kommt aus Schlachthöfen in Salzburg und dem angrenzenden oberösterreichischen Raum. Für die Veredelung zu hochwertigen, schmackhaften Genussprodukten werden ausschließlich feinste Naturgewürze verwendet, auf den Einsatz von Laktose und Gluten wird weitgehend verzichtet. Das gesamte Sortiment wird zu 100 Prozent im eigenen Betrieb hergestellt, die Auswahl reicht von der Debreziner über die Käsekrainer mit Emmentaler bis zur feinen Bienenhonigstreichwurst oder dem saftigen Beinschinken.

Engelbert Lettner ist Fleischer aus Überzeugung, seinen hohen Qualitätsanspruch lebt er täglich mit seinen Mitarbeitern im Traditionsbetrieb vor.

Fleischerei Engelbert Lettner
Engelbert Lettner

Wolfgangseestraße 19
5321 Koppl

☎ +43 662 640188

info@e-lettner.at
www.e-lettner.at

Filialen:

Turnerstraße 1
5020 Salzburg
☎ +43 662 640152

Innsbrucker Bundesstraße 22
5020 Salzburg
☎ +43 662 424162

Kaiserschützenstraße 8
5020 Salzburg
☎ +43 662 873943

Käsekrainer

Die Käsekrainer von Lettner wird nach hauseigenem Rezept und unter Verwendung von hochwertigem, ausschließlich heimischem Fleisch hergestellt. Auch beim Käse greift man zur Qualität aus Österreich: aromatischer, würziger Emmentaler in großen Stücken. Damit entsteht eine Wurst, die mit hoher Qualität, feinem Geschmack und überragendem Aroma überzeugt.

Vogerlsalat mit Kernöl, gebratenen Käsekrainerscheiben und Eierschwammerln

Angaben für 4 Personen

Zutaten.

4 Käsekrainer
400 g Vogerlsalat
100 g Eierschwammerl
Cocktailtomaten
100 g Kartoffelwürfel
Kernöl
Zwiebel, Petersilie
Salz, Pfeffer
Essig, Öl

Zubereitung.

Eierschwammerl waschen, in einer heißen Pfanne kurz anschwenken. Fein geschnittenen Zwiebel dazugeben und mit Salz, Pfeffer und frisch gehackter Petersilie abschmecken.
Käsekrainer in Scheiben schneiden und in einer Pfanne anbraten.
Kartoffelwürfel in heißem Fett frittieren.
Vogerlsalat waschen und mit einer Essig-Öl Marinade marinieren. Den marinierten Salat anrichten, die Käsekrainerscheiben dazugeben und mit den Eierschwammerln und Kartoffelwürfeln vollenden. Mit Kernöl beträufeln und servieren.

Die Mache-Qualität

Die Liebe zum Beruf muss den Maches seit Generationen in die Wiege gelegt sein. In wirtschaftlich schwierigen Zeiten wagten Johann und Amalia Mache 1922 in Leopoldskron-Moos, damals noch vor den Toren Salzburgs, den mutigen Schritt in die Selbstständigkeit.

Bei der ersten Generationsübergabe 1960 an Johann und Friederike Mache, den Eltern des heutigen Inhabers, hatte sich der Anspruch an das Angebot völlig verändert. Nach langen entbehrungsreichen Jahren wurde gutes Essen wieder ein Zeichen von Lebensfreude und wirtschaftlichem Aufschwung – die Fleischerei Mache erfüllte diese Kundenwünsche.

Dieser Weg wurde 1995 bei der Übernahme von Johann und Elfi Mache konsequent und verstärkt weiterverfolgt. Heute ist es für die beiden wichtig, das Bodenständige zu bewahren und gleichzeitig den regionalen Aspekt verstärkt aufzuwerten. Deshalb kommen die Produkte allesamt aus heimischen Landwirtschaften. Wo die Tiere gesunde Nahrung bekommen, wo sie Auslauf haben, wo eben Wert auf Qualität gelegt wird. Heimische Spitzenqualität, exzellente Beratung, Erfüllung aller Kundenwünsche, so wurde aus der Fleischerei Mache – Der Mache. Umbau und Modernisierung, Sortimentserweiterung, Imbiss und angeschlossene Bäckerei und 80 selbst produzierte Wurstsorten bürgen für Qualität, auf die der Fleischermeister Johann und seine Frau Elfi sehr stolz sind. Die Weichen für eine erfolgreiche Zukunft sind schon gestellt. Tochter Michaela hat im Jahr 2005 ihre Meisterprüfung abgelegt, Tochter Kathrin ist Fachverkäuferin und seit 2007 Verkaufsleiterin. Sohn Matthias wurde 2010 Gesamtsieger beim Bundeslehrlingswettbewerb.

Der Mache
Mache Johann

Moosstraße 94
5020 Salzburg

☎ +43 662 830011

info@dermache.at
www.dermache.at

Avocado mit Schafskäse und Kochschinken auf Blattsalaten

Angaben für 4 Personen

Zutaten.

4 Stück Avocado
100 g Schafskäse
20 g Polenta
12 Blatt Kochschinken
1 Häuptelsalat
100 g Vogerlsalat
Cocktailtomaten
Kren (frisch gerieben)
Kresse
Essig, Öl, Butter

Zubereitung.

Avocado schälen, halbieren, entkernen, mit Schafskäse füllen, in Polenta wälzen, in einer Pfanne anbraten und anschließend ins vorgeheizte Backrohr geben (160° Celsius, circa zehn Minuten).
Häuptel- mit Vogerlsalat mischen, mit Essig-Öl Dressing marinieren.
Salat anrichten, Schinken in Butter schwenken und mit Avocado zum Salat geben.
Frischen Kren darüberreiben und mit Kresse garnieren.

Der Italiener

Maches „Italiener" ist ein Schinken mit einer neuen raffinierten Meersalzwürzung. Bei der Würzrezeptur wurde großer Wert auf ein leichtes Aroma und Naturbelassenheit gelegt. Am besten, Sie kommen vorbei und kosten ihn einfach, den „Italiener".

Darf's ein bisschen mehr sein, an Qualität und Service?

Die Fleischerei Renner ist seit Jahrzehnten ein Begriff in Salzburg. Man kommt nach Maxglan in die Siezenheimer Straße, nicht nur um beste Fleisch- und Wurstwaren zu kaufen, sondern weil hier, in diesem Familienbetrieb, Kompetenz, freundliche Bedienung und perfekter Service mehr als nur ein Gedanke sind.

„Wir bieten unseren Kunden neben Frischfleisch in allen Zuschnitten ein Vollsortiment an Wurst- und Schinkenspezialitäten aus eigener Erzeugung in höchster Qualität, sowie eine große Auswahl im Feinkost- und Imbissbereich, küchenfertige Spezialitäten, frische Salate, Gemüse, Käse, Weine, und vieles mehr"

Handwerkliches Können sowie ein hoher technischer Standard sind die Grundlage für die Produktion. Kreativität bei der Produktentwicklung, eingehend auf individuelle Kundenwünsche, zeichnen den Betrieb und seine Mitarbeiter aus.

Im Bereich Partyservice reicht das Angebot der Fleischerei Renner vom fein garnierten Brötchen über kreatives Finger-Food bis zum festlichen Buffet. Somit ist „der RENNER" ein Fixpunkt bei vielen Salzburger Gourmets.

Zusätzlich zu den zahlreichen Kunden des Detailgeschäfts schätzen auch viele Salzburger Firmen und Gastronomiebetriebe der Region, Feinkostläden und Würstelstände den Fleischereifachbetrieb als verlässlichen Partner, für den neben bester Qualität der erzeugten Produkte, Kompetenz, Flexibilität und perfekter Service ganz selbstverständlich gelebter Arbeitsalltag sind.

Renner GmbH. & Co. KG
Siezenheimer Straße 2a
5020 Salzburg
☎ +43 662 433021–0
info@fleischerei-renner.at
www.fleischerei-renner.at

FrischwurstnockerIn Suppeneinlage für klare Rindsuppe

Angaben für 4 Personen

Zutaten.

4 Mettenwürstel
1 Karotte
1 gelbe Rübe
etwas Schnittlauch

Zubereitung.

Die Mettenwürstel enthäuten, Brät in eine Schüssel geben und mit dem Mixer gut durchrühren. Aus der Masse Nockerln ausstechen.
In einem Topf Wasser mit Salz zum Kochen bringen, Nockerl hineingeben und circa zehn Minuten ziehen lassen (nicht kochen!). Die Karotte und die gelbe Rübe in feine Streifen schneiden und kurz in Salzwasser dünsten.
Die Rindsuppe mit Gemüsestreifen und Nockerln anrichten und mit Schnittlauch bestreuen.

Mettenwürstel

Ursprünglich gab es die „ungebrühten Frischen" als traditionelles Mettenwürstel nur zur Weihnachtszeit. In gebrühter Form hat das „klassische Frische" allerdings neben Frankfurter, Debreziner, Krainer und Co. das ganze Jahr Saison. Mageres Rind- und Schweinefleisch als Basis, mit feinen Gewürzen geschmacklich abgerundet, sind „die Frischen" immer ein „RENNER"!

Landgasthof & Fleischerei Santner

Marktplatz 2
5303 Thalgau

☎ +43 6235 7216

office@landgasthofsantner.at
www.landgasthofsantner.at

Von der Bratwurst bis zum Bries

Landgasthof und Fleischerei Santner in Thalgau sind ein Betrieb mit einer langen Geschichte. 1290 erbaut ist das Haus im Zentrum der idyllischen Ortschaft Thalgau seit 1690 in Familienbesitz. Seit jeher arbeiten Santners im Viehhandel, in der Schlachterei und der Fleischverarbeitung. Qualität beginnt für Christian Santner bei der Herkunft der Tiere. Artgerechte Tierhaltung mit viel Auslauf und bestem Futter sind die Basis für ausgezeichnete Fleischqualität. Seit Anfang der 1990er Jahre ist Santner biozertifiziert und arbeitet eng mit Bio-Bauern der Region im Umkreis von 40 Kilometern zusammen. Nicht Masse und Ertrag sind für ihn entscheidend, sondern vielmehr gesundes, nachhaltiges Wirtschaften, das Leben mit der Natur. Durch die schwierige Verfügbarkeit im Bio-Bereich hat Santner sich auf Wurst- und Fleischwaren aus Kalbfleisch spezialisiert.

Im Gasthaus kann man viele der Spezialitäten gleich ausprobieren. Bei Kalbfleisch darf natürlich Bries oder feine Kalbsleber nicht fehlen, die viele Liebhaber von Innereien nach Thalgau führt. Weil es so gut schmeckt, beliefert Santner auch einige andere Bio-Restaurants.

Bratkartoffelwurstpfanne

Angaben für 4 Personen

Zutaten.

1 kg Erdäpfel (gekocht)
2 Zwiebeln
4 Bratwürste
4 TL Rapsöl
Salz, Pfeffer, Paprika
Petersilie
4 Eier

Zubereitung.

Kartoffel schälen und in dicke Scheiben schneiden. Zwiebeln würfeln und in einer Pfanne mit Öl goldgelb anrösten. Bratwürste in Scheiben schneiden und dazugeben. Kartoffeln zufügen, mit Salz, Pfeffer und Paprika würzen, fein gehackte Petersilie beigeben und das Ganze gut anbraten.
Mit einem Spiegelei servieren.

Santner Bratwurst

Kalbfleisch und Schweinespeck sind die Basis dieser feinen Bratwurst. Das Geheimnis des Geschmacks sind zwei besondere Zutaten: Altbackene Semmeln machen die Wurst besonders flaumig, feingekutterter Lauch gibt das frische, besondere Etwas. 100 Prozent biologisch und 100 Prozent köstlich.

Meisterbetrieb in elfter Generation

Fleischerei und Hotel bilden hier eine perfekte Einheit. Die Mitgliedschaft beim „kulinarischen Erbe Österreich“ und der „Genussregion Österreich“ verdeutlicht bereits die Philosophie bei der Zubereitung der Speisen sowie bei der Herstellung der Fleisch- und Wurstwaren. Das Hotel Walserwirt und die Familie Santner gewährleisten Herkunftsicherheit durch die eigene Fleischerei und Einkauf bei Landwirten aus der Nachbarschaft und umliegenden Regionen.

Der Familienname Santner steht dabei nicht nur für Gastfreundschaft aus Überzeugung, sondern auch für die Erzeugung von qualitativ hochwertigen Fleisch- und Wurstprodukten aus der Fleischerei und der in Familienbesitz befindlichen Landwirtschaft.

„Unsere Aufgabe sehen wir besonders darin, das Erbe unserer Vorfahren zu erhalten und an unsere Nachkommen weiterzugeben“, so Paul Santner, Geschäftsführer und Fleischermeister in zehnter Generation. Sohn Paul Santner jun. führt diese Tradition nun fort und erlangte 2010 den „elften Meistertitel“ in der Geschichte der Familie.

Besonders geschätzt wird im Walserwirt die regional betonte Zubereitungsart der Speisen, die sich vor allem durch die Frische der Produkte und die hervorragende Qualität auszeichnet.

Santner Fleisch- & Wurstwaren
Hotel Walserwirt****

Walser Straße 24
5071 Wals

☎ +43 662 850388 (Fleischerei)
☎ +43 662 850927, F: DW 5 (Hotel)

info@walserwirt.com
www.walserwirt.com

Salzburger Pfefferwürstel

Die Salzburger Pfefferwürstel bestehen aus grob gekörntem Schweine- und Rindfleisch, Speck, Salz, Gewürzen und einem feinen Pfeffermantel. Nach einer leichten Räucherphase über Buchenholz dürfen die köstlichen Rohwürstel vier Wochen reifen, ehe sie die ideale Konsistenz für den Genuss erreicht haben. Entweder dünn geschnitten auf frischem Bauernbrot oder einfach zum Reinbeißen.

Geröstete Knödel mit „Wurstgrammeln"

Angaben für 4 Personen

Zutaten.

6 Semmeln vom Vortag
(oder ca. 200 g Semmelwürfel)
⅛ l Milch (heiß)
1 kleine Zwiebel
30 g Butter oder Margarine
2 EL gehackte Petersilie (glatt)
2 Eier
Muskatnuss (gerieben)
Pfeffer (gemahlen)
Salz
etwas Mehl
Pfefferwürstel (nach Geschmack)

Zubereitung.

Semmeln in dünne Scheiben schneiden und mit heißer Milch übergießen.
Zwiebel in Würfel schneiden und in der heißen Butter oder Margarine glasig dünsten. Petersilie kurz mitdünsten.
Gedünstete Zwiebel/Petersilie unter die Semmelmasse mischen, die Eier untermischen, etwas ziehen lassen, anschließend kneten und würzen.
Mit feuchten Händen sechs bis acht etwa gleich große, feste Knödel formen und in Mehl wälzen. In kochendes Wasser legen und 20 Minuten ziehen lassen (nicht wallend kochen!).
Für die Wurstgrammeln die Pfefferwürstel in kleine Stücke schneiden und in der heißen Pfanne kurz anbraten.
Die Semmelknödel kann man jetzt frisch mit Wurstgrammeln servieren oder in Scheiben schneiden, anbraten und mit den Wurstgrammeln servieren.
Dazu passt Sauerkraut.

Lungauer Handarbeit

Sie achten auf Frische und guten Geschmack. In der Fleischerei Schader in Tamsweg dreht sich alles darum, die besten Fleisch- und Wurstwaren zu bieten. „Die Besonderheit unserer Fleischerei besteht darin, keine 'Fleischerei von der Stange' zu sein, sondern im traditionellen und handwerklichen Stil betrieben zu werden“, beschreibt Alfred Macheiner seine Arbeit. Das beginnt bereits bei der Auswahl der Tiere, die vorwiegend aus der Region kommen. Stressfrei geschlachtet und schnell verarbeitet wird nur frisches Fleisch zu Schader-Spezialitäten verarbeitet. „Nur was man gerne tut, macht man auch gut“, ist das Motto bei Schader. Im Verkauf wird man kompetent und freundlich bedient, erhält Tipps für die Zubereitung und erfährt allerlei Interessantes und Wis-

Fleischerei Schader GmbH
Postplatz 6
5580 Tamsweg
☎ +43 6474 2440
info@preberwurst.com
www.preberwurst.com

Kartoffelsuppe mit Preberwurstscheiben

Angaben für 4 Personen

Zutaten.

½ kg Kartoffeln
½ l Bouillon
(mit Gemüse und Kräutern)
¼ l Schlagobers
Salz, Pfeffer
Lorbeerblatt
Majoran
½ Zwiebel
1 Knoblauchzehe
einige Preberwurstscheiben

Zubereitung.

Kartoffeln klein schneiden. Mit Suppe und Gewürzen 30 Minuten leicht kochen. Lorbeerblatt rausnehmen und alles mit dem Mixstab fein pürieren. Wenn nötig, noch Suppe und Schlagobers beifügen und gut abschmecken. Preberwurst in dünne Scheiben schneiden, kurz anbraten. Suppe in Teller geben und mit Preberwurstscheiben verfeinern.

senswertes. Wenn man einen Blick hinter die Kulissen in die Verarbeitungsräume werfen darf, wird man erstaunt sein, dass sich das gute Klima hier fortsetzt. Tradition und Handarbeit bestimmen die Produktion. Dabei wird natürlich auf Geschmacktrends ebenso eingegangen wie auf die zunehmenden Allergien. Alle Fleisch- und Wurstwaren in der Vitrine sind aus eigener Produktion und können daher bis zur kleinsten Zutat rückverfolgt werden. Mit gutem Gewissen genießen ist hier einfach köstlich.

Preberwurst

Das Rezept der Preberwurst geht auf den Großvater der Inhaber zurück. Als passionierter Jäger suchte Ludwig Schader nach einer Wurst, die lange haltbar und geschmackvoll ist. Aus reinem Rindfleisch entwickelte er die Preberwurst, die mehr als nur eine Wurst, vielmehr ein Synonym für Qualität und Geschmack ist.

Qualität seit 40 Jahren

Wenn es um Fleisch und Wurst geht, ist die beste Qualität gerade gut genug. Eben diese erstklassige Qualität liefert Urban seit mehr als 40 Jahren in die beiden Filialen in St. Johann sowie an zahlreiche Gastronomiebetriebe in der Region.

Mit Sorgfalt, Kreativität und viel handwerklichem Geschick wird hier Bewährtes gepflegt und Neues kreiert. Von cholesterinarmen Wurstsorten bis zu den traditionellen Mettenwürsteln.

Qualität aus Meisterhand garantiert dabei höchsten Genuss, frische Wurstwaren und gut abgelegenes Fleisch unterstreichen diesen Anspruch.

Durch die eigene Schlachtung kann die Kette der Qualitätskontrolle eingehalten werden. Es beginnt schon bei der Auswahl der Schlachttiere im Salzburger Land und im oberösterreichischen Alpenvorland. Diese wichtige Aufgabe obliegt dem Seniorchef Fritz Urban. Dadurch kann die Fleischreifung im eigenen Betrieb optimal gesteuert werden. Robert Urban führt als Küchenchef das neue Urbiss-Bistro in der Fleischerei Urban. Erstklassige Qualität wird belohnt. 2010 gewann die Fleischerei Urban beim Internationalen Fleisch- und Wurstwettbewerb 22 Goldmedaillen für die zum Bewerb eingereichten Produkte.

Urban – Die Fleischerei
Hauptstraße 32
5600 St. Johann im Pongau
☎ +43 6412 4275
info@urbiss.at
www.urbiss.at

Filiale:
Venedigerstraße 4a
5600 St. Johann im Pongau
☎ +43 6412 6150

Salzburger Bratwurst mit Erdäpfel

Angaben für 4 Personen

Zutaten.

4 Salzburger Bratwürste
400 g Erdäpfel (speckig)
Schmalz (oder Öl)
Salz
Pfeffer
Kümmel
Kräuter (nach Belieben)
Butter (optional zum Verfeinern)

Zubereitung.

Erdäpfel am Vortag mit der Schale in Salzwasser halbroh kochen, abseihen und abschrecken. Am nächsten Tag schälen und in eher dicke Scheiben schneiden. In einer Pfanne mit dickem Boden Schmalz oder Öl erhitzen, Erdäpfelscheiben darin flach verteilen und bei mittlerer Hitze circa zehn Minuten langsam goldgelb anbraten. Mit einer Backschaufel wenden, weiterbraten und mit Salz, Pfeffer sowie eventuell Kräutern oder Kümmel würzen. Nach Bedarf mit Butter verfeinern. Die Salzburger Bratwürste in der Pfanne von beiden Seiten anbraten. Anrichten.

Salzburger Bratwurst

Es muss nicht kompliziert sein, oftmals sind es die einfachen Produkte, die den Gaumen überzeugen. Unter diesem Motto gibt es bei Urban die Salzburger Bratwurst. Die Zutaten sind Schweinefleisch und Kalbfleisch sowie frische Gewürze. Serviert mit Bratkartoffeln und mit oder ohne Sauerkraut schmeckt sie einfach köstlich.

Mehr als Bosnawürstel

Bekannt ist das Fleischerfachgeschäft von Hans Walter jun. in Salzburg als Bosnaspezialist. Nicht nur im Geschäft am Langmoosweg 1, sondern auch in der Salzburger Innenstadt, in der Getreidegasse beim Durchgang Goldener Hirsch. Der wohl über die Landesgrenzen hinaus bekannteste Bosnastand, und hier gibts ausschließlich Bosna, wurde vor über 20 Jahren von Hans Walter sen. übernommen, nachdem die Vorbesitzerin in den wohlverdieneten Ruhestand gegangen war.

1967 gegründet, liegt der Schwerpunkt des Betriebes heute auf drei Bereichen. Neben dem Detailgeschäft und dem Bosnastandl auf der Zubereitung von Fertig-Menüs. Auf der Speisekarte stehen Klassiker wie

Gulasch, Rindsroulade oder Chili con Carne neben ganz besonderen Spezialitäten wie Geröstete Nieren sowie Schweine- oder Kalbsrahmbeuschel.

Beim Einkauf im Detailgeschäft haben Kunden die Qual der Wahl. Neben einem großen Angebot an Fleisch- und Wustwaren aus eigener Produktion gibt es die breite Palette an Fertiggerichten zur Auswahl. Wer selbst kocht, bekommt viele Zubereitungstipps gleich dazu. Oder man genießt gleich vor Ort, denn im Geschäft gibt es auch reichlich Platz für genussvolle Mahlzeiten.

Fleischerfachgeschäft Walter
Hans Walter

Langmoosweg 1
5023 Salzburg

☎ +43 662 661835

info@hanswalter.at
www.hanswalter.at

Tortillabosna

Angaben für 4 Personen

Zutaten.

4 Stück Tortillaböden
50 g Lauch
1 roter und 1 grüner Paprika
50 g Mais
Chili (frisch)
150 g Käse (Bergkäse; gerieben)
Cocktailtomaten
Basilikumpesto
8 Bosnawürstel
Blattsalate

Zubereitung.

Lauch waschen und in feine Ringe schneiden. Paprika in Streifen schneiden. Cocktailtomaten halbieren. Das Gemüse salzen und pfeffern, mit etwas Pesto und Käse in eine Schüssel geben und mit etwas Chili verfeinern.
Tortillaböden in einer Pfanne warm machen. Bosna grillen. Gemüsemischung auf die Tortillaböden verteilen, jeweils zwei Bosna einlegen und zusammenrollen. Auf ein Backblech geben und circa zehn Minuten bei 160° Celsius ins Rohr geben. Bosnatortillas mit Blattsalat anrichten.

Bosnawürstel

Wenn man in Salzburg Bosna isst, sind es sehr wahrscheinlich Würstel der Fleischerei Walter. Sie sind den bekannten Schweinebratwürsteln ähnlich, mit der Besonderheit einer feinen Knoblauchnote. Die Gewürzmischung ist natürlich ein Geheimnis, nur eines sei verraten: Bei den acht Gewürzen steht Curry im Mittelpunkt.

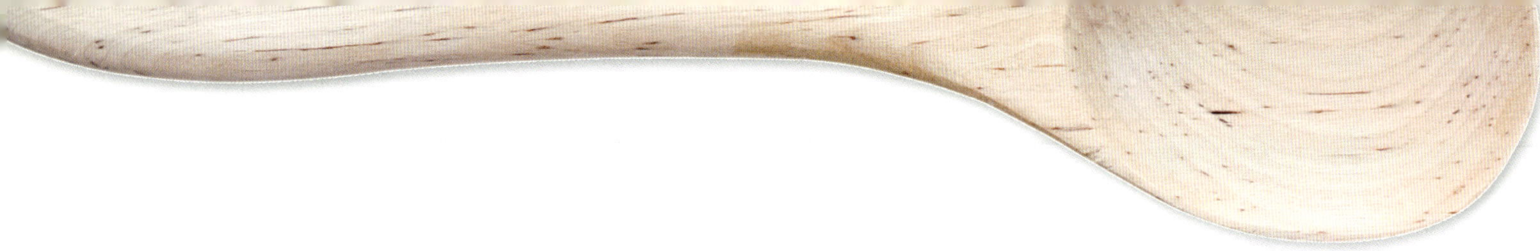

Steiermark

MAHLZEIT

Landhaus-Keller

Schmiedgasse 9
8010 Graz

☎ +43 316 830276

mahlzeit@landhauskeller.at
www.landhauskeller.at

Das Restaurant im Herzen von Graz

Wenn es in der Steiermark einen Hort der traditionellen steirischen und österreichischen Küche gibt, dann in der Schmiedgasse 9. Die Gastgeber Doris und KR Günther Huber hüten das steirische Traditionshaus als einen Ort der besonderen Gastlichkeit und österreichischen Wirtshauskultur. Der Landhaus-Keller fühlt sich der großen österreichischen Kochtradition verpflichtet und tischt nur auf, was wirklich hierher passt. Küchenchef Lorenz Kumpusch schafft es meisterlich, die Authentizität der Landhausküche durch regionale und saisonale Produkte zu wahren. Er kocht echt steirisch inmitten der Genuss-Hauptstadt Graz. Für die „Wurschtkuchl" entstanden dabei Gerichte wie Saltimbocca vom Wels mit Turopoljespeck und Polenta, Kürbiskernwurst mit Kernöl-Käferbohnenbaguette mit Bärlauch-Schafstopfen oder Knoblauchrohwurst gekocht mit Kardamom-Preiselbeerrisotto. Als Zutat verwendet Kumpusch gerne Kreationen seiner Gaumengut Produktlinie, die heimische Grundprodukte mit Gewürzen aus aller Welt vereint.

Im Landhaus-Keller wird beste steirische Kochkunst und Gastlichkeit ehrlich und geschmackvoll gelebt. Schön, dass es solche Orte gibt!

GAUMENGUT hat sich zum Ziel gesetzt, ausgefallene Produkte, frei von künstlichen Zusätzen und Geschmacksstoffen zu kreieren. Inspiriert von der Natur und ihren kulinarischen Schätzen, entstehen Kreationen aus heimischen Grundprodukten, die mit Kostbarkeiten aus der ganzen Welt veredelt werden. Hinter den Kreationen stehen Lorenz & Heike Kumpusch, die ihre Ideen und Kenntnisse verbinden und im kleinen, feinen Rahmen neue Geschmackserlebnisse entwickeln.

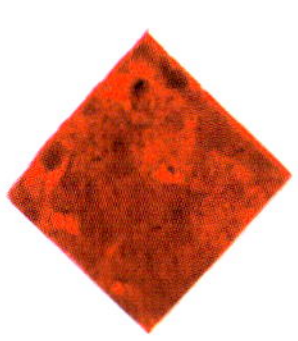

Kardamompreiselbeeren

Die Preiselbeere, auch als Heilpflanze geschätzt, ergänzt sich wunderbar mit Kardamom, einem asiatischen Gewürz. Im Geschmack treffen sich herbe Fruchtigkeit und süßliche Schärfe zu einem unverwechselbaren Zusammenspiel.

Die GAUMENGUT-Kardamompreiselbeeren passen klassisch zu Gebackenem, Wild- und Lebergerichten sowie zu Terrinen uvm.

Essigzwetschken

Ein Zwetschkenröster der anderen Art: Zwetschken mit Balsamico und Gewürzen eingekocht, ergeben einen wunderbar pikant-süßen Röster, der Wildgerichte, kräftig gebratenes Rindfleisch sowie gebackenes Fleisch oder Innereien vervollständigt.

Mit Liebe, Lust und Leidenschaft

Mitten in der Weizer Innenstadt gibt es noch ein echtes Fleischerfachgeschäft mit regionalen Spezialitäten. Seit 1938 ist das Haus im Familienbesitz, seit jeher wird auf Qualität und Tradition gesetzt. Verarbeitet wird ausschließlich regionales Markenfleisch, schließlich ist das Weizer Bergland bekannt für seine Almen. Rund 1.000 Bauern sind Teil des Lieferantennetzwerks. Sie sichern die Qualität der Rohstoffe, die bei Feiertag zu feinsten Fleischprodukten verarbeitet werden.

Neue Produkte, entsprechend den modernen ernährungswissenschaftlichen Erkenntnissen und Verbrauchererwartungen, werden ebenso geboten wie traditionell Überliefertes.

Unter dem Motto … „weils gut schmeckt, wenn´s gut schmeckt!“ bietet die Fleischerei Feiertag ALMO Rindfleisch von Bauern aus dem Almenland, Schweine- und Kalbfleisch sowie Geflügel von steirischen Bauern. Die gschmackigen Wurst-, Würstl-, Schinken- und Selchspezialitäten werden von Meisterhand und nach alter Tradition produziert. Außerdem ist die Fleischerei kontrollierter BIO-Betrieb und bietet eine breite Palette an BIO-Frischfleisch und BIO-Verarbeitungsprodukten. Besondere Highlights sind aber auch die Schmankerln aus den Genussregionen Weizer Berglamm, wo Frischfleisch und Schafmilchprodukte zum Angebot zählen und die zarten, schneeweißen Speckspezialitäten vom weststeirischen Turopoljeschwein

2007 wurde das Haus in Weiz renoviert und ist heute mit dem angrenzenden Restaurant nicht nur ein Gourmet-Treff, sondern ein kulinarisches Schaufenster für die gesamte Region.

Qualitätsfleischerei Feiertag
Peter Feiertag

Dr. Karl Renner Gasse 12
8160 Weiz

☎ +43 3172 27171

fleischerei@derfeiertag.at
www.derfeiertag.at

Saltimbocca vom Wels mit Turopoljespeck und Polenta

Angaben für 4 Personen

Zutaten.

16 Scheiben Turopoljespeck (Karree)
4 Welsfilets á 120 g
8 Salbeiblätter (frisch)
Salz, Pfeffer (weiß)
Öl zum Braten

Für die Polenta:
400 ml Fisch- oder Hühnerfond
1 EL Butter
80 g Polenta
Muskat, Salz, Kümmel (gemahlen)

Zubereitung.

Fisch in Speck und Salbei einrollen (schneckenartig), in Öl braten und im Rohr bei circa 150° Celsius fertig garen (circa fünf Minuten).
Polenta in Butter anschwitzen, mit Fond aufgießen, abschmecken, bis zur gewünschten Konsistenz köcheln lassen, eventuell mit Kräutern abschmecken, im Suppenteller anrichten. Saltimbocca einmal durchschneiden und daraufsetzen – fertig!

Turopoljespeck

Weststeirische Turopoljeschweine aus der Region Ligist sind die Basis für den ausgezeichneten Speck. Er ist bekannt dafür, besonders mild und zart zu sein. Die dicke, weiße Speckschicht ist sein Markenzeichen. Qualität, die auf der Zunge zergeht.

Frisch und steirisch

Seit dem Jahr 1919 steht der Name Harger in Kapfenberg und Umgebung für höchste Qualität in der Fleischverarbeitung. Aus einer kleinen Fleischerei wurde im Laufe der Jahre ein erfolgreicher Betrieb mit rund 75 Mitarbeitern. Das Geheimnis: Herkunft und Handwerk. Steirisches Fleisch von regionalen Lieferanten und tägliche Produktion sichern die Frische und hohe Qualität. Etwa 100 Kleinbauern aus der Region liefern das Fleisch für die Herstellung der 150 verschiedenen Wurst- und Schinkenprodukte, Frischfleisch und vorgefertigten Grillspezialitäten und Fertiggerichte (Gulasch, Beuschel, Flecksuppe usw.) Spezialitäten im Bio-Bereich sind die Produkte vom Turopolje-Schwein sowie vom Hochlandrind. Hans und Sylvia Harger sind auch Partner der Genussregion Weststeirisches Turopolje-Schwein. In der Produktionsstätte Kapfenberg-Diemlach werden in Handarbeit in Kombination mit neuester Technik die Produkte für sechs Filialen sowie den en-gros-Verkauf hergestellt.

Zeit für den Menschen, Fachwissen und Freude am Beruf – verbunden mit Umsicht, Verantwortung und Wertschätzung zeichnen den Betrieb aus. So entsprechen die Räucheranlagen höchsten Umweltstandards, für die Kühlsysteme wurde eine Wärmerückgewinnungsanlage installiert.

Verschiedene Services runden die Angebotspalette ab – Buffet- und Partyservice sowie Spanferkel- und Hendlgrill für den Einsatz bei diversen Anlässen. Das Eingehen auf individuelle Kundenwünsche ist dabei in der Firmenphilosophie festgeschrieben.

Harger
Fleisch-Wurst-Feinkost-Imbiss
Catering und Partyservice

Linke Mürzzeile 19a
8605 Kapfenberg

☎ +43 3862 28002-0

office@harger.at
www.harger.at

Filialen:

Herzog-Ernst-Gasse 24
8600 Bruck/Mur
☎ +43 3862 5773

Oberdorferstraße 5
8600 Bruck/Mur
☎ +43 3862 51934

Einkaufszentrum ECE
Wiener Straße 35a
8605 Kapfenberg
☎ +43 3862 27885

Richard-Wagner-Gasse 2
8605 Kapfenberg
☎ +43 3862 31324

Hauptstraße 29
8650 Kindberg
☎ +43 3865 4108

Einkaufszentrum LCS
Hauptplatz 19
8700 Leoben
☎ +43 3842 45854

Bratwürstel mit lauwarmem Zwiebel-Senf-Ragout und Erdäpfelstroh

Angaben für 4 Personen

Zutaten.

4 Bratwürstel
(langsam in Schweinefett braten)
1 Zwiebel
1 EL scharfer Senf
1 EL süßer Senf
1/16 l Rindsuppe
1 Lorbeerblatt
20 g Butter
2 Erdäpfel
(speckig, in feine Streifen geschnitten)

Zubereitung.

Zwiebel fein würfelig schneiden (Brunoise), in Butter glasig anschwitzen, mit Senf versetzen, mit Rindsuppe aufgießen. Lorbeerblatt dazugeben und etwas einköcheln lassen – lauwarm servieren.
Erdäpfelstreifen in kaltes Wasser einlegen und gut durchschwemmen, trocknen und schwimmend goldgelb herausbacken. Auf Papier abtropfen lassen und salzen. Die Wurst schneiden, mit Zwiebelsenf und Erdäpfelstroh anrichten.

Bratwurst

Jeden Tag frisch gemacht sind die Harger Bratwürste ein wahrer Genuss. Schweinefleisch und etwas Rindfleisch – natürlich aus der Steiermark – sind die Basis, die besondere Würze gibt das Steirische Natursteinsalz. Die Harger Bratwurst ist ein köstliches Beispiel dafür, dass aus besten Zutaten selbst einfache Gerichte ein kulinarisches Highlight sein können.

Knoblauch und Steirerkas

In dem sehr traditionsreichen, ursprünglich aus dem Jahr 1663 stammenden Haus in der Kirchengasse werden von der Familie Klampfer bereits seit 1950 Genussprodukte für den verwöhnten Gaumen hergestellt. Heute ist der EU-Betrieb – der auch seit mittlerweile 60 Jahren sein Wissen im Rahmen der Lehrlingsausbildung weitergibt – der einzige in Knittelfeld, in dem nach wie vor selbst geschlachtet wird. Die gesamte verarbeitete Rohware stammt aus der Region, man achtet auf höchste Qualität, kurze Transportwege der Schlachttiere und beste Verarbeitung.

Im fast zu 100 Prozent aus eigener Produktion stammenden Vollsortiment der Genussfleischerei finden sich Spezialitäten der Region wie Knoblauchrohwurst, Steirerkas-Würstl aus der Genuss Region Murtal, Grimming-Wurst, ebenso wie die gesamte Palette an frischem und selbst geschlagenem Fleisch – von Rind, Kalb, Lamm und Schwein über Pute bis zu Huhn. Je nach Saison werden auch frisches Fleisch vom Wild, hervorragende Wild-Produkte, feine Käsebratwürste oder Bauchfleischspieße aus eigener Fertigung angeboten. Für den ausgezeichneten Leberkäse ist das Geschäft nicht nur in Knittelfeld bekannt.

2003 übernahm Dieter Klampfer den EU-reifen Betrieb in hervorragendem Zustand von seinem Vater Peter Klampfer. Dieter Klampfer führt das Geschäft in nunmehr dritter Generation und zeigt, dass mit bester Rohware, liebevoller, traditioneller Verarbeitung und viel Einsatz außergewöhnliche Genussprodukte geschaffen werden können.

Fleischerei Klampfer
Dieter Klampfer

Kirchengasse 13
8720 Knittelfeld

☎ +43 3512 82340

fleischerei.klampfer@aon.at
www.fleischerei-klampfer.at

Frische Knoblauchrohwürste

Nach hauseigenem Rezept und unter Verwendung von Schweinefleisch aus der Region, frischem, selbst geschältem Knoblauch und besten Gewürzen wird in der Fleischerei Klampfer eine der Spezialitäten der Region, die bekannte Knoblauchrohwurst hergestellt. Sie zeichnet sich nicht nur durch die pikant würzige Note, sondern auch durch das feine Fleisch aus. Die Knoblauchrohwurst wird auch als Trockenwurst in bester Qualität angeboten.

Knoblauchrohwurst gekocht mit Kardamom-Preiselbeerrisotto

Angaben für 4 Personen

Zutaten.

4 Knoblauchrohwürste (gekocht; ca. 20 Minuten ziehen lassen)
6 EL Risottoreis
Öl zum Anschwitzen
2 Schalotten
1 EL Butter
125 ml Weißwein
250 ml Gemüsefond oder Rindsuppe (kann auch weniger sein)
Salz, Kümmel (gemahlen)
2 EL Kardamom-Preiselbeeren (von Gaumengut)
1 EL Asmonte (steirischer Parmesan; gerieben)
Majoran (frisch; zum Ausgarnieren)

Zubereitung.

Schalotten fein schneiden, mit dem Risotto in Öl glasig anschwitzen, mit Weißwein ablöschen – immer mit Kochlöffel rühren (kein Metall, würde das Korn zerquetschen) und immer wieder mit Fond aufgießen – rühren.
Zum Schluss mit Kardamom-Preiselbeeren, Salz, Kümmel gemahlen, Butter und Asmonte fertig stellen.
Wurst auf dem Risotto anrichten, mit Kräutern ausgarnieren.

Zurück zu den Wurzeln

Thomas Klinger liebt das Fleischerhandwerk. Die Verarbeitung natürlicher Zutaten aus der Region, das Entwickeln neuer Ideen und Geschmacksrichtungen machen dem jungen Fleischer wahre Freude. Er vergisst bei den köstlichen Fleischwaren aber nie seine Wurzeln im weststeirischen Hügelland, die stark in der Tradition verankert sind. So bewahrt er vieles, was ohne engagierte Fleischer wie ihn vielleicht in Vergessenheit geraten würde. 2007 übernahm er, nach ein paar Jahren Arbeit in der Industrie, den elterlichen Betrieb. Als Lebensmitteltechniker beherrscht er es perfekt, Handwerk und neueste Produktionstechnik in der Herstellung zu kombinieren. Hier wird noch alles selbst gemacht – von der Rinderschlachtung über die Produktion eines Vollsortiments bis hin zum Verkauf mit bester Beratung. Das Angebot reicht von jeder möglichen Frischwurst und Würstel, Rohwurst, Schinken, Speck, Rohschinken bis hin zur Kochwurst, so ziemlich alles aus der eigenen Produktion. Lediglich Putenprodukte und Salami werden zugekauft.

Typische „Fleischer-Halbfertigprodukte“ wie hausgemachte Suppen (Fleck-, Magerl-, Beuschel-, Gulaschsuppe, Lungenstrudel, Leberknödel sowie Grießnockerl) werden ebenso angeboten wie Brötchen- und Plattenservice für jeden Anlass.

Fleischerei Klinger
Thomas Klinger
Marktstraße 11
8522 Groß St. Florian
☎ +43 3464 2375
office@fleischerei-klinger.at
www.fleischerei-klinger.at

Breinwurst mit jungem Muskatellerkraut und Rösterdäpfeln

Angaben für 4 Personen

Zutaten.

4 Breinwürste
Wasser
Für das Muskatellerkraut:
½ Kopf Weißkraut
½ Zwiebel
¼ l Muskateller
Salz, Muskat, Zucker, Kümmel (ganz)
Butterschmalz

Für die Rösterdäpfel:
400 g Erdäpfel (gekocht, geschält und in Scheiben geschnitten)
1 Zwiebel (klein geschnitten)
1 TL Majoran (getrocknet)
Kümmel (gemahlen)
Salz, Pfeffer aus der Mühle
Butterschmalz
etwas Knoblauch (fein gehackt)

Zubereitung.

Die Breinwürste in einen Topf geben, mit etwas Wasser oder Rindsuppe im Rohr bei 170° Celsius circa 25 bis 30 Minuten knusprig braten.
Das Kraut beliebig klein schneiden, mit klein geschnittener Zwiebel und Butterschmalz anschwitzen, Zucker karamellisieren, mit Muskateller ablöschen, würzen und weich dünsten.
Erdäpfel in Butterschmalz anbraten, Zwiebel später dazugeben und weiterrösten, abschmecken.

Breinwurst

Eine echte weststeirische Spezialität, die einzigartig ist und vorwiegend in den Herbst- und Wintermonaten gegessen wird. Keine andere Wurst gibt es in so verschiedenen Varianten und Würzungen. Die Zutat „Brein" ist gekochtes Getreide. Verwendet wird Rollgerste, Reis, Buchweizen, Hirse oder auch eine Mischung daraus. Thomas Klinger schwört bei seiner Breinwurst auf Rollgerste.

Spezialitätenfleischerei Kollar-Göbl

Hauptplatz 10
8530 Deutschlandsberg

☎ +43 3462 2642

kollar.goebl@aon.at
www.kollar-goebl.at

Winzerrohschinken mit lauwarmen Senfgurken und Schwarzbrotcrackern

Angaben für 4 Personen

Zutaten.

200 g Winzerrohschinken (fein aufgeschnitten)
1 Glas Senfgurken von Gaumengut (200 g Abtropfgewicht, Fond aufheben!)
1 Blatt Gelatine
Stangenselleriеblätter
1 TL Senf

Zubereitung.

Fond mit Gelatine und Senf versetzen (leicht gelieren lassen) und mit den geschnittenen Senfgurken vermischen. Locker und abwechselnd anrichten und mit Stangenselleriеblättern und Senf ausgarnieren (Pinsel).

Feinstes aus Deutschlandsberg

In den Feinkostläden Österreichs sind die Burgegger Schinkenspezialitäten aus dem steirischen Weinland bereits eine gefragte Spezialität. Seit über 200 Jahren wird bei Kollar-Göbl in Deutschlandsberg Fleischerhandwerk betrieben, werden Rezepte gehütet, Qualitätstiere aus der Umgebung geschlachtet und handwerklich verarbeitet.

Im Wissen um die Bedeutung von artgerechter Tierhaltung und stressfreier Schlachtung für die Fleischqualität, legt man seit jeher größten Wert auf die richtige Auswahl der Lieferanten. Kollar verarbeitet steirisches Fleckvieh, weiße Edelschweine sowie ausschließlich heimisches Wild aus freier Wildbahn (kein Gatterwild).

In der eigenen Landwirtschaft wird das weiße Edelschwein gezüchtet und mit Getreide auf 170 bis 180 Kilogramm Lebendgewicht gefüttert. Das Fleisch der Rasse ist viel weniger wassergebunden und zart marmoriert, was den feinen Geschmack ergibt. Genuss braucht Zeit: Je nach Erzeugnis hat das Fleisch in Kühlhäusern Zeit zu reifen, bis es dann zur handwerklichen Weiterverarbeitung gelangt. Die Gewürze für die Produkte sind seit Generationen überlieferte Rezepte, eine Mischung von frisch gehackten oder gestoßenen Samen und Kräutern und feinem Meersalz.

Burgegger Winzerrohschinken

Der Winzerrohschinken, hergestellt aus dem Schlögel des getreidegefütterten weißen Edelschweines, wird nur mit Meersalz und Zucker bearbeitet. Das gibt ihm das volle Fleischaroma. Die Reifezeit beim Winzerrohschinken „Klassik" beträgt mindestens 18 bis 24 Monate, beim Winzerrohschinken „Exklusiv" von 24 Monaten aufwärts. Eine Explosion des Geschmacks am Gaumen! Der Name Burgegger Winzerrohschinken kommt von der Burg Deutschlandsberg und der nahe gelegenen Weinriede der Familie. Hier wachsen die Edelschweine mit bester Aussicht heran.

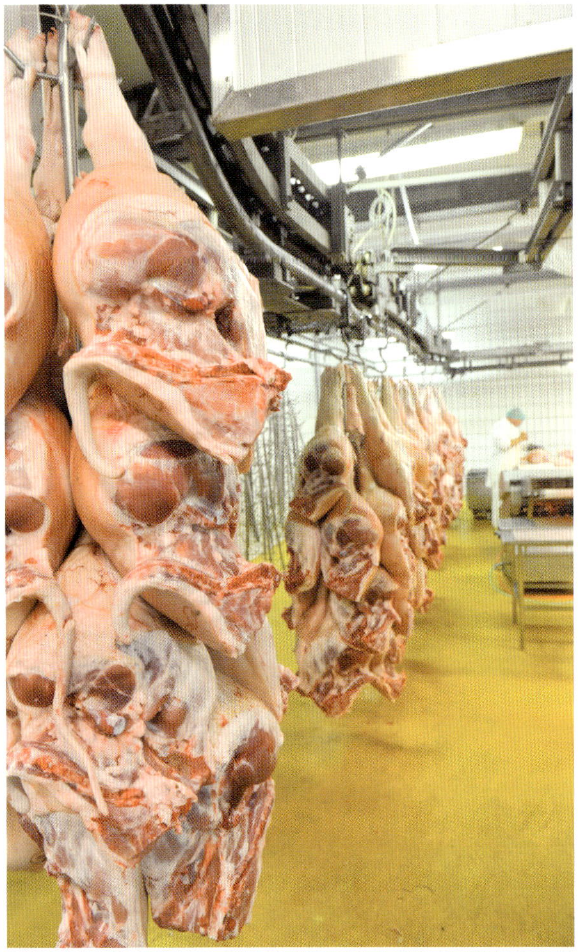

Krainer Wurstwaren – „A echter Steirer"

Mitten im Herzen der Südsteiermark – auch als Steirische Toskana bezeichnet – liegt der Familienbetrieb Krainer. Bereits in zweiter Generation werden hier Wurstspezialitäten nach überlieferten Rezepten und mit traditionellen Methoden schonend hergestellt.

Die wichtigsten, meist langjährigen Mitarbeiter in der Produktion haben alle noch das echte Handwerk erlernt. Eine Grundvoraussetzung, um Spitzenqualität anbieten zu können. Über 120 Mitarbeitern bietet Krainer einen sicheren Arbeitsplatz in der Region.

Neben der gelebten Tradition wird aber auch ständig an Innovationen gearbeitet. Das ergibt eine – im wahrsten Sinne des Wortes – feine Mischung aus Traditionsprodukten und interessanten Neuheiten. Für jeden Geschmack ist etwas zu finden.

Franz Krainer
Fleisch- und Wurstwaren Ges.m.b.H.

Marburgerstraße 91
8435 Wagna

☎ +43 3452 82190-0

office@krainer.co.at
www.krainer.cc

Regionale Spezialitäten

Seit über 50 Jahren werden in Wagna bei Leibnitz traditionelle, regionale Wurstwaren wie beispielsweise Krainer Würstel, Käsekrainer oder luftgetrockneter Steirischer Schinkenspeck hergestellt. Optimal geeignet für eine kräftige Steirische Brettljause.

Die Philosophie von Franz Krainer ist ganz einfach: Ehrliche Produkte herstellen. Daher werden nahezu ausschließlich regionale, österreichische und natürliche Zutaten verarbeitet.

Besonderer Wert wird auf die Frische der Ausgangsprodukte und auf die Zeit zur Reife gelegt. Veredelt mit handwerklichen Methoden wie Pökeln und Räuchern, ergibt das den einzigartigen, unverfälschten Geschmack der Krainer-Produkte.

Kontrollierte Qualität

Krainer ist nach den neuesten Qualitäts- und Hygienerichtlinien zertifiziert und wird laufend behördlich kontrolliert. Erst dadurch ist es möglich, die Güte der Ausgangsprodukte auch bis zum Genuss zu garantieren.

15 Mal Gold beim Internationalen Fachwettbewerb in Wels 2010 bestätigt den Weg höchster, natürlicher Qualität.

Krainerwurst mit Senf, Kren und Schwarzbrot

Angaben für 4 Personen

Zutaten.

4 Krainer Würste
1 Krenwurzen (frisch)
4 EL Estragonsenf
Schwarzbrot

Zubereitung.

Die Krainer Würste circa 20 Minuten bei 75° Celsius ziehen lassen (nicht kochen) und am Brett mit Kren, Senf und Schwarzbrot servieren.

Der natürliche Genuss

Landesinnungsmeister Josef Mosshammer ist einer der letzten Fleischer in Graz und als solcher weit über die idyllische Zinzendorfgasse im Uni-Viertel hinaus bekannt. Obwohl sie erst 1985 gegründet wurde, ist die Fleischerei Mosshammer eine von 13, die sich durchgesetzt haben. Handarbeit und Qualitätsbewusstsein sind hier das Genussgeheimnis, großer Wert wird auf die Herkunft der Rohstoffe gelegt, die alle aus der Steiermark kommen. Neben einem großen Angebot an Wurst und Schinken aus eigener Produktion, ist einer der Schwerpunkte im Bereich Wild zu finden. Die exzellente Auswahl lockt ebenso wie das große Convenience-Angebot. Es gibt schmackhafte Gerichte wie Pasteten, Sulzen, hausgemachte Strudel, Leberkäse und Fleischlaibchen, kleine Snacks für Zwischendurch sowie täglich zwei Mittagsmenüs, eines davon ist sogar vegetarisch. Freitags ist das Menü dann ganz fleischlos, denn schließlich sollen die Kunden Abwechslung genießen. Auch echte heimische Spezialitäten in Sachen Hausmannskost wie Beuschel, Klachlsuppe oder Süßes wie Apfelnockerln finden sich im Angebot. Produkte aus den Genussregionen Weizer Berglamm und Vulkanland sowie Biogemüse aus der Umgebung runden das Sortiment ab.

Fleischerei Mosshammer

Zinzendorfgasse 12
8010 Graz

☎ +43 316 319195

office@mosshammer.at
www.mosshammer.at

Prosciutto di cavallo

Pferderohschinken ist in unseren Breiten selten, erfreut sich aber immer größerer Beliebtheit. Mosshammer verwendet für seinen Prosciutto di Cavallo ausschließlich junge Pferde (ein bis zwei Jahre) aus der Steiermark. Traditionell nach Bündner-Art hergestellt, verspricht der magere Prosciutto wahren Genuss. Der leicht süßliche zarte Geschmack dieses acht Monate langsam gereiften Produktes ist einzigartig.

Pferderohschinken, Spargelsulz und Kresse

Angaben für 4 Personen

Zutaten.

4 Stangenspargel (weiß)
4 Stangenspargel (grün)
250 ml Spargelfond
Salz, Pfeffer, Zucker
1 Blatt Gelatine
Petersilie gehackt
240 g Pferderohschinken (dünn geschnitten)
1 Tasse Kresse

Zubereitung.

Den Spargel schälen, kochen und schneiden, mit Spargelfond und Gelatine in Gläser abfüllen, im Kühlschrank anstocken lassen, anschließend mit dünn geschnittenem Pferderohschinken anrichten.

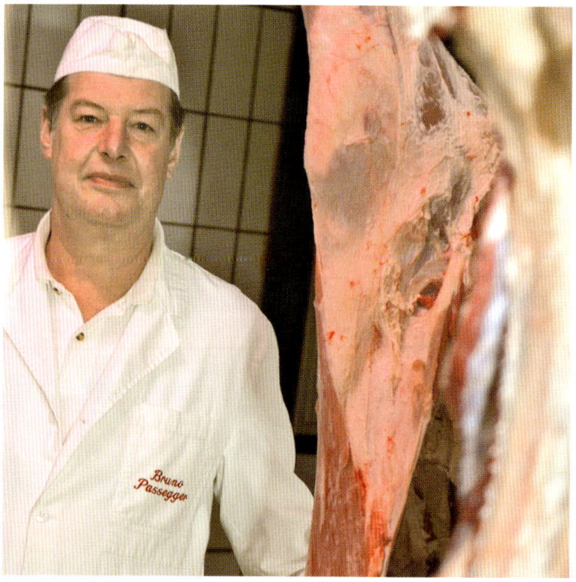

Genuss aus Leidenschaft

Seit drei Generationen wird das Fleischerhandwerk von den Passeggers aus Leidenschaft gelebt. Bereits 1952 wurde das Geschäft von Bruno und Johanna Passegger in Rosental an der Kainach gegründet. Die Enkelin und vielfach ausgezeichnete Fleischermeisterin Martina Passegger führt den Betrieb gemeinsam mit ihrem Mann und den Eltern ganz im Sinne der Gründer weiter. Alle Produkte basieren noch heute auf traditionellen, alten Rezepten. Gleichzeitig wird aber entwickelt, um neue Geschmacksrichtungen zu finden und Ernährungstrends aufzugreifen. Das Sortiment ist geschmackvoll und mit Herkunft: Rinder und Kälber werden ausschließlich von Bauern des Bezirks Voitsberg bezogen und im Betrieb geschlachtet. Bei der Produktion setzt die Fleischermeisterin auf handwerkliche Fertigung auf neuestem technischen Stand. Das gesamte Wurstsortiment stammt aus eigener Erzeugung und bietet besondere Wurstschmankerln ebenso wie viele Fertiggerichte – beispielsweise Beuschel, Gulasch, oder heiße Schmankerln wie Schweinsbrüstl gebraten, Schweinsbraten, Krustenbraten, Stelzen gebraten oder gekocht, Spare-Ribs, Pizzaleberkäse und Leberkäse. Neue Bereiche wie Partyservice, Schnellimbiss oder Mittagsmenüs bereichern das Angebot.

Fleischerei & Partyservice Passegger
Hauptstraße 63
8582 Rosental
☎ +43 3142 21623
fleischerei@passegger.at
www.passegger.at

Kürbiskernwurst

Kürbis ist in der Steiermark in aller Munde. Daher liegt es natürlich nahe, die geschmackvollen Kerne in eine Dauerwurst zu geben. Die grünen Kerne verleihen der feinen Wurst nicht nur besonderes Aussehen und Geschmack, sondern auch einen angenehmen Biss.

Kürbiskernwurst mit Kernöl-Käferbohnenbaguette und Bärlauch-Schafstopfen

Angaben für 4 Personen

Zutaten.

32 Blätter Kürbiskernwurst
100 g Schafstopfen
2 EL Bärlauchpesto
Salz, Kümmel
1 Prise Zucker

Für das Kernöl-Käferbohnenbaguette:
750 g Mehl
10 g Trockengerm
250 g Käferbohnen (gekocht, ganz)
65 ml Kernöl
13 g Salz
450 ml Wasser
(lauwarm – nicht über 42° Celsius)
1 TL Anissamen (gerebelt)

Zubereitung.

Schafstopfen mit Pesto zu einem Aufstrich vermengen und nach Belieben würzen. Den Aufstrich in einen Dressiersack füllen und abwechselnd mit den Wurstscheiben übereinander schlichten.

Für das Kernöl-Käferbohnenbaguette alle Zutaten zu einem glatten Teig verarbeiten (Knetmaschine), eineinhalb Stunden gehen lassen. Teig zu Baguettes formen, auf einem befetteten Blech wieder eineinhalb Stunden gehen lassen und danach im Rohr bei 190° Celsius circa 35 Minuten backen.

Von Natur aus ehrlich und vielfältig

Der Name Johann steht für Tradition. Gleichzeitig sind Johann Rauch sen. und jun. Vorreiter für steirische Fleischprodukte mit höchster Qualität. Trotz jahrzehntelanger Erfahrung in der Produktion, standen die beiden immer wieder vor der Problematik, die Messlatte konstant hoch zu halten. Das ließ in Vater und Sohn den Entschluss reifen, ein ganz besonderes, steirisches Fleisch und in Folge ganz besondere Qualitätsprodukte zu erzeugen.

Wie sie das geschafft haben? Johann-Schweinefleisch erfüllt die höchsten Ansprüche der tier- und artgerechten Haltung. Schweine, die

Fleisch und Wurstköstlichkeiten
Johann Rauch GmbH
8343 Trautmannsdorf 6
☎ +43 3159 2376
office@johann.at
www.johann.st

Johann-Rohschinken mit Gaumengut Essigzwetschken

Angaben für 4 Personen

Zutaten.

16 Scheiben Rohschinken
2 Gläser Essigzwetschken von Gaumengut á 106 ml
2 Blatt Gelatine
16 Schwarzbrotschnitten (circa 5x2 cm geschnitten)

Zubereitung.

Essigzwetschken mit der eingeweichten und zerlassenen Gelatine vermischen, auf ein mit Klarsichtfolie belegtes Blech leeren – circa vier Stunden im Kühlschrank stocken lassen. Stücke von ein mal fünf Zentimeter Länge daraus schneiden, jedes Stück Essigzwetschkengelee mit einem Blatt Rohschinken eindrehen und auf das Schwarzbrot spießen.

für Johann-Qualitätsprodukte verarbeitet werden, wachsen in einem weitläufigen Gehege mit Wiesen und Wäldern auf und bekommen als Nahrung das Beste, das die Natur zu bieten hat: Frisches, für Schweine bekömmliches Gras, Wiesenkräuter, Wurzeln und – wie es sich für einen echten Steirer gehört – frisches Quellwasser. Die Freilandhaltung und die spezielle Fütterung garantieren zartes, feinfaseriges Fleisch, einen weißen Speckrand und ein feines Aroma. Neben Johann-Schinken verwöhnen auch Osso-Collo, Hamburger, Karree, Schulter, grobe und feine Wurst und Schinkenwürfel den feinen Gaumen der Genießer. Für Verkostungen steht der Schinkenkeller des Hauses zur Verfügung.

Ständige Weiterentwicklungen sind für die Rauch´s selbstverständlich und so sind schon viele neue Ideen in Entwicklung oder, wie das Dry Aged Beef, bereits geschmackvoll umgesetzt.

Alle Produkte von Rauch können auch im Internet bestellt werden.

Johann-Rohschinken (18 Monate)

Die Rezeptur für den Johann-Rohschinken ist natürlich ein Geheimnis. So viel sei jedoch verraten: Der Schinken wird mit einer Mischung aus heimischen Kräutern und Steinsalz von Hand vorsichtig eingerieben und dann sanft mit erlesenen Hölzern und Gewürzen geräuchert. Um feine Würze und zartes Fleisch zu erzielen, werden dem Schinken 18 Monate Ruhe gegönnt. Der Ergebnis: Eine harmonische Farbe, gleichmäßige Struktur, feine Fasern und ein unübertrefflicher Geschmack.

Wildspezialitäten aus Meisterhand

Coloman Strohmeier, gelernter Koch und Fleischermeister, führte elf Jahre lang einen Gastronomiebetrieb in Neumarkt, bevor er 1985 den Entschluss fasste, sich gemeinsam mit seiner Gattin auf die Wildverarbeitung zu spezialisieren. Seither bietet der Familienbetrieb eine einzigartige Qualität im Bereich Wildhandel und der Herstellung von Wildspezialitäten. Die hauseigene Produktion aus Meisterhand bürgt für guten Geschmack. Traditionelle Rezepte und viel Erfahrung sind die Zutaten, die aus bestem Wildfleisch von ausgesuchten Lieferanten aus dem Naturpark Grebenzen köstliche Lebensmittel machen. Die Produktpalette reicht vom Wildbret aus heimischen Wäldern, über Würstel von Gams, Wildschwein oder Hirsch bis zu einzigartigen Schinken.

Neben den Gamswürsteln gehört der geräucherte Hirschschinken zu den Strohmeier-Leitprodukten. Die langen Trocknungszeiten – insgesamt drei Mo-

Steirische Wildspezialitäten
Wildhandel Coloman Strohmeier

Bahnhofstraße 59
8820 Neumarkt

☎ +43 3584 3330

office@wild-strohmeier.at
www.wild-strohmeier.at

Filiale:

Waltenbachstraße 10
8700 Leoben

☎ +43 3842 81152

Gamswürstel mit Krensuppe

Angaben für 4 Personen

Zutaten.

20 Scheiben Gamswürstel (der Länge nach aufgeschnitten)
4 Spieße
2 Schalotten
1 EL Butter (ca. 30 g)
1 EL Mehl
1 EL Creme fraiche
¾ l Gemüsefond oder Rindsuppe
1 Zehe Knoblauch
Kümmel (gemahlen)
1 Lorbeerblatt
Salz
2 cl Weißer Balsamico
1 Krenwurz'n (frisch gerissen) – nach Belieben frisch einmixen

Zubereitung.

Die Würstel in Scheiben einrollen und aufspießen.
Für die Suppe die Schalotten und den Knoblauch klein schneiden, in Butter anschwitzen, mit Mehl stauben, mit Fond aufgießen und abschmecken. Einmal aufkochen lassen, mixen, passieren, Creme fraiche hinzufügen und mit frisch gerissenem Kren aufmixen und vollenden.

nate, davon zwei Monate auf einer Alm auf 1.600 Metern Seehöhe – und die Verwendung frischer Gewürze sind für den ausgezeichneten, zarten Geschmack verantwortlich. Als Rohstoff nutzt Coloman Strohmeier ausschließlich Freiwild, das aufgrund seiner uneingeschränkten Bewegungsfreiheit und der abwechslungsreichen und hormonfreien Nahrung höchsten Qualitätskriterien genügt. Unbedingt probieren sollten Sie auch den Original Steirischen Bauernspeck aus eigener Biofütterung.

Gamswürstel

Gamsfleisch erfreut sich in der Gastronomie und unter Feinschmeckern immer größerer Beliebtheit. Das Fleisch ist dunkel und hat ein starkes Aroma. Besonders zart schmeckt das von Kitzen oder einjährigen Tieren.

Der Fleischermeister für den Feinspitz!

Bernd Triebl ist Fleischermeister aus Überzeugung. In seinem Familienbetrieb, der bereits 1969 von Rudolf und Maria Triebl gegründet wurde, werden nur ausgesuchte Teile vom steirischen Jungrind und steirischem Qualitätsschwein, die mit dem AMA Gütesiegel ausgezeichnet werden, zu Schinken- und Wurstkreationen veredelt. Der Fleischeinkauf ist ein entscheidendes Kriterium für die Qualität, daher wird hier besonderes Augenmerk auf Herkunft und Haltung der Tiere gelegt.

Mit viel Liebe und Sorgfalt und durch die Zugabe von ausgesuchten Salzen, Gewürzen und Kräutern, erhalten die Schinken- und Wurstprodukte ihr herrlich mildes Aroma und ihren vollmundigen Geschmack. Alle Produkte werden in eigener Produktion erzeugt und veredelt.

Neben dem Barrique-Rohschinken ist Bernd Triebl für den Kräuter-Rohschinken bekannt, der rund fünf Wochen mit Salz aus dem Himalayagebirge sowie Kräutern trocken gepökelt und anschließend zart geräuchert wird. Die Reifezeit beträgt auch bei diesem Produkt mindestens acht Monate. Ebenfalls unbedingt probieren muss man den Finesse-Rohschinken, den Taurus Rinder-Rohschinken oder die Rohwürste aus hochwertigem Rind und magerem Schweinefleisch sowie Speck und erlesenen Gewürzen. Neben den klassischen Varianten gibt es Rohwürste mit Kürbiskernen, buntem Pfeffer, Chili und sogar Schokolade. Genuss ist garantiert.

Fleischerei Triebl
Radkersburger Straße 13
8344 Bad Gleichenberg
☎ +43 3159 2549
office@triebl-styria.at
www.triebl-styria.at

Barrique-Rohschinken

Triebls Barrique-Rohschinken wird rund fünf Wochen in einem Barrique-Fass trocken gepökelt. Es folgt eine zarte Räucherung und anschließend die Reifung, die bei diesem Produkt mindestens acht Monate beträgt. Der Schinken ist einfach geschmackvoll mit einem herrlichen Aroma und besonders zartem Biss, dazu schmeckt auch besonders gut ein Barrique Rotwein.

Rindsroulade mit Barrique-Rohschinken und Brennnessel-Erdäpfelpüree

Angaben für 4 Personen

Zutaten.

4 Rindsschnitzel á 150 g
1 EL Senf
8 Scheiben Barrique-Rohschinken
4 Karottenstifte (ca. 8x1 cm)
4 gelbe Karottenstifte (ca. 8x1 cm)
4 Selleriestifte(ca. 8x1 cm)
4 Essiggurkenstifte (ca. 8x1 cm)
Salz, Pfeffer (aus der Mühle)
Tomatenmark
Mehl zum Mehlieren
¼ l Rindsuppe
⅛ l Jus oder brauner Fond
⅛ l Rotwein (Barrique)
2–3 Lorbeerblätter
Öl zum Braten

Für das Erdäpfelpüree:
400 g Erdäpfel (geschält, gekocht, ausgedämpft, passiert)
100 g Butter
100 ml Milch
Salz, Muskat
200 g Brennnesselspitzen (blanchiert, passiert)

Zubereitung.

Schnitzel dünn klopfen und mit Senf bestreichen, jeweils mit zwei Scheiben Schinken, einem Karotten-, einem gelben Karotten-, einem Sellerie- und einem Essigstift belegen, einrollen, würzen, mehlieren und in der Pfanne mit Öl von allen Seiten anbraten. Tomatisieren und mit Rindsuppe, Fond und Rotwein aufgießen. Lorbeerblätter dazu und zugedeckt langsam am Herd circa eine Stunde schmoren. Saft mixen, passieren und eventuell mit Mehlbutter binden. Die noch warmen Erdäpfel mit Milch, kalten Butterflocken, Salz und Muskat verschlagen. Zum Schluss die passierten Brennnesseln untermengen. Rindsrouladen auf einem warmen Teller mit Erdäpfelpüree anrichten und mit frittierten Brennnesselblättern garnieren.

Regional verankert

Die Fleischerei Turza ist weit über Ilz hinaus seit 1834 ein Begriff für höchste Fleisch- und Wurstqualität. Es mag sich seither vieles verändert haben, der Firmenphilosophie der Nachvollziehbarkeit vom Acker bis zum Teller ist man aber bis heute treu geblieben. Tiere werden ausschließlich von engagierten Bauern aus der Region, die eine artgerechte Tierhaltung gewährleisten, gekauft. Der Transport erfolgt mit Achtung und Vorsicht, die Fleischzerlegung und -verarbeitung erfolgt mit größter handwerklicher Sorgfalt.

Das Unternehmen wird als Familienbetrieb geführt. Aufbauend auf dem über Generationen gewachsenen handwerklichen Können und den überlieferten Rezepten werden immer wieder neue köstliche Wurstkreationen geschaffen und viele internationale Auszeichnungen erlangt. Die Kunst liegt oft im Einfachen, Bodenständigen. Man nehme die besten Zutaten der Region und es entstehen Köstlichkeiten wie das Grüne-Goldfilet. Feinstes Schweinsfilet im Kürbiskernmantel, Räucherung über Buchenholz, luftgetrocknet und über Wochen gereift, das alles macht das Produkt einzigartig.

Seit 2007 ist Karl Turza zudem der Exklusiv-Schlachter für die Marke „Schneeberg Landschwein", die wieder neue Qualitätsmaßstäbe setzt.

Turza GmbH & Co. KG
Karl Turza
Haus 171
8262 Ilz
☎ +43 3385 297-0
office@turza.at
www.turza.at

Erdäpfelgulasch mit Steirischer Vulkanlandbraune

Angaben für 4 Personen

Zutaten.

2 Zwiebeln (fein geschnitten)
400 g Kartoffeln (geschält, klein geschnitten)
1 EL Paprikapulver (edelsüß)
1 TL Tomatenmark
1 Zehe Knoblauch (fein gehackt)
Salz, Pfeffer, Kümmel (gemahlen)
Majoran (getrocknet)
4 cl Weißer Balsamico
1 Lorbeerblatt
¾ l Wasser oder Rindsuppe
300 g Steirische Vulkanlandbraune (klein geschnitten)
Öl zum Anschwitzen
2 EL Sauerrahm

Zubereitung.

Zwiebeln in Öl goldbraun anschwitzen, paprizieren, tomatisieren und mit Essigwasser aufgießen. Erdäpfel und Gewürze dazu und weich köcheln lassen. Die Steirische Vulkanlandbraune dazugeben und ziehen lassen.
Auf einem Teller anrichten, mit glatt gerührtem Sauerrahm überziehen und mit frischem Majoran garnieren. Ein paar cross gebratene Braune-Stücke zum Schluss darauf setzen – guten Appetit.

Steirische Vulkanlandbraune

Die herzhafte Steirische Vulkanlandbraune soll den Charakter der Region widerspiegeln. Im Schnittbild feurig wie die heiße Lava, gewürzbetont und intensiver Rauchgeschmack, die Außenstruktur sehr dunkel wie das Lavagestein. Durch ihre ausgewogene Würze, natürlich ohne Geschmacksverstärker, ist die Steirische Vulkanlandbraune leicht verdaulich.

Tirol

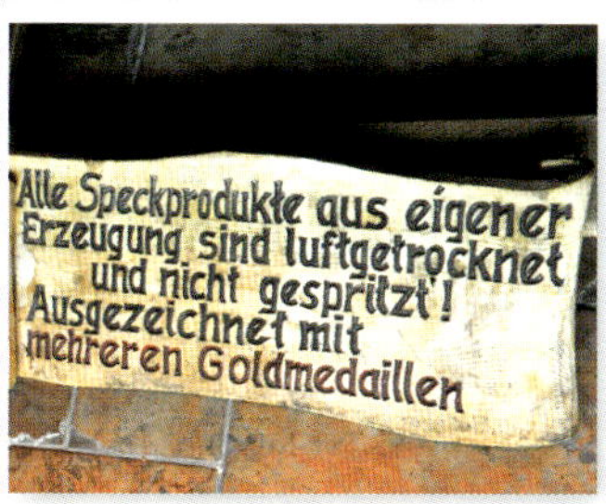
Alle Speckprodukte aus eigener
Erzeugung sind luftgetrocknet
und nicht gespritzt!
Ausgezeichnet mit
mehreren Goldmedaillen

SCHLÖGL
Tiroler Berglamm
5,90

Das Prinzip Genuss

Begeisterte Köche begeistern Gäste. Nach diesem Motto kochen Vater Armin und Sohn Alexander Gründler nicht nur, sondern pflegen Esskultur auf höchstem Niveau. Hauben-ausgezeichnet von Gault Millau und mit zwei Küchensternen im À la Carte kochen sie kraftvoll und kreativ, immer saisonal frisch. Heimat liegt den beiden sehr am Herzen oder besser gesagt am Herd. Bodenständig ist die Küche im Genießerwirtshaus, in dem eine stark regionsverbundene, ländliche Küche geboten wird. Für alle, die das Ursprüngliche und eine traditionelle Küche mit viel Geschmack und zu moderaten Preisen schätzen.

In Gründler´s Gourmet-Stüberl genießt man auf hohem Niveau eine Küche mit viel Fingerspitzengefühl und Liebe zu jeder einzelnen Zutat: Achenseer Merinoschaf´l und Zander, Kürbis und Trüffel, Spargel und Morcheln – hier serviert man Ihnen das Beste aus Tirols Gewässern und Gärten, bereichert durch kulinarische Kostbarkeiten aus aller Welt. Als Begleitung werden edle Weine aus dem Alpin-Weinkeller serviert.

Tiroler Speck, Kaminwurzn und feinste Dauerwurstwaren zu verkochen, war für die Gründlers eine Herausforderung, die sie mit Begeisterung annahmen. Entstanden sind geschmackvolle Gerichte – ganz tirolerisch wie Karrespeck mit Thierseer-Kiachl und Kastaniensuppe, Kaminwurzn-Snack oder etwas exotischer: Wollwurst mit Topinambur und Senfschaum. Nachkochen und probieren: Sie werden begeistert sein.

Alpin – Geniesserwirtshaus & Kulinarik Hotel
6215 Achenkirch 35
☎ +43 5246 6800
hotel@geniesserwirtshaus-alpin.at
www.geniesserwirtshaus-alpin.at

Musikanten- und andere Würste

Nikolaus Brindlinger hat sich dem guten Geschmack verschrieben. Rund 45 verschiedene Wurst- und Schinkensorten erzeugt der Fleischer in seinem kleinen Betrieb. Dabei setzt er neben den bekannten Produkten auf Spezialitäten wie ganze Spanferkel, die ausgelöst und mit Knödelmasse gefüllt werden. Sie sind speziell bei Festen ein wahrer Gaumenschmaus und werden noch heiß geliefert. Besonders stolz ist der Fleischer und passionierte Musikant auf seine regionalen Kreationen: Die „Rumer Musikantenwurst", eine geräucherte Dauerwurst mit eigens gestalteter Wursthülle und die „Rumer Müllerwurst", eine geräucherte Bratwurst.

Weitere Spezialitäten des umtriebigen Fleischers sind der Rumer Bauern-, Nuss-, Wacholder- und Fricandeauschinken. Das Fleisch – Kalb und Lamm vom Biobauern, Kitz von heimischen Jägern sowie Grauviehalmochs – stammt aus eigener Schlachtung und hat Topqualität. Die Rinder werden von den Bauern selbst zum Schlachtbetrieb im Osttiroler Ort Strassen gebracht, damit sie so wenig Stress wie möglich haben.

Einige der 20 mit der Goldmarke ausgezeichneten Produkte sind Kaminwurzen, Polnische, Krakauer und Frankfurter. Käsespezialitäten wie der Weichkäse aus Kolsass und der Lechtaler Naturkäse runden das Angebot ab. Qualität setzt sich einfach durch, das zeigt der Familienbetrieb Brindlinger auf sehr genussvolle Art und Weise.

Fleischerei Brindlinger
Nikolaus Brindlinger

Langer Graben 16
6063 Rum

☎ +43 512 204694

office@metzgerei-brindlinger.at
www.metzgerei-brindlinger.at

Wollwurst mit Topinambur und Senfschaum

Angaben für 4 Personen

Zutaten.

4 Stück Wollwürste
400 g Topinambur (geschält)
Für das Topinamburmousseline:
200 g Topinambur (geschält)
50 g Schlagobers
50 g Geflügelfond
Salz, Pfeffer, Zucker
Für das Topinamburragout:
100 g Topinambur (geschält)
100 g Geflügelfond
Salz, Pfeffer

Für die Topinamburchips:
100 g Topinambur (geschält)
Fett zum Backen
Für den Senfschaum:
3 Schalotten
1 Lorbeerblatt
1 TL grober Senf
100 ml Geflügelfond
20 g Butter (kalt)
Thymian, Salz, Pfeffer

Zubereitung.

Für das Topinamburmousseline die Topinambur in kleine Stücke schneiden und in Schlagobers und Fond weich kochen. Fein mixen und abschmecken.
Für das Topinamburragout die Topinambur in kleine Würfel schneiden und im Fond weich dünsten, abschmecken.
Für die Chips die Topinambur in hauchdünne Chips schneiden, in heißem Fett ausbacken und auf Küchenpapier abtropfen.
Für den Senfschaum die Schalotten mit Lorbeer, Thymian und grobem Senf glacieren, mit Geflügelfond ablöschen. Auf die Hälfte reduzieren und passieren. Kalte Butter einmontieren.
Die Wollwurst in etwas Öl in einer heißen Pfanne goldbraun anbraten und mit den Topinamburen auf Teller anrichten.

Wollwurst

Hinter diesem sehr speziellen Namen für ein Wurstprodukt verbirgt sich eine einfache wenn auch sehr schmackhafte und „praktische" Spezialität. Wollwürste sind Bayrische Weißwürste ohne Haut, das übliche „Auszuzln" fällt hier also weg. Brindlinger verwendet für die Herstellung nur frische Zutaten, selbst die Petersilie ist frisch und nicht gefriergetrocknet. Genuss pur.

Speck aus Tradition

Die Fleischerei Hans Gasser ist als ältester Fleischerbetrieb der Marktgemeinde Mayrhofen eine Fixgröße im Zillertal. Die große Liebe gilt der Regionalität, die die Basis für die Produkte aus dem Hause Gasser ist. Rind, Kalb, Lamm und beste Alpenluft sowie seit Generationen überlieferte Rezepte geben den Produkten ihren besonderen Geschmack. Das Sortiment bietet neben Speck viele Rohwurstspezialitäten wie Kräuter- oder Pfefferbeißer, Kaminwurzn oder Knoblauchzipfl. In der Produktion stehen Hans Gasser Vater und Sohn Seite an Seite. Sie setzen das Motto „Veredelt und produziert im Zillertal" geschmackvoll um. Gemeinsam mit 30 Mitarbeitern arbeiten sie mit viel Liebe und Verbundenheit zum Fleisch, damit traditionelle Rezepturen in der heutigen modernen Zeit, mit neuen Anforderungen erhalten bleiben. Technische Schnellverfahren wie das „Einspritzen" oder chemische Hilfsmittel sind dabei verpönt.

Tiroler Meistermetzger Hans Gasser

Hauptstraße 475
6290 Mayrhofen/Zillertal

☎ +43 5285 62450

metzgerei@gasser.co.at
www.gasser.co.at

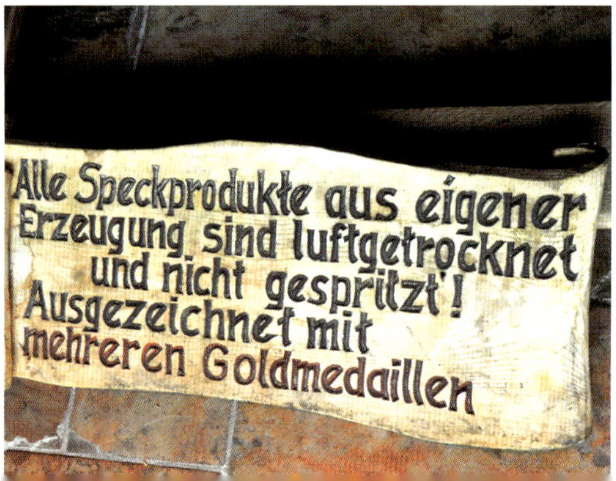

Zillertaler Schinkenspeck auf drei Arten

Angaben für 4 Personen

Zutaten.

200 g Schinkenspeckscheiben
1 Wassermelone
Für die Suppe:
100 g Schinkenspeckschwarte und Abschnitte
500 ml Rindsuppe (fertige)
100 ml Schlagobers
2 Stück Schalotten
50 g Butter

Für die Krapfen:
200 g Roggenmehl
200 g Weizenmehl
2 Dotter
250 ml Schlagobers
Meersalz
100 g Kartoffeln (mehlig)
50 g Schinkenspeckwürfel
Petersilie, Salz, Pfeffer, Kümmel

Zubereitung.

Melone in Spalten schneiden und mit dem Speck servieren.
Die Rindsuppe mit Schwarte einmal aufkochen und circa 30 Minuten ziehen lassen, passieren. Schalotten schälen und in Würfel schneiden. Butter in einem Topf erhitzen und die Schalottenwürfel darin glasig dünsten. Mit der Specksuppe und dem Schlagobers aufgießen, einmal aufkochen, circa zehn Minuten köcheln lassen, fein mixen und abschmecken.
Für die Krapfen die Dotter mit Schlagobers vermischen und mit dem Mehl schnell zu einem Teig verkneten. Dieser Teig muss vor der Weiterverarbeitung circa zwei Stunden kühl gestellt werden.
Kartoffeln weich dämpfen und pressen. Speckwürfel in einer Pfanne ohne Öl leicht rösten. Das sich dabei bildende Fett abschütten. Die Speckwürfel mit gehackter Petersilie in die Kartoffeln einarbeiten, mit Salz, Pfeffer und Kümmel würzen.
Den Krapfenteig einen Zentimeter dick ausrollen, Kreise ausstechen, die Kartoffelmasse in die Mitte setzen und zu einem Krapfen zusammenlegen.
In heißem Fett goldgelb herausbacken und auf einem Küchenpapier abtropfen lassen.

Die große Beliebtheit der Gasser Produkte sowie die zahlreichen Auszeichnungen bei internationalen Fachwettbewerben bestätigen, dass der eingeschlagene Weg der Qualität und Heimatverbundenheit der richtige ist.

Für alle, die gerne kulinarische Eindrücke vom Zillertal hätten, bietet Gasser ein eigenes Bestellservice, das Tiroler Speck und andere Köstlichkeiten direkt nach Hause liefert.

Zillertaler Schinkenspeck

„Gut Ding braucht Weile" gilt besonders dann, wenn es um den Zillertaler Speck geht. In der Fleischerei Gasser, Mayrhofen wird dazu ausgesuchte Fleischqualität von Meisterhand Stück für Stück verarbeitet. Nach altem Familienrezept werden alle Speckprodukte mit Kräutern gewürzt und in Naturlake zubereitet. Danach trocken gepökelt und mit Buchenholz geräuchert. Abgerundet durch die Reife in frischer Bergluft führt diese traditionelle Herstellungsweise zum unvergleichlichen, harmonischen Aroma.

So schmeckt das Ötztal

Die Fleischerei Gstrein ist mit dem Restaurant Alt Längenfeld verbunden. Während die Produktion der Fleischspezialitäten am Ortsrand von Au liegt, findet der Verkauf direkt in Längenfeld statt. Praktischerweise können die Köstlichkeiten auch gleich vor Ort im Restaurant probiert werden.

Manfred Gstrein ist im Ötztal – und natürlich auch darüber hinaus – bekannt. Der EU-Schlacht- und Zerlegebetrieb ÖTZTAL wurde 2003 gegründet und gehört zu jenen, die die Auflagen „Zum innergemeinschaftlichen Handel zugelassene Fleischbetriebe in Österreich" erfüllen. Gstrein arbeitet überwiegend mit Bauern der Region. Längere Transportwege der Tiere gibt es nicht, die Schlachtung ist weitgehend stressfrei. Eigene Schlachtung und fachliche Feinzerlegung auf höchstem Niveau garantieren besondere Frische. Beste Fleischqualität ist das Ergebnis, das man schmeckt.

Die Produkte werden mit modernsten Maschinen bearbeitet, dazu kommen noch traditionelle Rezepturen, feine, natürliche Gewürze, die eine besonders hochwertige Qualität garantieren.

Gstrein ist der einzige Fleischerbetrieb im Ötztal, der regionales Fleisch veredelt und vermarktet. Sein Geheimnis ist gleichzeitig sein Motto: „Schwieriges sofort, Unmögliches dauert einen Moment länger."

Metzgerei Gstrein Manfred
6444 Längenfeld
☎ +43 5253 5003
info@metzgerei-oetztal.at
www.metzgerei-oetztal.at

Kaminwurzn-Snack

Angaben für 4 Personen

Zutaten.

4 Stück Kaminwurzn
100 g breite Bohnen
100 g Sojasprossen
4 Stück Champignons
2 Stück Schalotten
Sesamöl, Sojasauce

Für die Bun's-Taschen:
240 g Mehl
1 g Natron
1 g Backpulver
24 g Zucker
8 g Milchpulver
28 g Schweineschmalz (flüssig)
150 g Wasser (lauwarm)

Zubereitung.

Mehl, Natron, Backpulver, Zucker, Salz und Milchpulver im Rührkessel vermischen. Schweineschmalz zugeben und langsam kneten lassen. Germ im Wasser auflösen und langsam in die Mehlmischung einlaufen lassen. Den Teig circa zehn Minuten kneten und 50 Minuten gehen lassen. Zu 25 Gramm-Bällchen formen und nochmals 15 Minuten gehen lassen. Leicht ausrollen und auf Bleche mit Backpapier legen. Bei 100° Celsius für circa acht Minuten dämpfen. Die breiten Bohnen in Salzwasser bissfest kochen und in Eiswasser abschrecken. Nun in feine Streifen schneiden. Champignons putzen und fein blättrig schneiden. Schalotten schälen und in feine Würfel schneiden.
Sesamöl in einer Pfanne erhitzen und die Schalottenwürfel glasig anschwitzen. Bohnen, Sojasprossen und Champignons zugeben, mit Sojasauce ablöschen und knackig andünsten. Abschmecken und in die Bun's-Taschen füllen. Kaminwurznscheiben darauflegen und noch warm servieren.

Kaminwurzn

Kaltgeräuchert und luftgetrocknet sind die kleinen Rohwürste aus Rind- und Schweinefleisch ein fixer Bestandteil der „Ötztaler Jausn". Die Bezeichnung Kaminwurzn kommt von der ursprünglichen Art der Räucherung. In vielen Häusern gab es im Kamin eine Räucherkammer, in der die Bewohner ihr Geräuchertes als Vorrat reifen ließen.

Tyrolensis

Spezialität des Hauses Juffinger ist der luftgetrocknete Rohschinken unter dem Namen „Tyrolensis", der entweder zehn oder zwölf Monate reift. Juffingers Philosophie ist ebenso einfach wie eindrücklich: „Ich will die herrliche Qualität der Natur nicht chemisieren." Die Tiere werden noch schlachtwarm verarbeitet, daher kann auf Zusatzstoffe verzichtet werden.

Bio-Metzgerei Juffinger
Marbling 15
6335 Thiersee
☎ +43 5376 21300
mail@juffinger.co.at
www.juffinger.co.at

100 Prozent Bio aus Österreich

Zurück zu den Wurzeln: Was sich Anton Juffinger bereits 1997 zum Motto für seine Bio-Fleischerei machte, gilt nun auch für seinen neuen Produktionsstandort. Der Biofleisch-Pionier kehrt mit der neu gebauten Betriebsstätte zurück in seinen Heimatort Thiersee und eröffnet dort den österreichweit einzigen Bio-Betrieb, der die strengen Kriterien des International Food Standards (IFS) erfüllt. Für die Standortwahl waren die optimale Nutzung regionaler landwirtschaftlicher Ressourcen und kurze Lieferwege ausschlaggebend. Im Sinne der Regionalität und der Nachhaltigkeit bezieht Juffinger das zu verarbeitende Fleisch von Landwirten aus der Region, die ihre Tiere nach den strengen Bio-Richtlinien halten. Die Kooperation mit den Bauern gewährleistet, dass die Fleischqualität für den Konsumenten optimal ist. Das erreicht Juffinger dadurch, dass die Haltung und Fütterung den strengen Erntevorschriften der „Bio-ERNTE-Austria" entspricht. Wichtig ist auch der Weg zur Schlachtstelle. Da bringt jeder Bauer das Tier einzeln zum Schlachtort, und somit wird Stress schon im Anfangsstadium vermieden.

Anton Juffinger ist selbst in einer rein biologischen Landwirtschaft aufgewachsen. Als er sich entschloss, statt als Bauer, als Fleisch- und Wurstproduzent zu arbeiten, war für ihn klar: Wo „Bio" draufsteht, darf nichts als Natur drin sein. Die Qualitätsansprüche gehen weit über jede EU-Bioverordnung hinaus.

Für besten Geschmack der Produkte werden eigene Rezepturen entwickelt, die ohne chemische Zusatzstoffe und Extrakte sowie Aromen auskommen. Meisterliches Können verbunden mit modernster Technik sind der Garant für höchste Bio-Qualität.

Pizza Tyrolensis

Angaben für 4 Personen

Zutaten.

200 g Tyrolensisscheiben
100 g Bergkäse
4 Tomaten
Salz, Pfeffer, Knoblauch, Oregano
Rucola
Für den Pizzateig:
500 g Pizzamehl
Prise Salz
Prise Zucker
1 g Germ
15 g Margarine (flüssig)
2,5 g Milch
250 ml Wasser
etwas Öl

Zubereitung.

Alle Zutaten (außer dem Öl) im Rührkessel neun Minuten kneten lassen.
Dann das Öl dazugeben und nochmals circa drei Minuten fertig kneten.
Tomaten kurz blanchieren, in Eiswasser abschrecken und enthäuten.
Zusammen mit Knoblauch grob mixen und abschmecken.
Pizzateig ausrollen, mit der Tomatensauce bestreichen und bei 220° Celsius circa acht bis zehn Minuten backen.
Mit Tyrolensis belegen, Bergkäse darüber hobeln, Rucola darauf verteilen und mit Olivenöl beträufeln.

Das Beste aus der Region

So lautet seit Generationen die Firmenphilosophie der Fleischerei Ortner, und das schmeckt man auch. Bereits 1934 legte der Firmengründer Andreas Ortner die Meisterprüfung ab und eröffnete sein erstes Fachgeschäft. Wie damals am Wegscheiderhof – dem Geburtshaus des Firmengründers – in Abfaltersbach werden auch heute noch die Spezialitäten nach bewährten Methoden und unter Verwendung von traditionellen Rezepten hergestellt. Die sorgfältige Auswahl der ausschließlich aus Österreich stammenden Rohware garantiert die hochwertige und gleichbleibende Qualität.

Der kulinarische Schwerpunkt liegt auf zahlreichen Speckspezialitäten, wie zum Beispiel dem Pustertaler Speck: Vier Wochen pökeln, vier Wochen räuchern und vier Monate lufttrocknen auf der Alm in 1.100 Metern Seehöhe sind ideale Voraussetzungen für feinsten Genuss. Darüber hinaus wird neben dem Fleischervollsortiment eine sehr breite Auswahl an Wurst und Schinken – darunter zahlreiche Spezialitäten aus eigener Produktion – und Köstlichkeiten aus der Genussregion wie das Villgrater Frischlamm – angeboten. Auch Convenience-Produkte wie Speck-, Kaspress- und Spinatknödel versprechen dem Gaumen wahre Freuden.

Die mittlerweile aus insgesamt vier Geschäften in Sillian, Lienz und Bruneck (Südtirol) bestehende Fleischerei wird seit 1994 in dritter Generation und mit großem Einsatz von Andreas Ortner geführt. Er bleibt der Firmenphilosophie treu: Das Beste aus der Region, um den Kunden ein Stück Heimat zu geben.

Henkele (getrockneter und geräucherter Rinderschinken)

Das Henkele ist eine luftgetrocknete, geräucherte Spezialität, die in der Fleischerei Ortner aus ausgewähltem, feinstem Rindfleisch hergestellt wird. Ohne chemische Zusätze, nur mit Salz und edlen Gewürzen wird das Henkele wie bereits vor Jahrzehnten nach traditionellem Rezept hergestellt, geräuchert und anschließend luftgetrocknet. Hauchdünn geschnitten zur Brettljause oder als kulinarische Vorspeise mit Olivenöl, Parmesan und Rucola wird das Henkele zum Genuss.

Metzgerei Ortner
Ortner Andreas KG
Haus Nr. 96
9920 Sillian
☎ +43 4842 6250
metzgerei.ortner@selfnet.at

Filialen:
Am Markt 1, 9900 Lienz
☎ +43 4852 71507
City Center
Hauptplatz 15, 9900 Lienz
☎ +43 4852 72925

Henkele-Carpaccio mit Eierschwammerltatar und -gulasch

Angaben für 4 Personen

Zutaten.
200 g Henkelescheiben
(sehr dünn geschnitten)
500 g Eierschwammerl (geputzt)
1 Schalotte
Salz, Pfeffer, Thymian
Weißer Balsamicoessig
Nussöl

Für das Gulasch:
2 EL Butter
2 kleine Zwiebeln
1 roter Paprika
1 Knoblauchzehe
1 EL Weißwein (trocken)
500 ml Geflügelfond
250 ml Obers
Salz, Pfeffer, Zucker

Zubereitung.
Für das Tatar 100 Gramm Eierschwammerl mit der Schalotte sehr fein hacken, Thymian abrebeln und mit Essig, Öl, Salz und Pfeffer abschmecken. Die restlichen Eierschwammerl mit Gulaschansatz garen.
Die Zwiebeln fein hacken und mit dem fein gehackten roten Paprika in etwas Butter anschwitzen. Dann bei kleiner Flamme langsam rösten, bis die Zwiebeln leicht Farbe nehmen. Anschließend das Ganze mit dem Weißwein ablöschen, mit dem Geflügelfond und dem Obers aufgießen, würzen und etwa die Hälfte einkochen lassen. Nun mit dem Mixer pürieren und zum Schluss die Sauce durch ein feines Sieb passieren.
Henkelescheiben auflegen und das Tatar darauf anrichten. Gulasch extra servieren.

Natur, die man schmeckt

Die Fleischerei Hans Pfluger ist ein Familienbetrieb mit Tradition. 1994 hat mit Michaela Pfluger, Fleischermeisterin, die dritte Generation den Betrieb übernommen. Seit 1998 werden in dem EU-zertifizierten Betrieb die Pfluger-Spezialitäten nach dem Motto „Beste Qualität aus Meisterhand" hergestellt. Das Geheimnis liegt im Handwerk, besten Zutaten und der Natur, die man in jedem Stück schmeckt. Ausgewählte Gewürze sorgen für den besonderen Geschmack, die Mischung ist dabei ein gut gehütetes Geheimnis.

Die Grundlage für das reichhaltige Speck- und Wurstsortiment liefern namhafte österreichische Firmen, die ein Garant für Frische und ausgezeichnete Qualität sind. Rind, Kalb, Lamm und Wild stammen aus Tirol, Schweinefleisch kommt aus Ober- und Niederösterreich. Frisches Fleisch wird vier Mal pro Woche geliefert und rasch verarbeitet. Spezialitäten aus dem Hause Pfluger sind neben dem umfangreichen Specksortiment von Karree- über Schinken-, Schopf-, Bauch-, und Kaiserspeck eine breite Palette an Schinkensorten, Brüh-, Koch- und Dauerwürsten aber auch Raritäten wie Blutwurstkranzl, die Paprikaspeckwurst oder der gepresste Kalbskopf.

Dass für Michaela Pfluger Frische und gleichbleibende Qualität besonders wichtig sind, wissen nicht nur die Kunden im Detailgeschäft oder im Shop im Spar-Markt in Vorderthiersee, sondern auch die Partner aus Gastronomie und Handel.

„Der Dorfmetzger"
Hans Pfluger

Vorderthiersee 38
6335 Thiersee / Tirol

☎ +43 5376 5236

metzgerei@pfluger.at
www.pfluger.at

Karreespeck mit Thierseer-Kiachl und Kastaniensuppe

Angaben für 4 Personen

Zutaten.

200 g Karreespeckscheiben
20 g Germ
250 ml Milch
400 g Mehl
4 Eidotter
60 g Zucker
50 g Butter
4 g Salz
Fett zum Backen

Für die Kastaniensuppe:
400 g Maroni (gekocht)
2 Schalotten
1 EL Butter
500 ml Geflügelfond
4 cl Sekt
2 cl Wermut
300 ml Schlagobers
2 cl Weißer Portwein

Zubereitung.

Für die Kiachl den Germ mit lauwarmer Milch verrühren und mit Mehl, Eidotter, Zucker, zerlassener Butter und Salz zu einem Teig vermengen.
Den Teig so lange abschlagen, bis er seidig glatt ist und sich vom Kochlöffel löst. Circa 30 Minuten an einem warmen Ort gehen lassen. Dann einen Zentimeter dick ausrollen, Kreise ausstechen und nochmals eine halbe Stunde gehen lassen. Die Kiachl in der Mitte eindrücken und mit dieser Seite nach unten in das heiße Fett einlegen. Beidseitig backen und auf Küchenpapier gut abtropfen lassen.
Für die Kastaniensuppe die Schalottenwürfel in Butter anschwitzen, die Maroni zugeben und mit Geflügelfond, Sekt, Wermut und Schlagobers auffüllen.
Für circa zehn Minuten köcheln lassen. Fein pürieren. Den weißem Portwein dazugeben und servieren.
Kiachl mit dünnen Speckscheiben anrichten. Dazu serviert man im Alpin-Geniesser-wirtshaus eine Kastaniensuppe.

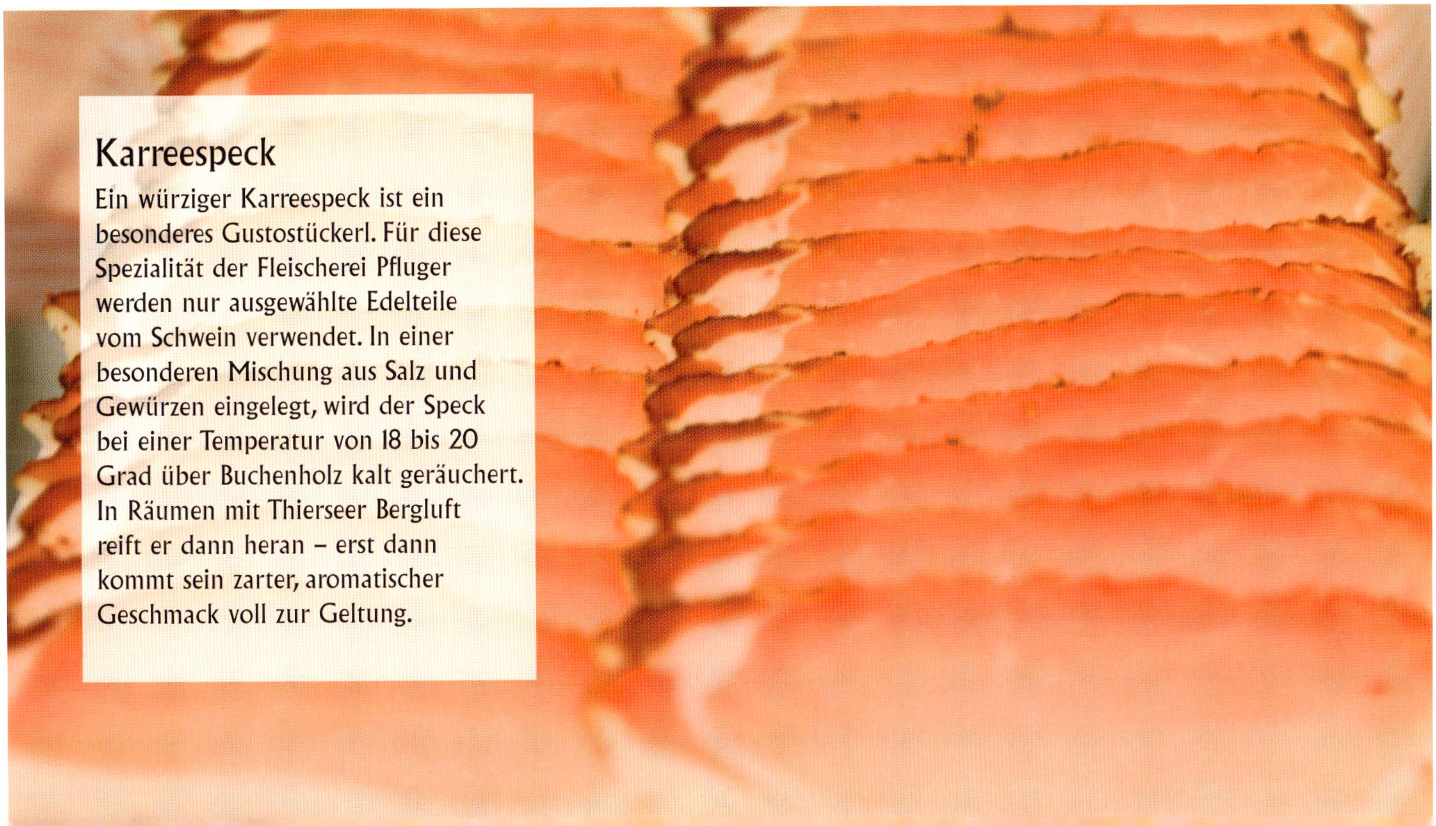

Karreespeck

Ein würziger Karreespeck ist ein besonderes Gustostückerl. Für diese Spezialität der Fleischerei Pfluger werden nur ausgewählte Edelteile vom Schwein verwendet. In einer besonderen Mischung aus Salz und Gewürzen eingelegt, wird der Speck bei einer Temperatur von 18 bis 20 Grad über Buchenholz kalt geräuchert. In Räumen mit Thierseer Bergluft reift er dann heran – erst dann kommt sein zarter, aromatischer Geschmack voll zur Geltung.

Landmetzgerei Piegger KG
Josef Piegger
Kirchengasse 77
6073 Sistrans
☎ +43 512 377238
info@piegger.at
www.piegger.at

Filialen:
Dorf 5, 6071 Aldrans
☎ +43 512 342343
Aldranser Straße 214, 6072 Lans
☎ +43 512 377866

Von der Umgebung für die Umgebung

In Sistrans geht man zu Piegger nicht nur, um bestes Fleisch und Wurstwaren zu kaufen. Die Landfleischerei ist längst zum Nahversorger der kleinen Ortschaft geworden. 1960 gegründet, ist Piegger heute der letzte Lebensmittelerzeugungsbetrieb der Region. „Von der Umgebung für die Umgebung" ist das Motto, das alle regionalen Produzenten mit einbezieht. Vier Piegger-Geschwister arbeiten gemeinsam von der Produktion bis hin zum Verkauf und Vertrieb der köstlichen Waren. Für die Herstellung der hausgemachten Produkte wird ausschließlich Fleisch aus eigener Schlachtung verwendet. Josef Piegger hat seit jeher die Partnerschaft mit den Bauern der Umgebung, aber auch im weiteren Umland Tirols gepflegt. Bei Piegger in Lans, Aldrans und Sistrans gibt es Tiroler Vollmilch-

„Patscherkofel-Wurst“ mit Spargelsalat

Angaben für 4 Personen

Zutaten.

4 Stück „Patscherkofel-Wurst“
8 Stück Spargel (weiß)
8 Sherrytomaten
4 Radieschen
Gartenkresse
Salz, Pfeffer
Weißer Balsamicoessig
Olivenöl

Zubereitung.

Spargel schälen und in einem mit Salz, Zucker und Butter gewürzten Wasser nicht zu weich kochen, danach in Eiswasser abschrecken.
Sherrytomaten und Radieschen vierteln, Spargel in Scheiben schneiden und alles zusammen mit Essig und Öl marinieren, abschmecken.
„Patscherkofel-Wurst“ in nicht zu dicke Scheiben schneiden.
Den Salat auf einem Teller platzieren, die Wurst darauf verteilen und mit Gartenkresse vollenden.

kalb, Tiroler Bergrind, Stubaier Berglamm, Tiroler Schwein, Wild von der heimischen Jagd sowie Stubaier Bioputenfleisch. Feinste Wurstkreationen, die weit über das übliche Sortiment hinausgehen, sind neben der „Patscherkofel-Wurst“ die Bärlauchwürste, Bozner- und Josiwürste sowie Kalbspariser und viele Grillspezialitäten. Auch Weißwurstfreunde kommen hier geschmackvoll auf ihre Rechnung. Sogar die Messegastronomie in Innsbruck wird von der Fleischerei Piegger geführt.

„Patscherkofel Vitaminwurst“

100 Prozent Tiroler Rindfleisch, Speck, Kürbis- sowie Sonnenblumenkerne und dazu noch ein paar Vitamine. Das sind die Zutaten der „Patscherkofel Vitaminwurst“. Die Idee war schlichtweg, eine eigene Marke mit dem Namen des Hausbergers zu kreieren. Bei so viel Natur konnte es nur ein gesundes Produkt werden. Speziell für Kinder, Sportler, Senioren und Schwangere ist diese Wurst ein sinn- und geschmackvoller Bestandteil der täglichen Jause.

Kreativ anders

Die Fleischerei Schlögl ist in Wörgl und Umgebung Synonym für beste Fleischqualität und feinste Fleisch- und Wurstwaren. Der Familienbetrieb setzt seit jeher auf Qualität, auf Eigenschlachtung und das Wissen um die Herkunft der Tiere, die soweit als möglich aus der Region kommen. Dabei wird auf Vielfalt und Kreativität nicht nur in der Produktion, sondern bereits bei der Auswahl der Tiere Wert gelegt. Unterschiedliche Rindersorten wie Fleck- oder das bekannte Tiroler Grauvieh sowie Angus garantieren besten Geschmack. Namhafte Kunden der gehobenen Gastronomie wie Hans Haas vom Tantris in München oder Bobby Bräuer vom Grand Tirolia Kitzbühel sprechen für den hohen Qualitätsanspruch der Fleischerei Schlögl.

Den feinen Unterschied präsentiert Markus Schlögl – er ist übrigens die dritte Schlögl-Generation – in der Filiale im MPreis in Wörgl. Bei den Wurstprodukten gibt es neben dem klassischen Wurstsortiment ein breites Putenwurstangebot sowie Tiroler Spezialitäten wie Kaminwurzn und natürlich darf Speck in verschiedenen Varianten nicht fehlen. Hier wird besonderer Wert auf Handarbeit und Tradition gelegt. Speck wird nach der alten Methode hergestellt und braucht eine Reifezeit von bis zu drei Monaten, bis er den vollen Geschmack entwickelt.

Fleischerei Schlögl
Alois Schlögl
Friedhofstraße 15
6300 Wörgl
☎ +43 5332 72330
alois.schloegl@snw.at

Filialen:
M-Preis, Salzburger Straße 29
6300 Wörgl
☎ +43 5332 70458
M-Preis, Salurner Straße 42–44
6330 Kufstein
☎ +43 5372 71655

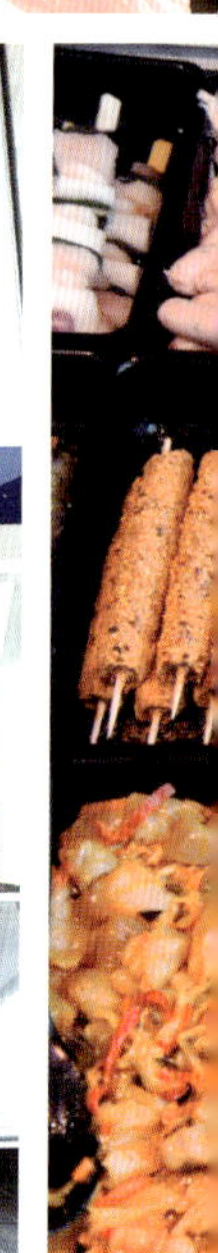

„Forever-young-iss-leicht-Wurst“

Die „Forever-young-iss-leicht-Wurst“ wurde in Zusammenarbeit mit Dr. Ulrich Strunz und der Fleischerei Alois Schlögl entwickelt. Die Spezialmagerwurst besteht aus reinem Putenfleisch, kaltgepresstem Olivenöl sowie probiotischen Ballaststoffen. Angereichert mit L-Carnitin steigert sie die Fettverbrennung im Körper, fördert die Regeneration, versorgt Herz und Immunzellen mit Energie und beugt vorzeitiger Ermüdung vor. Einfach ein geschmackvolles Naturprodukt mit Mehrwert.

Avocado gefüllt mit leichter Pute

Angaben für 4 Personen

Zutaten.

200 g „Forever-Young“-Wurstscheiben
2 Avocado
200 g Frischkäse
Salz, Pfeffer, Schnittlauch, Zitrone
Gartenkresse, Cherrytomaten

Zubereitung.

Avocado der Länge nach halbieren, entkernen und die Schnittfläche mit Zitrone einreiben. Frischkäse mit Salz, Pfeffer, Schnittlauchröllchen und Zitrone abschmecken und in die Aushöhlung der Avocado füllen. Mit Gartenkresse, Cherrytomaten und der „Forever-Young-Wurst“ ausgarnieren.

Fleischerei
Wimpissinger Andreas GmbH & CoKG
Obere Dorfstraße 8
6321 Angath
☎ +43 5332 74307
a.wimpissinger@speed.at
www.metzgerei-wimpissinger.at

Filiale:
Dorf 4
6235 Reith im Alpbachtal
☎ +43 5337 64307

St. Johanner Würstl

Die St. Johanner Würstl werden in St. Johann schlicht „Sainihånser“ genannt (Sainihåns ist übrigens der regionale Dialektausdruck für die Bezeichnung des Ortes St. Johann in Tirol). Sie sind stärker geräucherte Schweinswürstl, die nach einem einst streng gehüteten Rezept hergestellt wurden und in ihrer Form etwas länger und dünner sind als etwa herkömmliche Frankfurter oder Wiener Würstl.

Geschmack verpflichtet

Seit der Gründung der Fleischerei im Jahr 1963 gelten hier strenge Qualitätsrichtlinien. Johann Wimpissinger arbeitete von Anfang an eng mit den Bauern der Region zusammen, achtete auf eine artgerechte Haltung und auf stressfreie Schlachtung der Tiere, um beste Fleischqualität und feinste Wurstwaren zu bieten. Was gut und bewährt ist, soll man nicht ändern, dachte sich Andreas Wimpissinger, und führt seit 1998 die Fleischerei nicht nur im Sinne seines Vater weiter und vergrößerte sie. Gearbeitet wird heute nach „überlieferter“ Methode, jedoch mit modernsten Maschinen.

Rund 70 verschiedene Sorten an Fleisch- und Wurstwaren werden in der Fleischerei hergestellt. Rindfleisch kommt zum Großteil aus der direkten Umgebung aus Eigenschlachtung, wodurch die Wertschöpfung in der Region bleibt. Bei Schweinefleisch wird mit Betrieben in Oberösterreich zusammengearbeitet, da es in Tirol zu wenig Mastbetriebe gibt.

Wimpissinger führt neben dem Geschäft in Angath noch eine Filiale in Reit im Alpbachtal. Neben bester Qualität wird besonderer Wert auf fachkundige Beratung gelegt. Um den guten Geschmack bemüht sich die Familie mit vereinten Kräften. Mathilde Wimpissinger und ihr Schwager Christoph bringen die Köstlichkeiten aus der Produktion von Peter und Andreas Wimpissinger an die Kundschaft. Die besonderen Spezialitäten des Hauses sind – schließlich ist man in Tirol – der Karree- und Schinkenspeck, Kaminwurzen, Landjäger und natürlich die St. Johanner.

St. Johanner mit Grillgemüse, Sesamkartoffel und Chilisoße

Angaben für 4 Personen

Zutaten.

4 Paar St. Johanner
je 1 Stück Zucchini, Aubergine, gelber und roter Paprika
4 Kartoffeln (festkochend)
Sesam, Salz, Pfeffer, Olivenöl
Mehl, Ei

1 roter Paprika
1 Knoblauchzehe
100 g Ketchup
1 Chilischote
100 g Geflügelfond
Salz, Pfeffer, Zucker

Zubereitung.

Das Gemüse waschen und in circa fünf Zentimeter große Rauten schneiden.
Kartoffeln in der Schale bissfest kochen, schälen und auskühlen lassen. In zwei Zentimeter dicke Scheiben schneiden, mit Salz und Pfeffer würzen und in Mehl, Ei und Sesam panieren.
Für die Chilisoße den Paprika in einer heißen Pfanne von allen Seiten anrösten und für 30 Minuten bei 180° Celsius ins Rohr schieben. Mit einem feuchten Tuch bedecken, sodass man die Haut leichter abziehen kann. Entkernen und mit Knoblauch, entkernter Chilischote, Ketchup und Geflügelfond fein mixen, abschmecken.
Nun die St. Johanner, das Gemüse und die Kartoffelscheiben auf dem Grill oder in einer Pfanne mit Olivenöl anbraten und mit der Chilisoße servieren.

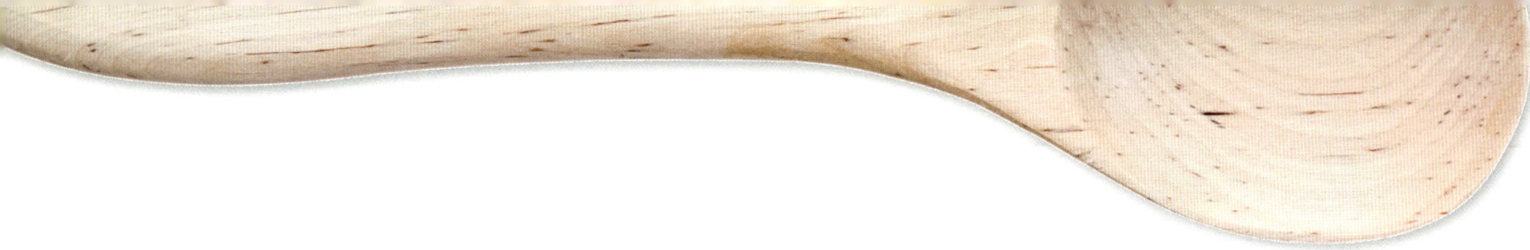

Vorarlberg

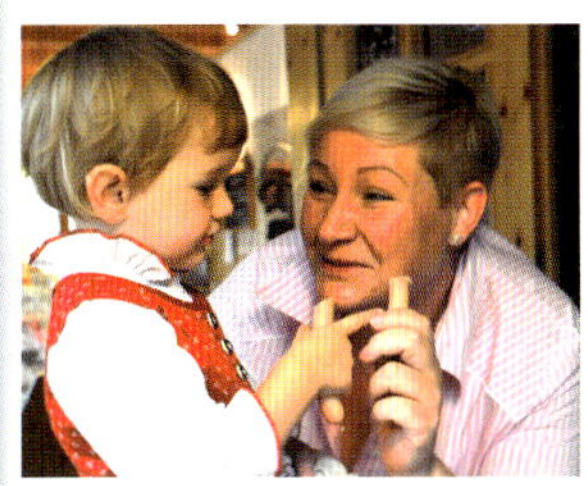

Beste Aussicht auf Genuss

Der Ausblick ist atemberaubend. Hoch über dem Bodensee hat man freien Blick auf die Schweizer Berge. Das Hotel Restaurant Schönblick ist aber nicht nur für seine einzigartige Lage bekannt, sondern lockt mit bester Aussicht auf höchsten kulinarischen Genuss. Regional und saisonal. So einfach ist das Rezept für feinste Gerichte von Küchenchef und Haubenkoch Karlheinz Hehle.

Außergewöhnliche Spargelkreationen zur Spargelzeit, frische Eierschwammerl, frisches Wild, Fleisch aus der Region, wie auch spezielle Gerichte zu den „Ländle-Kalb-" oder „Alpschwein-Wochen", gehören für ihn zum guten Ton. Gemeinsam mit seinem jungen Küchenteam machte er sich an die Spezialitäten der Ländler Fleischer. Dabei entstanden sind Gerichte, die selbst die Fleischer ins Staunen versetzten. Feinste Terrinen umwickelt mit Mostbröckle, Carpaccio vom Osso Collo mit Crème brûlée oder Alpenthunfisch, also Kaiserfleisch mit Sesam usw.

Für jedes Gericht gibt es im Schönblick garantiert den dazu passenden Wein. Regionale, wie auch nationale und internationale Weinspezialitäten lagern im Gewölbe-Weinkeller. Weinakademiker Karlheinz Hehle stellt gerne ein individuelles Weinprogramm zusammen.

Das Team des Restaurants Schönblick setzt sich dafür ein, dass die Gaumenfreuden zu Augen-Blicken werden, die Ihnen noch lange in Erinnerung bleiben.

Hotel Schönblick
Monika und Karlheinz Hehle

Dorf 6
6911 Eichenberg über dem Bodensee
☎ +43 5574 45965-0
hotel.schoenblick@schoenblick.at
www.schoenblick.at

Öffnungszeiten Restaurant
Dienstag 17 bis 24 Uhr
Mittwoch bis Sonntag 8 bis 24 Uhr
Warme Küche von 11:30 bis 13:45 Uhr
und von 18 bis 21:45 Uhr

falstaff
guide

Hotel Restaurant
SCHÖNBLICK
Hallenbad·Sauna

Fleischerei Egger
Arthur Egger

Wolfgaustraße 23
6824 Schlins

☎ +43 5524 8306

Osso Collo-Carpaccio mit Creme Brulee vom Räucherfisch

Angaben für 4 Personen

Zutaten.

200 ml Schlagobers
170 ml Milch
2 Forellenfilets (geräuchert)
5 Eigelb
Salz, Pfeffer, Nelken,
Wacholderbeeren, Lorbeerblätter
Pernot
Je 1 Karotte, Tomate, Lauch
400 g Osso Collo

Zubereitung.

Alle Zutaten aufkochen und 20 Minuten leicht köcheln lassen. Die Gewürze (Nelken, Wacholder, Lorbeerblätter) rausnehmen und die Masse fein mixen.
Eigelb schaumig schlagen und die Masse langsam einrühren.
Karotte, Tomate, Lauch in kleine Würfel schneiden und blanchieren.
In Gläser füllen, mit der Fischmasse auffüllen und bei etwa 90° Celsius im Wasserbad 30 Minuten dämpfen.
Osso Collo in hauchdünne Scheiben scheiden. Auf einen Teller legen und mit Creme Brulee servieren.

Ländle verpflichtet

In Vorarlberg kennt man Arthur Egger seit 35 Jahren als einen der Fleischer, die in Punkto Herkunft der Schlachttiere auf Heimat setzen. Nicht nur Rind und Kalb, sondern auch Schweinefleisch bezieht er aus der direkten Umgebung. Qualität vom Ursprung an ist Arthur Egger ein besonderes Anliegen. Das beginnt mit gelebter Partnerschaft mit den Bauern, die gut auf ihre Tiere achten, für die artgerechte Tierhaltung kein Trend, sondern selbstverständlich ist. Bei der hauseigenen Schlachtung achtet der Fleischer aus Leidenschaft darauf, dass die Tiere keinem unnötigen Stress ausgesetzt sind, um auch hier die Fleischqualität nicht zu beeinträchtigen.

Rund 50 verschiedene Wurst-, Schinken- und Speckprodukte stehen im Detailgeschäft in Schlins zur Auswahl. Seit vielen Jahren ist der Betrieb mit mehrfach prämierten Produkten ein Treffpunkt für Fleischgenuss in der Region. Wer im Walgau ein Fest feiert, geht zu Egger. Vereine wissen das umfangreiche Angebot an Feinkost ebenso zu schätzen wie die steigende Zahl an warmen Gerichten. Partyservice für jede Größe und jeden Geschmack, einfach Genuss aus dem Walgau.

Osso Collo

Bekannt für ihre verschiedenen Spezialitäten rund um Speck und Rohschinken, ist der Fleischerei Egger mit dem Osso Collo eine besondere Köstlichkeit gelungen. Schweineschopf wird mit feinen Gewürzen und Salz rund vier Wochen lang gepökelt, getrocknet und mit wenig Rauch geräuchert, damit der feine Fleischgeschmack nicht überlagert wird. Die Besonderheit beim Osso Collo ist auch, dass er spezifisch zugeschnitten in eine praktische, genussfreundliche Form gebracht wird.

Fleischer aus Leidenschaft

Was man gerne macht, macht man gut. Dieses Sprichwort trifft bei Norbert Feurstein besonders ins Schwarze. Er lebt seinen Beruf und bringt besondere Köstlichkeiten hervor, die man in verschiedenen Filialen im Ländle genießen kann.

Hochwertiges Frischfleisch von Rind und Kalb gehören zu den Stärken des Fleischermeisters. Die Rinder und Kälber stammen ausschließlich aus den Bauernhöfen des Bregenzerwaldes, des Kleinwalsertales und des Tannheimertales. Sie wachsen unter optimalen Bedingungen auf: Würzige Alpenkräuter, reine Luft und eine naturgemäße

Feurstein Culinarium
Hauptstraße 9
6973 Höchst
☎ +43 5578 77747
www.naturprodukt.at

Weitere Filialen:

Feurstein Wälder-Stube
Hof 137
6866 Andelsbuch
☎ +43 5512 2566

Feurstein Tannheimertal
Unterhöfen 28
6675 Tannheim
☎ +43 5675 20291

Feurstein Kleinwalsertal
Walserstraße 63
6971 Riezlern
☎ +43 5517 20354

Teigtäschchen mit Sellerie gefüllt, dazu Garnitur von Gemüse und Hirschboxerl

Angaben für 4 Personen

Zutaten.

Für den Nudelteig:
250 g Weizenmehl
3 Eier
2 EL Olivenöl

Für die Selleriepüree-Fülle:
50 g Sellerie
30 g Erdäpfel
etwas Milch
20 g Butter
Salz, Pfeffer

Zubereitung.

Sellerie und Erdäpfel schälen, vierteln, in Salzwasser mit Milch weich kochen. Abseihen und mit einem Erdäpfelstampfer stampfen oder fein pürieren. Mit Salz und Pfeffer würzen und mit etwas Milch oder Schlagobers sowie Butter abrunden.
Teig herstellen, Täschchen formen, mit Selleriepüree füllen. Kochen und mit buntem Gemüse (gekocht) und Hirschboxerl servieren.

Lebensweise machen die Produkte besonders schmackhaft. Norbert Feurstein kennt seine Bauern, arbeitet eng mit ihnen zusammen, um die beste Qualität zu erhalten. In so genannten Reifeboxen reifen die Edelstücke von Rind und Kalb bei absolut luftreiner Lagerung mindestens zwei Wochen lang zu einer unnachahmlichen Zartheit mit hohem Saftanteil heran. Ideal sind fein mit Fett marmorierte Stücke, die von der Natur aus eine feinere, mürbere Qualität haben.

Eine weitere Spezialität von Feurstein ist der Speck, denn hier zählt die langsame Herstellung doppelt. Zum einen sorgt die behutsame Reifung für eine lange Haltbarkeit und zum anderen für einen feinen Geschmack. Jeder Speckhersteller hat sein Geheimnis: Es ist die besondere Würzung mit feinen Kräutern, das Räuchern mit Holz reich an ätherischen Ölen und schließlich noch die Reifung von mindestens sechs Monaten, bis die Fasern des Specks zart und mürb sind.

Hirschboxerl

Heimisches Wild und Schweinefleisch sind die Grundzutaten für diese geschmackvollen Rohwürste. Das Geheimnis des besonderen Aromas ist jedoch ein eigenes Reifeverfahren, das eine exakte Einstellung von Temperatur und Feuchtigkeit erfordert. Zwei Wochen lang werden die Würste getrocknet, um schließlich ihren vollen Geschmack zu entfalten.

Selbst gemacht

In bester Lage von Dornbirn bietet die Fleischerei von Robert Fontain ein breites Sortiment an Fleisch- und Wurstwaren aus eigener Produktion. Qualität beginnt für ihn natürlich schon bei der Haltung und Fütterung der Schlachttiere. Er achtet darauf, soweit als möglich Tiere aus Vorarlberg beziehungsweise aus Österreich zu verarbeiten. Die Rezepte für seine Produkte hat er von seinem Vater übernommen, der auch sein Lehrherr war. Noch heute arbeitet der 83-Jährige im Betrieb mit oder sorgt als passionierter Jäger regelmäßig für Nachschub bei Wildfleisch für verschiedene Schinken- und andere Spezialitäten wie Wildschweinhalsspeck.

Auf der Suche nach dem feinen Geschmack arbeitet Robert Fontain laufend an neuen Rezepturen und Geschmacksrichtungen. So entstehen Produkte wie die italienische Salsiccia mit Fenchel, die kurz angebraten mit etwas Salat oder Tomate ganz einfach in eine Semmel gegeben wird. Das Ergebnis ist Fast Food, das besonders gut schmeckt.

Speziell die Entwicklung verschiedener Fertigmenüs ist ein besonders erfolgreicher Geschäftsbereich. Die breite Palette an hausgemachten Gerichten ist für eine Fleischerei überraschend. Wenn also die Zeit fürs selber Kochen fehlt, bietet Fontain viele besonders geschmackvolle Alternativen.

Metzgerei Fontain KG
Robert Fontain

Bergstraße 17
6850 Dornbirn

☎ +43 5572 24520

www.metzgerei-fontain.at

Terrine von Chorizo und Salsiccia mit grünem Spargelkern

Angaben für 4 Personen

Zutaten.

150 g Chorizo
150 g Salsiccia
1 Paprika (rot)
1 Zwiebel
40 g Spinat (frisch)
1 Eiweiß
1–2 Spargel (grün)
10 ml Schlagobers
Basilikum, Estragon, Schnittlauch,
Petersilie, Olivenöl, Salz, Pfeffer

Zubereitung.

Chorizo häuten und ein Drittel der Rohwurstmasse mit Olivenöl in der Pfanne anbraten, Zwiebelwürfel beigeben, mit Salz und Pfeffer würzen, kaltstellen. Paprika in feine Würfel schneiden und mit der gebratenen sowie der restlichen Chorizomasse vermischen.
Salsiccia häuten. Gehackte Kräuter unter die Rohwurstmasse arbeiten und mit Salz und Pfeffer abschmecken. Spinat blanchieren und im Eiswasser abschrecken.
Terrinenform mit Klarsichtfolie auslegen, mit Spinatblättern auskleiden (vier bis fünf Spinatblätter aufheben). Form bis zur Hälfte mit Salsicciamasse füllen. Den gekochten Spargel längs auf die Masse legen und eindrücken. Anschließend die Chorizomasse einfüllen. Mit den restlichen Spinatblättern abdecken.
Im Ofen bei 100° Celsius im Wasserbad 30 bis 35 Minuten garen. Anschließend kalt stellen.

Chorizo und Salsiccia

Eine kulinarische Urlaubsentdeckung angepasst an den Geschmack Vorarlbergs. Aus besten Zutaten und Naturgewürzen wie Chili und Paprika entsteht die scharfe Chorizo. Bei der Salsiccia ist der feine Fenchelgeschmack das Geheimnis. Beide Würste sind optimal zum kurz Braten oder Grillen.

Landmetzgerei Graninger GmbH

Platz 341
6952 Hittisau

☎ +43 5513 6207, 30275
Fax: DW 14

info@graninger-speck.at

Frauenpower im Bregenzerwald

Astrid Graninger überzeugt mit traditionellen und kreativen Fleisch- sowie Wurstwaren weit über die Ländle-Grenzen hinaus. Dabei wollte die junge, ambitionierte Fleischermeisterin einst lieber ins Hotelfach und nicht in die Fleischverarbeitung. Wie das Leben so spielt, wurde es dann doch das Familiengeschäft, das sie im Sinne des Großvaters weiterführt. Die Kombination von altem Handwerk und Moderne findet sich in ihrem Motto „Tradition aber Innovation" wieder und wurde beispielsweise auch beim Einbau der alten Rauchanlagen berücksichtigt. Heute beschäftigt sie acht Mitarbeiter in der Produktion sowie im Verkauf im Geschäft in Hittisau. Hier kann man in der kleinen, dem Geschäft angeschlossenen Stube viele der Köstlichkeiten gleich vor Ort genießen.

Das Fleisch für ihre Produkte bezieht sie aus der Region Bregenzerwald, und – wenn möglich – in der direkten Umgebung von Hittisau. Da sie da-

Saltimbocca von der Ländle Kalbskeule

Angaben für 4 Personen

Zutaten.

8 Kalbskeulenschnitten (à 80 g)
Salbeiblätter (frisch)
50 g Karree nach Parmaschinkenart
Salz, Pfeffer

Zubereitung.

Kalbskeulenschnitten dünn klopfen, salzen und pfeffern, mit Salbei und fein geschnittenem Karree nach Parmaschinkenart belegen, mit Spießchen oder Zahnstocher befestigen, herausbraten und mit brauner Fleischsauce anrichten. Beilage nach Geschmack frisches Gemüse und Polentaschnitten.

bei auch Hochlandrinder sowie Schwäbisch-Hällische Schweine zur Verarbeitung hat, kann sie in punkto Kreativität aus dem Vollen schöpfen und dabei manchmal sogar spielerisch werden: So entstehen Produkte wie Kalbsleberpastete mit Blattgold, Wildpastete mit Cranberrys und Whisky oder ein Lardo, der in Zartheit und Geschmack seinesgleichen sucht. Ein Schwerpunkt ihrer Produktion ist die Herstellung von Spezialitätenkonserven wie Wienerle vom Hochlandrind, Saure Kutteln, Thüringer rote Wurst und vieles mehr. Einfach viel Geschmack und Qualität aus dem Bregenzerwald.

Luftgetrocknetes Karree nach Parma Art

Karree vom Schwein wird mit Meersalz, Naturgewürzen wie Wacholder, Knoblauch und dem Geheimnis der Fleischermeisterin mariniert. Geschmack braucht Zeit, daher wird das Karree rund fünf Wochen gelagert und immer wieder per Hand einmassiert und umgelagert. Die Trocknung braucht dann rund ein Jahr. Das Ergebnis kann sich schmecken lassen und zergeht auf der Zunge.

„gern gmacht – guat gmacht"

In jedem köstlichen Stück der Fleischerei Lampert steckt viel Liebe zum Detail. Gottfried Lampert ist Fleischer aus Leidenschaft. Dabei geht es ihm nicht um Quantität, sondern ausschließlich um die Schaffung echter Genussprodukte. Die Entwicklung braucht manchmal viel Zeit, denn schließlich müssen nicht nur die Kunden, sondern vor allem der Fleischermeister selbst mit seiner Kreation zufrieden sein. Gemeinsam mit seinem Schwiegersohn Manfred zeichnet er für die breite Produktpalette verantwortlich, die zu 100 Prozent aus eigener Erzeugung stammt, und die es ausschließlich im Laden in der Reichsstraße zu kaufen gibt.

Auch klein Luca testet die Qualität und wer weiß, vielleicht wird er die dritte Generation, die den Fleischerbetrieb im Sinne Opas und Papas Qualität weiterführen wird.

Lampert's Metz'g
Reichsstraße 24
6804 Altenstadt
☎ +43 5522 82550

Bindele auf geschmortem Weißkraut und Semmelknödel

Angaben für 4 Personen

Zutaten.

800 g Bindele	Für die Knödelmasse:
2 Zwiebeln (fein gehackt)	250 g Semmelwürfel
500 g Weißkraut (feinnudelig geschnitten)	60 g Butter
500 ml Hühnersuppe	60 g Zwiebel
½ Bouteille Weißwein (halbsüß oder süß)	200 ml Milch
2 EL Butter	40 g Mehl (griffig)
Salz, Pfeffer, Kümmel	3 Eier
	Salz
	Petersilie (gehackt)

Zubereitung.

Bindele in Scheiben schneiden und in einem Sud aus Gartenkräutern kurz heiß ziehen lassen.

Für das Weißkraut die Zwiebeln in etwas Butter glasig dünsten, geschnittenes Weißkraut dazugeben und mit Hühnersuppe sowie Süßwein aufgießen. Mit Kümmel sowie Salz würzen und weich kochen, bis das Kraut die Flüssigkeit weitgehend aufgenommen hat.

Für die Knödel die Butter schmelzen, klein geschnittene Zwiebeln darin hell anrösten. Eier und Milch gut verschlagen, salzen und über die Semmelwürfel gießen. Alle Zutaten vermengen, einige Minuten durchziehen lassen und das Mehl unterheben. Mit nassen Händen Knödel formen und in reichlich Salzwasser schwach wallend kochen.

Am Anfang steht jedoch die Fleischbeschaffung. Als Mitglied der Ländle-Metzg darf Lampert ausschließlich Tiere aus Vorarlberg beziehungsweise aus Österreich verarbeiten.

Die Perfektion in der Produktion setzt sich im Verkauf fort. Auf beste Beratung wird besonders großer Wert gelegt. Heike Lampert rät ihren Kunden auch gerne mal von einem Stück ab, wenn der gewünschte Reifegrad und die Qualität noch nicht optimal sind. Gerne gibt sie Tipps zur Zubereitung, die sich dann handgeschrieben am Einkaufssackerl finden. Auf individuelle Kundenwünsche geht man natürlich gerne ein. Auch die Tochter hat die Leidenschaft für das Handwerk mitbekommen. Sie ist als Fleischerfachkraft schon mehrfach ausgezeichnet.

Hier kann man wahrlich genussvoll einkaufen.

Gebratenes Bindele

Diese Vorarlberger Spezialität ist ein Bauchfleisch, das gesalzen und geräuchert und anschließend nach einem speziellen Bratverfahren gegart wird. Das Bindele schmeckt wie ein weicher Bauernspeck und kann kalt oder auch warm gegessen werden. In jedem Fall ist der Genuss garantiert.

Die Bilderbuchfleischerei

Drei aktive Generationen Wissen, modernste Technik und Leidenschaft zum Beruf treffen zusammen und machen die Fleischerei Schatz zu einer wahren Vorzeigefleischerei. Nur Fleisch aus der eigenen Schlachtung wird hier verarbeitet. Die Tiere werden bei Bauern der Umgebung gekauft, der Transport ist kurz und soweit als möglich stressfrei. Nach dem Motto „Lieber eine Stunde früher aufstehen und zwei später aufhören als ein Produkt zukaufen" erzeugen Vater Rainer und seine Söhne Dieter und Christian Schatz alle Köstlichkeiten selbst, und das aus Leidenschaft. In der Verarbeitung wird auf Qualität besonderer Wert gelegt, auf industrielle Hilfsstoffe vollständig verzichtet. Die Gewürze sind wenn möglich frisch, auf die in vielen Betrieben üblichen Mischgewürze wird verzichtet. Über 140 verschiedene hausgemachte Wurst-, Schinken-, Speck- und Salamikreationen sowie eine Vielzahl an hausgemachten Salaten, Küchenfertigem und

Fleischerei Rainer Schatz

Kaiser Franz Josef Straße 10
6845 Hohenems

☎ +43 5576 72246

rainer@metzgerei-schatz.at
www.metzgerei-schatz.at

Alpenthunfisch in Sesamkruste mit Safransauce

Angaben für 4 Personen

Zutaten.

1 kg Kaiserfleisch
Sesam
Senf
½ Zwiebel
100 g Butter
100 ml Weißwein
1 Knoblauchzehe
500 ml Schlagobers
Salz, Pfeffer, Muskatnuss
2 g Safranfäden (getrocknet)

Zubereitung.

Für die Safransauce die Zwiebeln klein schneiden, anschwitzen, bis sie glasig werden. Die Butter hinzugeben, leicht anbräunen lassen und mit dem Weißwein ablöschen. Kurz reduzieren, mit dem Schlagobers aufgießen und zehn Minuten bei öfterem Rühren leicht köcheln lassen. Mit Salz, Pfeffer und Muskatnuss sowie einer Zehe Knoblauch abschmecken. Mixen und durch ein feines Sieb passieren. Nochmals aufkochen und den Safran unter ständigem Rühren hinein rieseln. Dann die Sauce beiseite stellen.
Den Ofen auf 60° Celsius vorheizen.
Die Steaks in einer gefetteten Pfanne von allen Seiten scharf anbraten, mit Senf einreiben und im Sesam wälzen. Anschließend im Ofen warm halten.
Mit buntem Gemüse der Saison anrichten und genießen.

Fertiggerichten, lassen den Besuch zu einem kulinarischen Erlebnis werden.

Die Ideologie der Bilderbuchfleischerei ist im Geschäft spürbar: Tradition wahren, die Handwerkskunst hochhalten, Technik nutzen, Umwelt schonen, Wohlbefinden schaffen, Freunde gewinnen … und persönlich dafür einstehen.

Kaiserfleisch

Die Basis dieses traditionellen Produktes sind frische Karreestücke vom Getreideschwein, frisches Quellwasser, reines Salz sowie naturbelassene Gewürze. Moderne Technik und Tradition treffen bei der Veredelung aufeinander. Durch zarte Räucherung wird das Kaiserfleisch vollendet.

Meisterfleischer aus Tradition

Die Liebe zum Fleischerhandwerk wurde Gerd Schlierenzauer in die Wiege gelegt. Bereits sein Großvater war mit erstklassigen Fleisch- und Wurstwaren aus eigener Erzeugung ab den 1950ern sehr erfolgreich und gab das Wissen um das Handwerk an seine Tochter Margit Schlierenzauer und seinen Schwiegersohn Meinhard weiter, die das Geschäft 1970 übernahmen. Seit 1994 führt Enkel Gerd Schlierenzauer den Betrieb erfolgreich weiter. Die Basis für die Produktion, das Fleisch, kommt damals wie heute weitgehend aus der Region, von Bauern, die achtsam mit ihren Tieren umgehen. Die Rezepte für die Veredelung sind heute eine bunte Mischung aus Überliefertem und jungen Kreationen.

Im Detailgeschäft in Lustenau findet der Kunde ein breites Sortiment, das bereits vielfach bei internationalen Wettbewerben ausgezeichnet wurde. Einkaufen ist hier noch ein Erlebnis, denn der Kunde ist König, Wünsche werden gerne erfüllt.

Kreativität und Geschmack beweist Meistersgattin Claudia Schlierenzauer auch bei der Präsentation der Waren bei Plattenservice und Catering. Mit viel Liebe zum Detail werden die köstlichen Wurstwaren aus eigener Produktion von ihr geschmackvoll in Szene gesetzt.

Insgesamt sorgen sich hier sieben Mitarbeiter und ein Lehrling um die Wahrung der Fleischerhandwerkstradition und des guten Geschmacks.

Meistermetzger Schlierenzauer
Gerd Schlierenzauer

Hasenfeldstraße 11
6890 Lustenau

☎ +43 5577 83547

office@meistermetzger.at
www.meistermetzger.at

Spargelterrine mit Mostbröckle

Angaben für 4 Personen

Zutaten.

600 g Spargel (weiß)
0,2 l Spargelsuppe
12 Blatt Gelatine
600 g Schlagobers
200 g Mostbröckle

Zubereitung.

Spargel schälen und klein schneiden, in Spargelsuppe weich kochen und pürieren. Gelatine einweichen, in der Masse auflösen und abkühlen lassen. Geschlagenes Schlagobers unter die Masse heben. Terrinenform mit Frischhaltefolie auslegen, hauchdünn geschnittene Mostbröcklescheiben auflegen, Spargelmasse einfüllen und einige Stunden zum Stocken kalt stellen. Dann in Scheiben servieren.

Mostbröckle

Das Mostbröckle oder auch Bündnerfleisch stammt aus dem Schweizer Bündnerland. Bestes Rindfleisch wird mit Salz und Gewürzen eingerieben und rund drei Wochen gereift. Anschließend leicht geräuchert und circa sechs Wochen getrocknet wird es besonders mürbe und im Geschmack angenehm mild. Hauchdünn geschnitten ist es eine zarte Köstlichkeit.

Tradition, die verpflichtet

Dass selbst ein größerer Fleischereibetrieb die Philosophie von Qualität und Handarbeit, von Herkunft und Tradition aus tiefster Überzeugung leben kann, zeigt die Fleischerei Walser mit der modernen Produktionsstätte in Meiningen. 1973 gegründet, hat das Qualitätsbewusstsein der Brüder Walser und das konsequente Einhalten ihrer Richtlinien den Betrieb zu großem Erfolg geführt.

60 Berg- und Landbauern aus der Region sind heute Lieferanten für Rind-, Kalb- und Schweinefleisch. 26 Bio-Bauern aus Vorarlberg für das Walser Bio-Programm. Dafür arbeitet man bei Walser mit den Bauern Hand in Hand und garantiert Ländle-Qualität und kurze Transportwege. Neben der Herkunft wird auf die eigene Schlachtung auf einer modernen Band-Schlacht-Anlage unter Einhaltung aller Tierschutz- und Hygienebestimmungen Wert gelegt.

Das reichhaltige Angebot besteht aus rund 185 konventionellen Wurst-, Speck- und Schinkenprodukten und einer BIO-Linie mit 30 Sorten aus eigener Produktion. Der Verkauf erfolgt in den fünf Walser Fleischfachgeschäften in Meiningen, Feldkirch, Sulz, Dornbirn und Nenzing sowie an die Gastronomie, den Einzelhandel und in den Export. Ein weiterer Schwerpunkt der Fleischerei ist die Produktion von Fertiggerichten sowie der heiße und kalte Partyservice. In modernen Räucher- und Garanlagen wird umweltschonend gearbeitet. Als erster Fleischer in Vorarlberg hat Walser zudem einen Kundenkühlraum für Selbstabholer eingeführt. Jede Bestellung kann rund um die Uhr gut gekühlt abgeholt werden.

Fleischerei Walser
Industriestraße 12
6812 Meiningen
☎ +43 5522 71387-0
office@walser-metzgerei.at
www.walser-metzgerei.at

Filialen:

Schweizerstraße 50
6812 Meiningen
☎ +43 5522 71344

Alberweg 2
6806 Tosters
☎ +43 5322 77020

Müsinenstraße 38
6832 Sulz
☎ +43 5522 46599

Markplatz
6850 Dornbirn
☎ +43 5572 24694

Bundesstraße 49
6710 Nenzing
☎ +43 5525 63214

Joghurt-Kresseterrine im Jägerfleischmantel

Angaben für 4 Personen

Zutaten.

120 g Kresse
200 g Topfen
125 ml Naturjoghurt
1 TL Senf
Saft von 1 Zitrone
5 Blatt Gelatine
125 g Schlagobers (geschlagen)
Salz, Cayennepfeffer
40 g Jägerfleisch

Zubereitung.

Kresse, Topfen, Joghurt, Senf und Zitronensaft glatt rühren. Mit Salz, Pfeffer, Zitronenschalenabrieb und Cayennepfeffer abschmecken. Eingeweichte und aufgelöste Gelatine einrühren und das geschlagene Schlagobers unterheben. Noch einmal abschmecken.
Eine Terrinenform mit Frischhaltefolie auslegen und mit hauchdünn geschnittenen Scheiben vom Jägerfleisch auskleiden, die Masse einfüllen und eine Schicht Jägerfleisch oben drauflegen. Im Kühlschrank mindestens zwei Stunden kalt stellen und stocken lassen. Dann servieren.

Jägerfleisch & Eisbeinsulz

Das Jägerfleisch wird aus dem weißen Scherzl vom Rind hergestellt. Trocken gesurt, über Buchenholz kalt geräuchert und in Klimaräumen getrocknet, braucht das Jägerfleisch rund acht Wochen, bis es fertig gereift ist und dabei rund 40 Prozent von seinem Ausgangsgewicht verliert.

Für die Eisbeinsulz werden nur die besten Zutaten verwendet – und sonst nichts. Schweinestelzen werden gekocht, das Fleisch abgelöst. Ein paar natürliche Gewürze und wenig Zugabe von Gelatine zur zusätzlichen Bindung. Das ist das Geheimnis der feinen Eisbeinsulz.

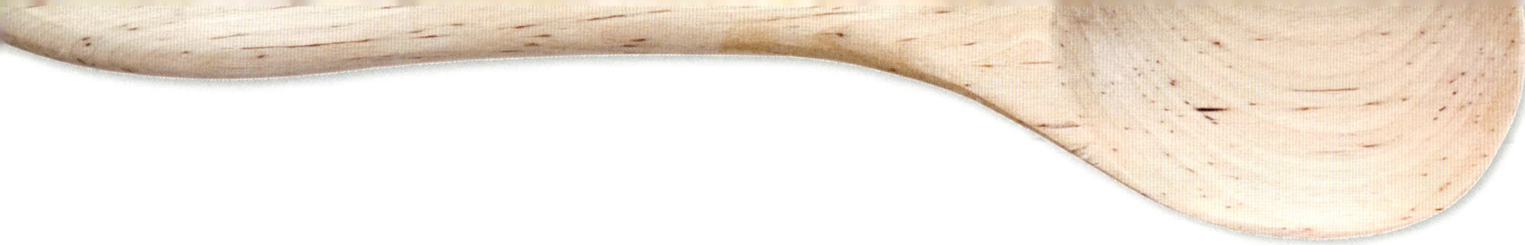

Wien

FLEISCHEREI
IMBISS
RONGITS

Die
Grammeln
100g € 1,95

Geschmacksinstitution

Moderne und Minimalismus wird man in den vielen Räumlichkeiten der Kuchlmasterei nicht finden. Opulenz ist die einzig richtige Beschreibung. Man fühlt sich wie in eine andere Zeit versetzt. Das Restaurant Kuchlmasterei in Wien war lange Zeit eine Institution des guten Geschmacks. Dass es wieder so wird, dafür zeichnet seit April 2011 Siegfried Kröpfl als Geschäftsführer für die kulinarische Handschrift des Hauses verantwortlich. Seine hervorragende Küche hat ihm große Ehren wie das Silberne Ehrenzeichen für Verdienste um die Republik Österreich sowie die Goldene Verdienstmedaille des Landes Tirol eingebracht.

Gemeinsam mit seinem Team unter Leitung von Küchenchef Gerald Angelmahr überzeugt er mit höchster Qualität und Innovation. Österreichische Küche steht in der Kuchlmasterei im Vordergrund, natürlich gibt es auch Köstlichkeiten aus der internationalen Küche. Kreationen aus Wiener Wurst- und Fleischwaren zu schaffen, war für das hochdekorierte Küchenteam eine geschmackvolle Aufgabe, die bodenständig bewältigt wurde. Mit Wiener Wurstfleckerln, Saumaisen mit Kraut und Kartoffel- oder Teigtascherln mit Beinschinkenfülle und Erbsenpüree sowie einer „Pfefferhexe" gebraten auf Linsen und Serviettenknödel hebt Kröpfl einfache Küche auf hohes Niveau. Gelernt ist eben gelernt!

Kuchlmasterei

Obere Weißgerberstraße 6
1030 Wien

☎ +43 1 7129000

office@kuchlmasterei.at
www.kuchlmasterei.at

Öffnungszeiten:

12 bis 24 Uhr
Ruhetage: Sonn- und Feiertage

Sonntag: Ab 30 Personen geöffnet
Im Dezember Sonn- und Feiertags geöffnet

K
KUCHLMASTEREI
K
KUCHLMASTEREI
Wien

Treffpunkt des guten Geschmacks

Josef Bauer hat seine Wurzeln im nördlichsten Waldviertel. Geprägt von der Nähe zur Landwirtschaft und zur Natur, verarbeitet der Fleischmeister aus Leidenschaft heute hauptsächlich Rohstoffe, die von Bio-Fleisch-Lieferanten oder direkt vom Bauern bezogen werden. Bei Schweinefleisch setzt er auf das etwas fettere Edelschwein, da hier für ihn die Qualität am besten ist. Höchstens 16 bis 18 Monate darf ein Rind alt sein, bevorzugt werden Kalbinnen. Bei Kalbfleisch kommen nur Milchkälber in Frage und das Lamm bezieht Bauer von seinem mit Gold ausgezeichneten Bio-Bauern. Das Wurstsortiment reicht von A wie Arlberger bis Z wie Zigeuner. Hausgemachte Wurstspezialitäten sind die bekannten Pärchen vom Hirsch, Wildschwein, Büffel und Lamm, Lamm- und Hirschdürre sowie Spezialitäten wie Wildschweinsalami mit Pistazien, Wildschweinrohschinken oder ein handgeschnittener Beinschinken.

Fleischerei Josef Bauer
Gersthofer Markt 7–11
1180 Wien
☎ +43 1 4787546
admin@fleischerei-bauer.at
www.fleischerei-bauer.at

Schwammerlgulasch mit Lammdürrer

Angaben für 4 Personen

Zutaten.

- 1 kg Eierschwammerl
- 100 g Zwiebel (fein geschnitten)
- 1 Knoblauchzehe
- 100 g Butter
- 2 EL Paprika (edelsüß)
- 3 EL Weißwein
- 250 ml Suppe oder Hühnerfond
- 3 EL Olivenöl
- 100 g Sauerrahm
- 200 g Lammdürre
- Salz, Pfeffer aus der Mühle
- etwas Mehl

Zubereitung.

Eierschwammerl gut putzen und kurz waschen, sofort auf ein Tuch zum Abtropfen legen. Große Stücke klein schneiden. Das Olivenöl in einen Topf geben, und die Zwiebel anrösten. Danach die Eierschwammerl beigeben und kurz durchrösten lassen. Das Öl sollte heiß sein.
Das Paprikapulver dazugeben und nochmals kurz durchrösten lassen.
Mit Weißwein ablöschen und mit Suppe aufgießen. Mit Salz, Pfeffer und der Knoblauchzehe würzen. Nun die geschnittene Lammdürre dazugeben und nochmals köcheln lassen. Wenn notwendig, mit etwas Mehl binden.
Vor dem Anrichten mit Sauerrahm vollenden.

Seit dem Jahr 2000 führt Josef Bauer das Geschäft auf dem Gersthofer-Markt. 2001 wurde umgebaut und vergrößert, damit der gute Geschmack genügend Platz hat. Das Hauptaugenmerk legt der Fleischermeister auf die Zufriedenheit der Kunden und somit auf die Herstellung von Produkten in höchster, meisterhafter Qualität.

Lammdürre

Junge niederösterreichische Lämmer sind die Basis für diese geschmackvollen Würste. Lammfleisch wird grob faschiert und mit Rinderbrät verarbeitet, leicht angeräuchert und in der Selchkammer mit Hitze durchgebraten. Gewürze wie Salz, Pfeffer, Senfkörner, Koriander geben den besonderen Geschmack.

Tradition und Innovation

Bereits seit 1931 besteht das Fleischerfachgeschäft Fellner in der Brigittenau, Erwin Fellner hat den Betrieb 1971 von seinem Vater übernommen. Der Unternehmensphilosophie, dass die Qualität entscheidend ist und nicht die Masse, der ist auch Erwin Fellner treu geblieben, und als Innungsmeister weiß er auch die wertvollen Erfahrungen der mittlerweile 80-jährigen Firmengeschichte zu schätzen.

Heute wie damals wird ausschließlich Qualitätsfleisch aus artgerechter, rein vegetarischer Tierhaltung verarbeitet, von ausgewählten kleinbäuerlichen Höfen der Region. Produziert wird nach traditionellen Rezepturen, auf die Verwendung von Stärke, Laktose, Gluten oder Geschmacksverstärkern wird vollständig verzichtet. Auch die verwendeten Gewürze enthalten weder Zusätze noch Streckmittel. Das Geschmackserlebnis der Fellnerschen Wurstsorten zeugt darüber hinaus von Innovation und höchster Handwerkskunst. Bekannt ist das Geschäft aber auch für die zahlreichen feinen Leberkäsevarianten wie Käseleberkäse, Chili- oder Knoblauchleberkäse und – saisonal – Maronileberkäse.

Im Geschäft in der Klosterneuburger Straße werden nicht nur diejenigen fündig, die hochwertigen, traditionellen und ehrlichen Genuss suchen. Erwin Fellner und seine Frau Herta werden auch weiterhin mit neuen, geschmackvollen Überraschungen den Gaumen der Feinschmecker begeistern.

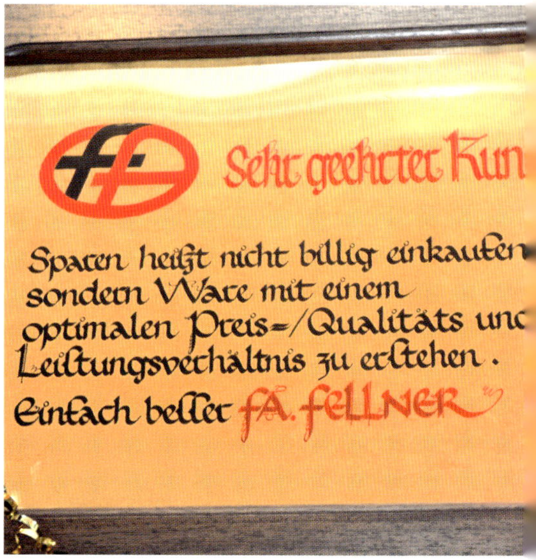

Fleischerei Buffet Fellner
Erwin Fellner

Klosterneuburger Straße 29
1200 Wien

☎ +43 1 3325659

fellner@fleisch-buffet.at
www.fleisch-buffet.at

Frankfurter in Blätterteig mit rustikalen Erdäpfelsticks

Angaben für 4 Personen

Zutaten.

4 Stück Frankfurter
300 g Blätterteig
500 g Erdäpfel
Salz, Pfeffer schwarz
1 Ei

Zubereitung.

Blätterteig dünn ausrollen, die Würstel einrollen und mit dem Ei bestreichen.
Im Backrohr bei 200 Grad goldgelb backen.
Erdäpfel schälen, in dickere Sticks schneiden und in heißem Fett herausbacken.
Anrichten wie am Foto.

Frankfurter

Hergestellt werden die knackigen Frankfurter aus österreichischem Rind- und Schweinefleisch, die genaue Rezeptur ist natürlich geheim. Entscheidend für die Qualität ist die Frische bei der Verarbeitung, und weil Wurst nach Fleisch schmecken muss, werden weder Mehl noch Geschmacksverstärker oder Laktose verwendet, sondern ausschließlich Naturgewürze. Der Aufwand macht sich bezahlt, die Frankfurter von Fellner zeichnen sich durch würzigen Geruch und herzhaften Geschmack aus und wurden bereits mehrfach mit Gold prämiert.

Einzigartig ist die Vielfältigkeit der Frankfurter, die auch als Tee- und Sacherwürstel in unterschiedlichen Größen auftreten. Sie sind ein Appetithappen zu jeder Tages- und Nachtzeit und unterscheiden sich dadurch von vielen Wurstsorten. Auf dem Grillspieß und im Bauernschmaus machen sie eine ebenso gute Figur wie in der Gulaschsuppe.

Die ganze Welt des Schinkens

Qualität aus Tradition bedeutet im alteingesessenen und bereits in den 30er-Jahren des vorigen Jahrhunderts gegründeten Familienbetrieb kein Schlagwort, sondern eine Verpflichtung. Schließlich legt man im Herzen Ottakrings, wo auch Wiens traditionelle Brauerei beheimatet ist, Wert auf einen echten Fleischer mit Berufsethos.

Josef Fröhlich, Chef und Meister, führt den Betrieb heute gemeinsam mit seiner Frau Elisabeth und mit tatkräftiger Unterstützung seiner Mutter. Er pflegt ein enges Vertrauensverhältnis zu den ausgesuchten Betrieben, von denen die hervorragende Rohware bezogen wird. Das Frischfleisch kommt ausschließlich vom österreichischen Rind und Schwein und verführt mit Frische zum Genuss. Einen Namen hat man sich aber vor allem mit den hochwertigen, zart über Buchenholz geräucherten Beinschinken, den handgelegten Sauna- und Folienpressschinken, der Selchwurst und den feinen Wurstprodukten gemacht. Die Kochwürste, Brühwürste und Dauerwürste kommen nach wie vor alle aus der Hand des Meisters. In der Produktion wird dabei noch nach alten, hauseigenen Rezepten gearbeitet, Geschmacksverstärker sucht man vergeblich, statt dessen lässt man das Aroma der Zutaten und der ausgesuchten Gewürze wirken.

Die Konzentration auf Tradition und Qualität macht sich bezahlt: Fast alle führenden Feinkostbetriebe Wiens haben mittlerweile die hochwertigen Schinkenspezialitäten von Gissinger im Sortiment.

Gissinger Schinken-, Wurst- und Fleischspezialitäten GmbH
Josef Fröhlich

Ottakringer Straße 140
1160 Wien

☎ +43 1 4862473

office@gissinger.at
www.gissinger.at

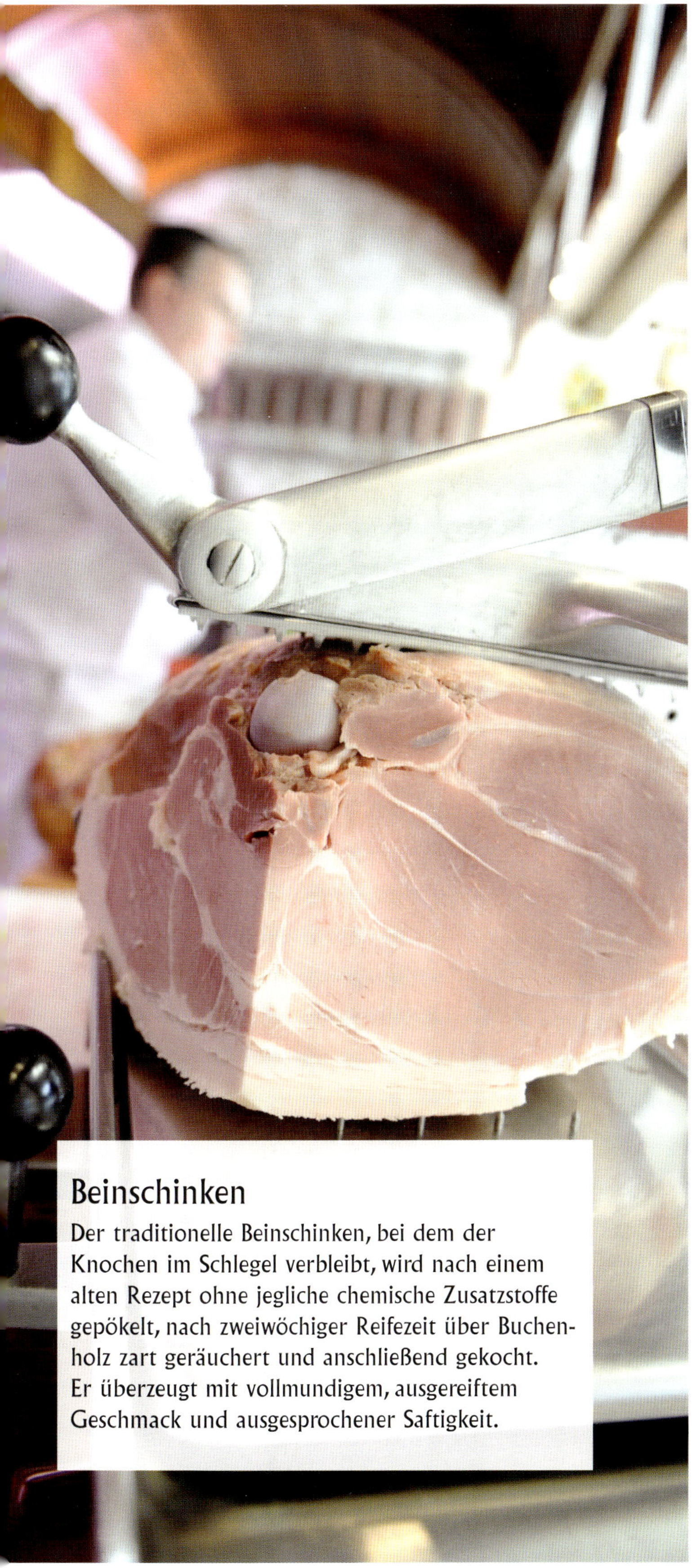

Beinschinken

Der traditionelle Beinschinken, bei dem der Knochen im Schlegel verbleibt, wird nach einem alten Rezept ohne jegliche chemische Zusatzstoffe gepökelt, nach zweiwöchiger Reifezeit über Buchenholz zart geräuchert und anschließend gekocht. Er überzeugt mit vollmundigem, ausgereiftem Geschmack und ausgesprochener Saftigkeit.

Teigtascherl mit Beinschinkenfülle und Erbsenpüree

Angaben für 4 Personen

Zutaten.

200 g Beinschinken
60 g Zwiebel (fein geschnitten)
40 g Petersilie (fein gehackt)
Salz, Pfeffer
60 g Butter
250 g Erbsen
4 Jungzwiebeln
4 Kirschtomaten
1 Ei
1/16 l Obers

Für den Nudelteig:
300 g Mehl (griffig)
2 Eier
3 EL Wasser
Salz

Zubereitung.

Den Schinken in kleine Würfel schneiden, mit der Zwiebel kurz in Butter anrösten, mit Salz und Pfeffer würzen und mit gehackter Petersilie vermengen.
Für den Nudelteig das Mehl mit Eier, einer Prise Salz und dem Wasser zu einem festen Teig verkneten. Mit Folie abdecken und im Kühlschrank circa eine Stunde rasten lassen.
Danach dünn ausrollen und Kreise ausstechen. Mit der Schinkenfülle belegen, am Rand mit dem Ei bestreichen und zu Tascherl formen.
In Salzwasser circa fünf Minuten köcheln lassen und bereitstellen.
Jungzwiebeln halbieren und mit Butter in einer Pfanne anschwitzen. Erbsen kurz in Salzwasser kochen lassen, abschütten und mit dem Mixstab pürieren. Mit etwas Obers verfeinern und mit Salz und Pfeffer würzen.

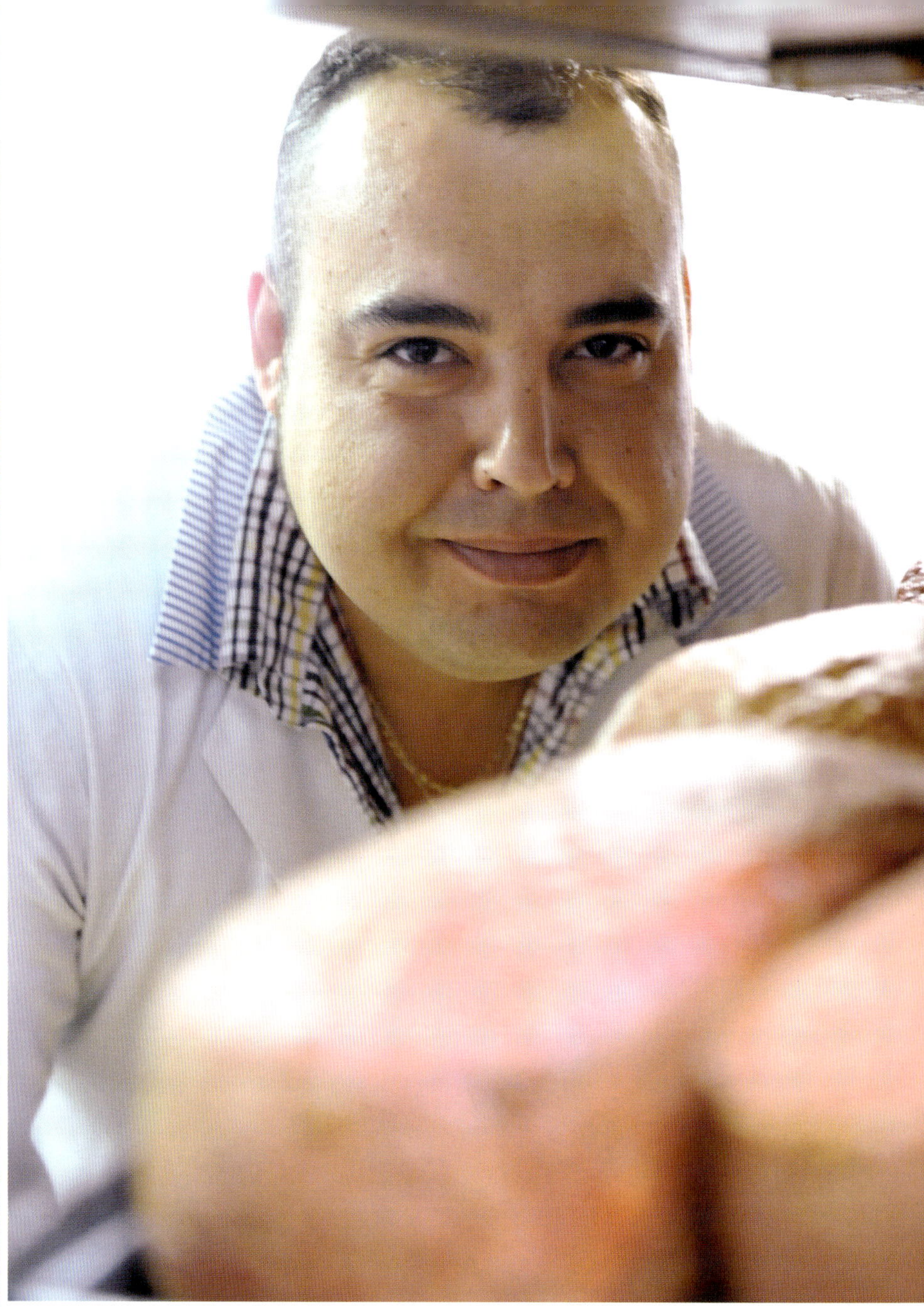

Leopold Gumprecht KG
Leopold Gumprecht

Buchengasse 115
1100 Wien

☎ +43 1 6043183

wien@gumprecht.at
www.gumprecht.at

Produktion & Filialen:

Reintalgasse 20, 4470 Enns
☎ +43 7223 82358

Viktor Adler Markt, 1100 Wien
☎ +43 1 6062229

Friedensbrücke, 1200 Wien
☎ +43 1 3304767

Mariahilfer Gürtel 1a, 1150 Wien
☎ +43 1 8932717

Wilhelminenstraße 81, 1160 Wien
☎ +43 1 4894001

ehem. Simmeringer Markt, 1110 Wien
☎ +43 1 7431780

Floridsdorfer Schlingermarkt, 1210 Wien, ☎ +43 1 2709862

Meidlinger Markt, 1120 Wien
☎ +43 1 8124024

Karmeliter Markt, 1020 Wien
☎ +43 1 2124757

Gebackene Leberkässtreifen auf buntem Salat

Angaben für 4 Personen

Zutaten.

480 g Leberkäse
2 Eier
Brösel
etwas Mehl
100 g bunte Salatblätter

Für die Marinade:
2 EL Sonnenblumenöl
1 EL Essig
Salz, Pfeffer aus der Mühle
etwas Zitronensaft

Zubereitung.

Leberkäse mit Mehl, Ei und Brösel panieren, danach in heißem Fett herausbacken und bereitstellen.
Salate gut reinigen und auf einem Tuch abtropfen lassen. Aus Öl, Essig, Salz und Pfeffer sowie etwas Zitronensaft eine Marinade herstellen. Man kann die Marinade auch mit etwas Wasser strecken. Salate mit der Marinade beträufeln und auf Teller anrichten.

Das Glück der Erde

Bereits seit Generationen ist die Fleischerei Gumprecht der führende Hersteller von hochwertigen Pferdespezialitäten in Österreich. Leopold Gumprecht, Chef des Traditionsunternehmens, arbeitet nach wie vor nach dem Motto „Nur wenn man Gutes rein tut, kommt auch Gutes dabei raus" und überwacht selbst nicht nur die Auswahl der Rohzutaten, sondern auch die Produktion. Die Frische der Produkte, eine hohe und beständige Qualität und bester Geschmack sind ihm und Margarethe Gumprecht ein echtes Anliegen. Für die Weiterentwicklung der Produkte sorgt inzwischen bereits Leopold jun., der die Liebe zum Beruf vom Vater übernommen hat.

Feinschmeckern ist in Wien vor allem Gumprechts Pferdeleberkäse ein Begriff, ein Produkt, das inzwischen auch in Variationen als Pizza-Leberkäse, pikanter Pfefferoni-Leberkäse, als Käse-Leberkäse mit dem Aroma frischen Emmentalers oder als feiner Fleischkäse angeboten wird. Darüber hinaus finden sich auch besonders magere Produkte wie der Ardenner Schinken vom Pferd, die obligate „magere Dürre" oder ein pikantes Höllenstangerl im Sortiment. Allen gemeinsam ist die hohe Qualität, die die Produkte von Gumprecht auszeichnet.

Pferdefleischspezialitäten werden in den letzten Jahren nicht nur aufgrund ihres niedrigen Fettanteiles wieder verstärkt nachgefragt. Sie bieten auch eine willkommene Alternative für eine kalorienarme und bewusste Ernährung, die – wie die Genussprodukte von Gumprecht eindrucksvoll zeigen – auch noch hervorragend schmeckt.

Pferdeleberkäse „Alt Wiener Tradition"

Auf der Basis von überlieferten Rezepten wird der würzige Pferdeleberkäse nach „Alt Wiener Tradition" seit eh und je nach den höchsten Qualitätsstandards im Familienbetrieb Gumprecht zubereitet. Der – nach eigener Definition – beste Pferdeleberkäse Österreichs trägt dem Trend zur leichten Küche durch deutliche Reduktion von Fett und Cholesterin Rechnung und begeistert Feinschmecker ebenso wie Ernährungs- und Kalorienbewusste.

Der letzte Selbstschlachter

Vor über 50 Jahren wurde der Familienbetrieb von Leopold und Leopoldine Hödl gegründet, Sohn Leopold, der den Betrieb 1990 übernommen hat, ist schon damals mit seinem Vater regelmäßig mitgefahren, um das Schlachtvieh von den Bauern abzuholen. Heute ist er der letzte Fleischer Wiens, der noch selbst schlachtet, und die Tradition, die Tiere auch selbst bei den Bauern abzuholen, die lebt bis heute fort.

Die Schlachttiere kommen überwiegend aus kleinstrukturierten landwirtschaftlichen Betrieben, die Kälber aus der Buckligen Welt, Rinder und Schweine aus dem Tullnerfeld. Durch die hauseigene Schlachtung kann Hödl Fleisch in bester Frische und Qualität anbieten und für die eigenen Produkte verarbeiten. Die umfangreiche Palette an hervorragenden und mehrfach prämierten Wurst- und Selchwaren stammt ausschließlich aus eigener

Fleischerei Leopold Hödl
Leopold Hödl

Loosgasse 1
1230 Wien

☎ +43 1 8659438

l.hoedl@gmx.at
www.hoedl-fleisch.at

Haussulz

Eine Haussulz ist, so sagt man, vor allem Vertrauenssache. Der reinen Rindfleischsulz vom Hödl kann man voll und ganz vertrauen. Hergestellt von Oma Leopoldine Hödl mit viel Erfahrung und Tradition und nach dem gleichen Rezept wie vor 50 Jahren, überzeugt sie nicht nur mit sehr appetitlichem Aussehen, sondern auch mit vollem Geschmack und rundem Aroma. Damit hat sie zahlreiche Anhänger gefunden, nicht nur bei den Kunden im Geschäft, sondern auch in der Gastronomie.

Produktion, erst vor Kurzem wurde das Unternehmen für die hohe Qualität der hauseigenen Frankfurter, die übrigens mit Warmbrät hergestellt werden, sowie der Blutwurst, des Leberkäses und des saftigen Saunaschinkens ausgezeichnet.

Leopold Hödl ist Idealist – während in Wien in den vergangenen 20 Jahren 70 Prozent der Fleischer zugesperrt haben, setzt er sich nach wie vor mit viel Leidenschaft und Erfolg für das Fleischerhandwerk ein. Diese Leidenschaft spürt auch sein Sohn Christoph, der die Meisterprüfung ebenfalls abgeschlossen hat und dafür sorgen wird, dass der letzte Fleischer-Schlachtbetrieb Wiens Zukunft hat.

Haussulz mit Kernölmarinade

Angaben für 4 Personen

Zutaten.

600 g Haussulz
160 g Gemüse (Karotten, gelbe Rüben; klein geschnitten)
4 EL Kernöl
etwas Zitronensaft
1 EL Rotwein Essig
1 EL Balsamico Essig
60 g Schalotten (fein geschnitten)
Salz, Pfeffer
etwas Schnittlauch
Friseesalat zum Garnieren
100 g Tomatenwürfel

Zubereitung.

Mit Essig, Kernöl, Salz und Pfeffer, dem gekochten kleinwürfeligen Gemüse sowie Zitronensaft eine Marinade herstellen. Mit Schnittlauch und Schalotten verfeinern. Die Marinade kann mit etwas Wasser gestreckt werden. Haussulz in dickere Stücke schneiden, anrichten.

Schlaraffenland der Genüsse

Monika und Claudia Ringl führen den kleinen, traditionellen Familienbetrieb, in dem man sich sofort wohl und in die gute alte Zeit zurückversetzt fühlt, seit 2009 in dritter Generation. Wie damals setzt man auch heute auf höchste Qualität und unvergleichlichen Genuss ohne jede Zusatzstoffe. Für die Produktion der herausragenden Wurstwaren zeichnet nach wie vor Vater Helmut Ringl höchstpersönlich verantwortlich.

Bereits bei der Auswahl der Rohware wird größtes Augenmerk auf bestmögliche Qualität gelegt, so wird das Frischfleisch ausschließlich von kleinstrukturierten Bauernhöfen aus dem Waldviertel bezogen. Das Rindfleisch lässt man noch vier Wochen am Knochen reifen, damit wird es mürbe und für jeden Rindfleischliebhaber zu einem außergewöhnlichen Genuss. Angeboten werden aber auch frisches Lamm-, Schweine- und Kalbfleisch sowie eine große Auswahl an frischen Innereien wie Beuschel, Zunge, Herz, Leber, Milz oder Bries. Alle verführerisch präsentierten Wurst-, Schinken- und Selchfleischspezialitäten werden noch im Haus nach traditionellen Rezepten hergestellt und über Buchenholz zart geräuchert, auf den Zusatz von Mehl, neuartigen Konservierungsstoffen oder Phosphaten wird dabei vollständig verzichtet.

Sollten Sie für Ihren qualitätsbewussten vierbeinigen Begleiter ein Leckerli ohne Salz und sonstige Konservierungsstoffe suchen: Hier gibt es auch eine reiche Auswahl an Köstlichkeiten für Ihren Hund, die Palette reicht von getrockneten Rinderlungen, Kutteln und Fleischstangerln bis zu frischem Kopffleisch, Herz oder Knochen.

Fleischerei Ringl

Gumpendorfer Straße 105
1060 Wien

☎ +43 1 5963278

office@fleischerei-ringl.at
www.fleischerei-ringl.at

„Pfefferhexe" gebraten auf Linsen und Serviettenknödel

Angaben für 4 Personen

Zutaten.

500 g „Pfefferhexe"
6 alte Semmeln
(in Würfel geschnitten)
190 ml Milch
4 Dotter
4 Eiklar
50 g Butter
Salz, Muskat
200 g Linsen
100 g Zwiebel (fein geschnitten)
¼ l Hühnersuppe
etwas Mehl
1 TL Essig

Zubereitung.

Semmeln mit lauwarmer Milch, Salz, etwas Muskat und Eidotter gut vermengen. Butter schaumig rühren und unter die Masse mengen. Eiweiß zu Schnee schlagen und unterheben.
Eine Serviette oder ein sauberes Küchentuch mit Butter bestreichen, Fülle zu einer Wurst formen und mit der Serviette einrollen. An den Enden binden und in Salzwasser circa 20 Minuten köcheln lassen.
Linsen am Vortag einweichen, danach die Flüssigkeit abschütten. Die Zwiebel in der Pfanne mit etwas Öl anschwitzen, mit etwas Mehl stauben und mit Hühnersuppe aufgießen. Linsen dazugeben und mit Salz, Pfeffer sowie dem Essig würzen. Die Linsen können auch mit etwas Sauerrahm verfeinert werden.
„Pfefferhexe" in heißem Fett kurz anbraten und anrichten.

„Pfefferhexe"

Die typische Wiener wird bei Ringl zur edlen „Pfefferhexe" verfeinert: Hergestellt aus österreichischem Schweine- und Rindfleischbrät, veredelt mit ganzen Pfefferkörnern und anschließend traditionell über Buchenholz geräuchert, überzeugt sie mit außergewöhnlichem Geschmack und feinem, würzigem Geruch.

Brigittenauer Genuss-Insel

Seit 30 Jahren gibt's Gertrude und Emmerich Rongits mit ihrer Landfleischerei am Allerheiligenplatz und seither bürgt der Name für Genuss in höchster Qualität. Verarbeitet wird ausschließlich Rohware aus einheimischen landwirtschaftlichen Betrieben, das frische, hochwertige Rind- und Schweinefleisch stammt von ausgesuchten Lieferanten aus dem Wald- und Weinviertel sowie aus der Steiermark.

Nach alten Familienrezepturen und mit viel handwerklicher Sorgfalt werden damit Köstlichkeiten wie die Spezialität der Hauses, der hervorragende Beinschinken, hergestellt. Im umfangreichen Angebot finden sich aromatischer Rohschinken, Osso Collo oder Wildbratwürstel ebenso wie die feine Wiener oder Traditionelles wie der Kalbskopf.

Bekannt ist der Genießertreffpunkt aber auch als Feinkostladen, so gibt es zum Beispiel hervorragende Käsespezialitäten vom Pöhl am Naschmarkt oder Schuberts Marmeladen, die perfekt mit Schinken und Fleisch aus dem Hause harmonieren.

Persönlicher Service bedeutet für das Fleischerehepaar aber auch, Stammkunden und besonders älteren Menschen die Ware bis nach Hause zu liefern. Catering und Menüs runden das geschmackvolle Angebot ab.

Landfleischerei Rongits
Emmerich Rongits

Allerheiligenplatz 2
1200 Wien

☎ +43 1 3309398

www.fleischerei-rongits.at

Wiener Wurstfleckerln

Angaben für 4 Personen

Zutaten.

500 g Wiener Wurst
100 g Zwiebel (fein geschnitten)
etwas Kümmel
Salz, Pfeffer
200 g Nudelfleckerl
100 g Jungzwiebel
100 g Lauch
100 g Butter

Zubereitung.

Nudelfleckerl in Wasser kochen und kalt abschrecken.
Wurst in dünne Scheiben und in kleine Stücke schneiden.
Zwiebel in etwas Butter anrösten, geschnittenen Lauch dazugeben, kurz durchrösten und Wurst beigeben. Mit Salz, Pfeffer sowie Kümmel würzen.
Nudelfleckerl beigeben und mit gebratenen Jungzwiebeln anrichten.

Wiener

Die typische, echte Wiener findet man in der Landfleischerei Rongits: Hergestellt aus österreichischem Schweine- und Rindfleischbrät, veredelt mit einer speziellen Gewürzmischung und anschließend traditionell über Buchenholz geräuchert. Das sorgt für einen fantastischen, würzigen Geruch und feinen, herzhaften Geschmack. Womit sollte man in der Bundeshauptstadt sonst seine Wurstsemmel bestellen?

Gerne und gut beraten

Schon seit 1964 steht das Traditionsunternehmen Stanzl für Qualität in Fleisch- und Wurstwaren aus eigener Herstellung. 1998 übernahm Friedrich Stanzl jun. den väterlichen Betrieb und erweiterte das Angebot durch einen Imbiss mit täglich frischen, warmen Speisen sowie durch einen modernen Partyservice.

Das Frischfleisch wird in bester Qualität von ausgewählten Betrieben bezogen, bei der Herstellung der Fleisch- und Wurstwaren werden traditionsgemäß ausschließlich hochwertige Zutaten und altbewährte, beliebte Rezepturen verwendet. Die Kompetenz als Handwerksmeister im Fleischereifach zeigt sich unter anderem an der großen Auswahl an Genussprodukten vom Rind, Schwein, Lamm und Geflügel. Als passionierter Jäger setzt Friedrich Stanzl jun. einen weiteren Schwerpunkt im Sorti-

Friedrich Stanzl
Spezialitäten & Catering Service
Erdbergerstraße 83
1030 Wien
☎ +43 1 7133130
office@vienna-catering.com
www.vienna-catering.com

Wildschwein-Rohschinken mit Eierschwammerl-Tatar

Angaben für 4 Personen

Zutaten.

300 g Eierschwammerl
60 g Schalotten (fein geschnitten)
etwas Zitronensaft
Salz, Pfeffer aus der Mühle
40 g Petersilie (gehackt)
40 g Schnittlauch (fein geschnitten)
60 g Tomatenwürfel
2 EL Sonnenblumenöl
etwas Salat als Garnitur
300 g Wildrohschinken

Zubereitung.

Eierschwammerl in einer Pfanne in heißem Öl scharf, kurz anrösten. Die Schalotten dazugeben und nochmals kurz mitrösten. Eierschwammerl aus der Pfanne nehmen, fein hacken und mit Schnittlauch, Petersilie sowie etwas Zitronensaft vermengen. Mit Salz und Pfeffer würzen und mit dem Wildrohschinken anrichten.

ment auf edle Wildprodukte, für die die Rohware zu einem großen Teil aus der eigenen Jagd kommt. Zu empfehlen ist hier vor allem der zarte, hocharomatische Wildschwein-Rohschinken.

Dass man sich aber nicht nur als Fleischer, sondern vor allem auch als Feinkost-Fachgeschäft versteht, das spiegelt bei Stanzl das breite Sortiment an edlen Weinen und köstlichen, frisch zubereiteten Gerichten und Speisen wider, die man im übrigens sehr gemütlichen, beliebten und an die gute alte Zeit erinnernden Geschäft genießen kann.

Wildschwein-Rohschinken

Der Wildschwein-Rohschinken ist wohl eine der herausragendsten Delikatessen für echte Wildliebhaber. Für die Herstellung wird der Wildschweinschlögel ausgelöst und mit edlen Kräutern und Salzen eingerieben. Danach wird er gesurt, um das hervorragende Aroma voll auszubauen, schonend mit Buchenholz geräuchert und anschließend luftgetrocknet.

Fleischwaren-Kompetenzzentrum

Gegründet wurde das qualitätsorientierte Familienunternehmen bereits 1940 von Raimund Stierschneider, dem Großvater des heutigen Geschäftsführers, Horst Stierschneider jun. Heute verfügt das Unternehmen über drei Geschäfte in Wien, und als einer der wenigen Fleischerbetriebe hat man es geschafft, mit Ehrgeiz, Sympathie, Qualität und Kompetenz der Übermacht der großen Handelsketten standzuhalten.

Der Chef ist stolz darauf, ausschließlich österreichisches Fleisch in bester Qualität anzubieten und zu verarbeiten. Das Rind- und Schweinefleisch wird von Betrieben aus dem Waldviertel bezogen, das hochwertige Kalbfleisch aus der Buckligen Welt und aus dem Wienerwald. Highlights wie das Waldviertler Rindfleisch vom Jungstier, das im Betrieb vier Wochen reift und auf das man besonders stolz ist, dürfen ebenso wenig fehlen wie die überragende Auswahl an Steaks, für die die Fleischerei mittlerweile über die Stadtgrenze hinaus bekannt ist.

Horst Stierschneider GmbH
Horst Stierschneider
Märzstraße 9
1150 Wien
☎ +43 1 9858303
office@fleischerei-stierschneider.at
www.fleischerei-stierschneider.at

Filialen:
Mariahilfer Straße 184
1150 Wien
☎ +43 1 8931057
Meiselmarkt Stand B4
1150 Wien
☎ +43 1 9825660

Saumaise auf gebratenem Weißkraut und Erdäpfelpüree

Angaben für 4 Personen

Zutaten.

4 Stück Saumaisen
500 g Weißkraut
500 g Erdäpfel
2 EL Sonnenblumenöl
80 g Butter
¼ l Milch
Salz
Muskat
Pfeffer

Zubereitung.

Saumaisen in Wasser kochen. Erdäpfel mit Schale kochen, danach im warmen Zustand schälen und sofort durch eine Erdäpfelquetsche pressen.
Mit lauwarmer Milch und Butter zu einem sämigen Püree verarbeiten.
Mit Salz und etwas Muskatnuss würzen.
Weißkraut in Scheiben schneiden und in der Pfanne mit etwas Öl rasch anbraten.
Danach aus der Pfanne nehmen und mit Salz und Pfeffer würzen.
Saumaisen in Scheiben schneiden und wie auf dem Foto anrichten.

Saisonal gibt es darüber hinaus Spezialitäten wie Biokitz aus Oberösterreich, Bioweidegänse und -Enten aus dem Wald- und Wildspezialitäten aus dem Weinviertel. Im reichhaltigen Angebot finden sich aber auch zahlreiche hausgemachte Wurstwaren und traditionelle Wurstspezialitäten.

Ziel des Familienbetriebes ist es, nicht nur als herausragender Fleischereibetrieb, sondern als Kompetenzzentrum für Fleischwaren im Raum Wien zu gelten. Mit der hervorragenden Qualität und der großen Auswahl ist man auf dem besten Weg dahin.

Saumaise

Ursprünglich ist die Saumaise eine Spezialität aus dem Waldviertel, es handelt sich dabei um Faschiertes, das zu kleinen Knödeln geformt im Schweinsnetz geräuchert und anschließend gekocht wird. Genießen kann man die Saumaise auf verschiedene Arten: Gekocht, gebraten oder kalt, als Beilage bietet sich Kraut förmlich an, aber auch geröstete Erdäpfel oder eine Scheibe frisches Bauernbrot passen ganz hervorragend zur Saumaise.

Verzeichnis
Hier finden Sie alle Rezepte gereiht nach Bundesland und als Art der Speise.

Fleischer	Produkt	Gericht	Seite
TIROL			
Brindlinger	Wollwurst	Wollwurst mit Topinambur und Senfschaum	212
Gasser	Zillertaler Schinkenspeck	Zillertaler Schinkenspeck auf drei Arten	214
Gstrein	Kaminwurzn	Kaminwurzn-Snack	216
Juffinger	Tyrolensis-Schinkenspeck	Pizza Tyrolensis	218
Ortner	Henkele	Henkele-Carpaccio mit Eierschwammerltartar und -gulasch	220
Pfluger	Karreespeck	Karreespeck mit Thierseer Kiachl	222
Piegger	Patscherkofelwurst	Patscherkofelwurst mit Spargelsalat	224
Schlögl	Forever-young-iss-leicht-Wurst	Forever-young	226
Wimpissinger	St. Johanner	St. Johanner mit Grillgemüse, Sesamkartoffel und Chilisauce	228
VORARLBERG			
Egger	Osso Collo	Osso Collo-Carpaccio mit Creme Brulee vom Räucherfisch	234
Graninger	Luftgetrocknetes Karree nach Parma Art	Saltimbocca von der Ländle Kalbskeule	236
Feuerstein	Hirschboxerln	Teigtäschchen gefüllt mit Sellerie	238
Fontain	Chorizo und Salsiccia	Terrine von Chorizo und Salsiccio mit grünem Spargelkern	240
Lampert	Bindele	Bindele auf geschmortem Weißkraut und Semmelknödel	242
Schatz	Kaiserfleisch	Alpenthunfisch mit Sesamkruste in Safransauce	244
Schlieren-zauer	Mostbröckle	Spargelterrine mit Mostbröckle	246
Walser	Jägerfleisch, Eisbeinsulz	Joghurt-Kresseterrine im Jägerfleischmantel	248
WIEN			
Bauer	Lammdürre	Schwammerlgulasch mit Lammdürre	254
Fellner	Frankfurter	Frankfurter Würstl in Blätterteig mit rustikalen Erdäpfelsticks	256
Gissinger	Beinschinken	Teigtascherln mit Beinschinkenfülle und Erbsenpüree	258
Gumprecht	Pferdeleberkäse	Gebackene Pferdeleberkäsestreifen auf buntem Salat	260
Hödl	Rindfleischsulz	Rindfleischsulz mit Kernölmarinade	262
Ringl	Pfefferhexe	Pfefferhexe gebraten auf Linsen und Serviettenknödel	264
Rongits	Wiener	Wiener Wurstfleckerln	266
Stanzl	Hirschrohschinken	Hirschrohschinken mit Eierschwammerltartar	268
Stierschneider	Saumeise	Saumeise auf gebratenem Weißkraut und Erdäpfelpüree	270

Vorspeisen

Suppen, Einlagen und Eintöpfe

Hauptspeisen

Die Autoren

Andrea Knura beschäftigt sich als Ernährungswissenschaftlerin, Fotografin, freie Journalistin und Buchautorin schon sehr lange mit dem Thema Essen und Genießen und hat schon mehrere Kochbücher verfasst wie „Brand am Herd – Kochen mit Likören und Edelbränden“ und „Kochen mit Honig-Zum Schwärmen“.

DI Wolfgang Wernert ist ausgebildeter Lebensmittel- und Gärungstechnologe mit abgeschlossener Fleischerlehre. Seine berufliche Laufbahn umfasst eine langjährige Tätigkeit als Betriebsleiter in der Fleischwarenindustrie, eine umfangreiche Lehrtätigkeit an der Priv. HTL für Lebensmitteltechnologie in Hollabrunn. Seit einigen Jahren ist Wernert Geschäftsführer des Fleisch-Technologiezentrums in Hollabrunn.

Hannes Rottensteiner bringt als Journalist mehr als zwei Jahrzehnte Erfahrung mit Fleisch und Wurst in dieses Buch ein und ist Chefredakteur von fleisch.pur, des einzigen österreichischen Magazins, das sich ausschließlich den fleischlichen Genüssen widmet.

Impressum

Medieninhaber/Herausgeber
Österreichischer Agrarverlag
Druck und Verlags Gesellschaft m.b.H. Nfg. KG
Sturzgasse 1a, 1140 Wien

Verlagsleitung
DI Dr. Rainer Eder
DI Winfried Eberl

Produktmanager
Mag. Oliver Krainz MBA

Redaktion
Österreichischer Agrarverlag
Druck und Verlags Gesellschaft m.b.H. Nfg. KG
Sturzgasse 1a, 1140 Wien
☎ +43 1 98177–0
Fax: +43 1 98177–111

Autoren
Mag. Andrea Knura
DI Wolfgang Wernert
Johannes Rottensteiner

Fotos
Mag. Andrea Knura, Hannes Rottensteiner
Externe Fotos: Ablinger, AMA, Bundesinnung der Fleischer, Leopold Engelmann, Gasser-Mayrhofen, Handl Tyrol, Hütthaler, iStockphoto, Photocase, Santner-Thalgau, Santner-Wals, Shutterstock, Stanzl, Strasser, Strohmeier, Turza, Waldhäusl, Walser

Redaktionelle Leitung und Schlussredaktion
Chefredakteur Johannes Rottensteiner

Grafikdesign
Evelyn Falkner

Druck
Westermann Druck, Zwickau
Printed in Germany
ISBN: 978-3-7040-2453-4

Literaturverzeichnis

„Österreichisches Lebensmittelbuch IV. Auflage“, Kodexkapitel B 14 Fleisch und Fleischerzeugnisse, i.d.g.F.

MEIXNER, Marai Elisabeth; „Das neue, große, geprüfte und bewährte Linzer Kochbuch“; Linz, 1832, Im Verlage derk. k. priv. akademischen Kunst-, Musik- und Buchhandlung des Friedrich Eurich und Sohn; S. 278ff

BAUMGARTNER, Walter; „Gewürze, Fleischtechnologie, Band I“; Österreichischer Wirtschaftsverlag, Druck- und Verlagsgesellschaft; ISBN: 3-852-12075-6; S. 129ff

DOPPLER, Franz, EIBENSTEINER, Roman; „Würste und Pasteten“; 2007, Österreichischer Agrarverlag Druck- und Verlagsges.m.b.H. Nfg,KG, Sturzgasse 1A, 1140 Wien; ISBN: 978-3-704-02219-6; S. 95ff

„ALMI Rezepte“; 1993, A. Mittermayer & Söhne Ges.m.bH. Co. KG; Steinkellnerstraße 20 4060 Leonding

SCHWARZ, Fritz; „Wurstrezepte“; Wien, 1948, Fachverlag Mayer & Comp (L.u.E.Peters); S. 83ff

Das bürgerliche Jahrhundert von 1780 bis 1914 und seine Kochbücher
http://homepage.boku.ac.at/duerr/Buerger.PDF

Das römische Kochbuch des Apicius: De re coquinaria
http://www.koch-welten.de/lexapicius.htm

Moser Wurst: Rollkarree
http://www.moserwurst.at/produkte.php?parent=155&idd=00577

Produktspezifikation Selchschopfbraten
http://truenkel.at/produkte/?prodid=90

Räucherkammer für Schinken und Würste
http://www.augustaraurica.ch/glossar/r/raeucherkammer.htm

Extrawurst, die Fleischwurst, Lyoner
http://fleischwurstlyoner.ostarrichi.org/wort-2117-flug-de-FleischwurstProzent2C+Lyoner.html

Fleisch- und Wurstspezialitäten
http://www.menzl-fleischer.at/index.php?id=4

www.hs-bremerhaven.de/ugossling/d_loads/download/Haltbarm.Prozent20garverf, zusatzst..ppt

Pökeln
Traditionelle Lebensmittel – Wiener Beinschinken
http://www.traditionelle-lebensmittel.at/article/articleview/88081/1/26099

Wurst; Etymologisches Wörterbuch des Deutschen
http://www.dwds.de/?kompakt=1&qu=Wurst; (nach Pfeifer)